Datenverarbeitung im Recht

Band 4 Heft 1/2, 1975 ISSN 0301-2980

Bernt Bühnemann
Herbert Fiedler
Hermann Heussner
Adalbert Podlech
Spiros Simitis
Wilhelm Steinmüller
Sigmar Uhlig

J. Schweitzer Verlag Berlin

Datenverarbeitung im Recht

Archiv für die gesamte Wissenschaft der Rechtsinformatik, der Rechtskybernetik und der Datenverarbeitung in Recht und Verwaltung.

Zitierweise: DVR

Geschäftsführender Herausgeber:

Dr. Sigmar Uhlig, D-53 Bonn-Tannenbusch, An der Düne 13,
Telefon 0 22 21/66 13 78 (privat); 0 22 21/5 81 oder 58 48 27 (dienstlich)

Redaktioneller Mitarbeiter:

Dieter Hebebrand, D-3501 Niestetal, Fliederweg 1, Telefon 05 61 / 52 46 31 (privat); 05 61 / 30 73 63 (Bundessozialgericht)

Band 4 Heft 1/2, Juni 1975

Inhalt

Abhandlungen

Walter Popp und Bernhard Schlink
Skizze eines intelligenten juristischen Informationssystems 1

Dieter Zimmermann
Um den Ansatz eines Juristischen Informationssystems 30
Zusammenfassung 56

Maria Schlagböhmer
Das automatisierte juristische Informationssystem
des Kassationsgerichtshofes in Rom „Italgiure“ 61
Zusammenfassung 86
Summary 87

Hélène Bauer-Bernet
Communication entre Systèmes d'informatique documentaire 88
Résumé 105
Summary 105
Zusammenfassung 105

Paul J. Müller
Funktion des Datenschutzes aus soziologischer Sicht 107
Summary 117
Zusammenfassung 118

Leo Reisinger
Über die Anwendungsmöglichkeiten der Theorie unscharfer Mengen
(Fuzzy Sets Theory) im Recht 119
Zusammenfassung 156
Summary 156

Andrzej Kisza
Bemerkungen zur Geschichtsmethode der Rechtsinstitutionen
im Blickpunkt des rechtskybernetischen Modells 158

Verlegervereinigung Rechtsinformatik e. V.
Staatliche Rechtsdokumentation – Gefahr für die juristische Fachliteratur 169

Rechtsprechung

Beschluß des Bundespatentgerichts vom 28. 5. 1973 17 W (pat) 71/70 185

Literatur

C. West Churchman, Einführung in die Systemanalyse
(Friedrich Gebhardt) 192

Informationsverhalten und Informationsbedarf von Juristen
(Fritjof Haft) 192

Klaus Tiedemann/Christoph Sasse, Delinquenzprophylaxe, Kreditsicherung und Datenschutz in der Wirtschaft (Ruprecht Kamlah) . . . 195

Karl Friedrich Peter, Moderne Rechts- und Steuerberatung mit EDV
(Gerhard Stadler) 196

Dreßler, H., I. Hammelmann, H. A. Wilhelm, Entscheidungstabellen (Leo Reisinger) 197

Entscheidungsbegründung in europäischen Verfahrensrechten und im Verfahren vor internationalen Gerichten (Jochen Streil) 198

Hinweise

Lehrveranstaltungen über Rechts- und Verwaltungsinformatik in Heidelberg . . 200

Norm-Entwurf über eine Geräteschnittstelle verabschiedet 200

Die Autoren der Beiträge dieses Heftes

Hélène Bauer-Bernet, Dr. jur., Lic en Droit, Lic. es Lettres, Brüssel, 11 Drève des Deux Moutiers

Andrzej Kisza, Dr. jur. habil, Rechtsanwalt, Wroclaw 50-950 Polen, ul. Sadowa 4 (Zespol Adwokacki nr 4)

Paul J. Müller, Diplom-Volkswirt, Zentralarchiv für empirische Sozialforschung der Universität Köln, D-5 Köln 41, Bachemer Straße 40

Walter Popp, Technische Hochschule Darmstadt, Lehrstuhl Prof. Dr. Dr. Podlech, D-61 Darmstadt, Hochschulstraße 1/III

Leo Reisinger, DDr. Privatdozent, Institut für Statistik an der Universität Wien, A-1010 Wien, Universitätsstraße 7

Maria Schlagböhmer, Richterin am Oberlandesgericht, Bundesministerium der Justiz, D-53 Bonn-Bad Godesberg, Stresemannstraße 6

Bernhard Schlink, Technische Hochschule Darmstadt, Lehrstuhl Prof. Dr. Dr. Podlech, D-61 Darmstadt, Hochschulstraße 1/III

Dieter Zimmermann, Unternehmens-Berater, D-4 Düsseldorf 30, Kaiserswerther Straße 129

Walter Popp und Bernhard Schlink

Skizze eines intelligenten juristischen Informationssystems*

1 Artificial Intelligence im Recht
1.1 Der Begriff der Artificial Intelligence
1.2 Artificial Intelligence: Die Antwort auf die Krise der Dokumentationssysteme?
1.3 Elemente und Techniken der Artificial Intelligence und ihre Verwendung im intelligenten juristischen Informationssystem
2 Funktionen und Organisation eines IJIS
2.1 Vom Dokumentationssystem zum IJIS
2.2 Halbautomatische Rechtsfindung und programmierter Unterricht
2.21 Rechtsfindung
2.22 Programmierter Unterricht
2.3 Dokumentation im IJIS
3 Wege zum IJIS

1 Artificial Intelligence im Recht

1.1 Der Begriff der Artificial Intelligence

1.10 Die Idee, intelligente Maschinen zu bauen, hat nicht erst die Autoren moderner Science Fiction inspiriert. Ihrer dunklen Faszination verdanken wir schon den Golem, *Goethes* Homunculus, E. T. A. *Hoffmanns* unheimliche Automaten und nicht zuletzt auch Frankensteins Monster.

Schon diese wenigen Beispiele zeigen, daß die Frage „Mensch oder Maschine?" nicht so trivial ist, wie es zunächst den Anschein hat. Am leichtesten fällt die Antwort noch bei *Hoffmanns* Olympia; sie kann ihre Zugehörigkeit zum Reich der mechanischen Spielzeuge am schlechtesten verleugnen. Man braucht nur ihr Mieder aufzuschnüren, um das schnurrende Räderwerk zu bestaunen. Wie aber steht es mit Dr. Frankensteins namenlosem Geschöpf? Seine Künstlichkeit ist ihm mit vielen Narben ins Gesicht geschrieben, und doch pocht in diesem häßlichen Flickwerk aus gefledderten Leichenteilen ein Herz. Beim Faustschen Retortenwesen schließlich, organisch gewachsen doch künstlich gezeugt, geraten wir mit unseren scheinbar handlichen Kategorien vollends auf den Holzweg. Es als Maschine zu bezeichnen, sträubt sich die Feder ebenso, wie es als Mensch zu beschreiben.

Diese Erscheinungen waren Ausdruck der Ratlosigkeit, was der Mensch und seine Intelligenz in Wahrheit seien. Die Versuche, der Ratlosigkeit Herr zu werden, verliefen stets nach demselben Schema: Sinnbilder der menschlichen

---

* Das vorliegende Konzept wurde im Rahmen eines von der DFG unterstützten Forschungsvorhabens der „Arbeitsgruppe Recht und Mathematik" an der Universität Heidelberg entworfen. Die Verfasser sind insbesondere Herrn Prof. Dr. *Adalbert Podlech*, Technische Hochschule Darmstadt, für seine vielfältigen Anregungen und seine verständnisvolle Hilfe zu Dank verpflichtet. Der unmittelbare Anstoß für diese Arbeit ging von der Weiterentwicklung des Entscheidungshilfeprogramms JUDITH aus, das seit seiner erstmaligen Vorstellung in *Suhr* (ed.), Computer als juristischer Gesprächspartner, Berlin 1970, entscheidend verbessert werden konnte. Die Veröffentlichung einer ausführlichen Beschreibung des von JUDITH erreichten Zustands wird derzeit vorbereitet.

Hybris, es Gott gleich zu tun, waren die Erscheinungen Teufelswerk und gerieten ihren Urhebern zum Fluch. Hatten sie in den Wahnsinn getrieben oder sonst ruiniert, war die Welt wenigstens vorübergehend wieder in Ordnung.

1.11 Mit der Entwicklung elektronischer Rechenanlagen hat die Vorstellung von der intelligenten Maschine die Domäne der phantastischen Literatur verlassen. Zwar beeilten sich einige Pioniere des Computer-Zeitalters, das wohlige Schauder hervorrufende Wort vom „Elektronengehirn" in der beunruhigten Öffentlichkeit zu diskreditieren, indem sie distanziert-kühl die hoffnungslose Dummheit ihrer Apparate herausstrichen, die nur ausführen könnten, was ihnen vorher haarklein eingetrichtert worden sei. Andererseits ließen aber diejenigen Vertreter der neuen Zunft nicht locker, die schon in den ersten, noch recht flügellahmen Computern bereits ein gewaltiges Potential künftigen technischen Fortschritts angelegt sahen.

Sie formulierten bereits Anfang der fünfziger Jahre das Grundkonzept der Artificial Intelligence (AI), wie es auch noch heute gilt[1]: Maschinen sind dann mit künstlicher Intelligenz begabt, wenn sie sich in einer Weise verhalten, die, wenn am Menschen beobachtet, intelligent genannt werden müßte[2].

Diese im Behaviorismus wurzelnde Formel versteht sich, ohne daß es des Rückgriffs auf die Kontroverse um das Wesen der natürlichen Intelligenz bedürfte. Wem sie zu nichtssagend erscheint, der möge sie einfach als Globalverweisung auf die ihm am besten zusagende Intelligenz-Theorie verstehen.

Besser kommt man der AI auf die Spur, wenn man intuitiv und deskriptiv einen Katalog von Eigenschaften aufstellt, die uns für unsere Verstandeskraft erforderlich erscheinen. Solche Eigenschaften sind etwa Zeichenerkennung, Lernfähigkeit oder Verstehen natürlicher Sprache (mehr dazu unter 1.3).

Gelingt es, eine dieser Fertigkeiten in ein Computer-Programm zu verpflanzen, so erhält man, wie auch immer unvollkommen, Modelle menschlicher Intelligenz. Die Anforderungen an die AI sind dabei noch denkbar gering. Insbesondere wird Computern Intelligenz nicht erst dann attestiert, wenn sie alle diese Eigenschaften aufweisen[3]; ähnlich dem ersten Heben des Kopfes beim Säugling wird schon das erste intelligente Gestotter eines Computers als hoffnungsvolles Anzeichen künftiger Genialität begrüßt. Im Verein mit der enormen Gedächtnisleistung und Schnelligkeit einer Großrechenanlage vermag schon ein kleines Quentchen künstlicher Intelligenz zu eindrucksvollen Leistungen zu führen.

1.12 Seit den ersten, nur theoretischen Schritten hat sich die AI-Forschung

---

[1] Einer der frühesten Beiträge zur Theorie der AI ist der 1950 erstmals veröffentlichte Aufsatz von *Turing*, Computing Machinery and Intelligence; seiner Bedeutung entsprechend wurde er von *Feigenbaum/Feldman* an die Spitze des von ihnen herausgegebenen Sammelbands: Computers and Thought, New York etc. o. J. (Copyright 1963), S. 11–35, gestellt.

[2] *Nilsson*, Problem-Solving Methods in Artificial Intelligence, New York etc. o. J. (Copyright 1971), S. 1.

[3] Die Verwendung des gebräuchlichen Kürzels „Computer-Intelligenz" sollte nicht vergessen machen, daß man korrekter etwa von „intelligenzmöglichender Computer-Software" sprechen müßte.

sprunghaft weiterentwickelt. Die Literatur ist schnell unüberschaubar geworden[4]. Und schon ist es nicht mehr ganz korrekt, von der AI-Forschung zu sprechen. Ganz grob lassen sich zwei Branchen voneinander abgrenzen, entsprechend der Doppeldeutigkeit des Begriffs „Modell". Die eine Branche, zuweilen „Bionics" genannt, beschäftigt sich mit den Möglichkeiten, Funktionsmodelle von Nervensystemen zu konstruieren und deren Leistungsfähigkeit allmählich der des menschlichen Wahrnehmungs- und Denkapparats anzunähern. In der noch diffusen Terminologie der AI ist die Rede von „Perceptrons", „Neuromimes" und dergleichen[5].

Die andere Branche verzichtet auf den Bau spezialisierter Automaten. Sie ist ausschließlich daran interessiert, die heute gebräuchlichen Allzweck-Computer so zu programmieren, daß ihr Verhalten intelligent genannt werden kann. Ihr Schwerpunkt liegt auf der Entwicklung von Problemlösungstechniken, die dem menschlichen Problemlösungsverhalten zwar häufig nachempfunden sind, dies aber nicht notwendig sein müssen, da das allein ausschlaggebende Erfolgskriterium das vom Programm produzierte Output und die daraus zu ersehende intelligente Verarbeitung von Informationen ist.

Zumindest mittelfristig erscheint der letztere Ansatz erfolgversprechender: Anspruchsloser in seinen Voraussetzungen, kann er sich auf vorhandene Technik stützen und kommt so bereits heute zu eindrucksvolleren Resultaten als die theoretisch ehrgeizigeren Neuromine-Projekte, deren Leistungsfähigkeit sich in der Lösung elementarster Aufgaben erschöpft. Auch für das uns hier interessierende Problem, juristische Problemlösungsverhalten zu modellieren, dürfte er ergiebiger sein.

Die folgenden Ausführungen, die nach der Relevanz von AI-Techniken im Kontext eines juristischen Informationssystems fragen, klammern den Neuromime-Approach daher weitgehend aus. In Übereinstimmung mit einem verbreiteten Sprachgebrauch wird der Begriff AI hier im engeren Sinn verwendet und meint das intelligente Verhalten marktüblicher Allzweck-Computer.

1.2 Artificial Intelligence: Die Antwort auf die Krise der Dokumentationssysteme?

1.21 in die rechtswissenschaftliche Diskussion hat der Begriff der AI erst in

---

[4] Zwei inzwischen schon angegraute Sammelwerke führen wohl immer noch am besten in den Themenkreis AI ein: *Feigenbaum/Feldman* (s. o. Anm. 1) ist nützlich insbesondere auch wegen der von *Minsky* zusammengestellten Bibliographie; *Minsky* (ed.), Semantic Information Retrieval, Cambridge (Mass.) und London o. J. (Copyright 1968). Aus neuerer Zeit zu nennen wäre z. B. *Banerij/Mesarovic* (eds.), Theoretical Approaches to Non-Numerical Problem Solving, Berlin etc. 1970. Vgl. auch *Michie* (ed.), Machine Intelligence, Edinburgh 1968 ff. Wer sich durch allzu blauäugigen Fortschrittsglauben nicht abschrecken läßt, mag für einen ersten Einblick auch zu *Jungk/Mundt* (eds.), Maschinen wie Menschen, Frankfurt/M. 1973, greifen.

[5] Vgl. *Oestreicher/Moore* (ed.s), Cybernetic Problems in Bionics, New York etc. o. J. (Copyright 1968); *Pedelty,* An Approach to Machine Intelligence, Washington 1963; *Rosenblatt,* Principles of Neurodynamics, Washington 1962.

jüngster Zeit Eingang gefunden[6]. In der BRD hat erstmals *Suhr*[7] auf die Möglichkeiten der AI für die Jurisprudenz aufmerksam gemacht, leider ohne große Resonanz[8].

Daß die an sich naheliegende Idee, AI in den Dienst juristischer Entscheidung zu stellen, nicht schon früher geboren wurde, liegt nicht nur an der stets feststellbaren Phasenverschiebung beim Austausch von Forschungsergebnissen zwischen den verschiedenen Wissenschaftszweigen. Die Bemühungen, EDV im Recht einzusetzen, konzentrierten sich zunächst auf die Errichtung juristischer Dokumentationssysteme. Erst die mit diesen gewonnenen Erfahrungen konnten deutlich machen, daß die juristische Arbeit noch besserer elektronischer Hilfsmittel bedarf, um auf der Höhe der Zeit zu bleiben.

So ist es nicht verwunderlich, daß in der BRD, die weder ein Mekka der AI-Forschung ist, noch konkrete Ergebnisse auf dem Gebiet der automatischen Rechtsdokumentation vorweisen kann, nichts von dem Unbehagen registriert worden ist, das den Anstoß für die Zuwendung zur AI gegeben hat.

Anders verhält es sich in den USA und Kanada. Gefördert durch die pragmatischere Einstellung des dortigen vom case law geprägten Juristenstandes, beschleunigt auch durch den dringenderen Bedarf eines common law-Systems nach rascher und zuverlässiger Dokumentation, begannen Versuche mit automatischen information retrieval schon zu Anfang der letzten Dekade; sie führten zu einer zunehmenden Verfeinerung der verwendeten Methoden und zum kommerziellen Einsatz der besten Systeme[9].

Im täglichen Umgang mit dem Computer bestätigte sich, daß ein Dokumentationssytem wertvolle Dienste zu leisten imstande ist. Die hochgespannten Erwartungen, denen sich viele Juristen in der ersten EDV-Euphorie hingegeben hatten, blieben jedoch unerfüllt. Vor allem für den Gebrauch in der juristischen Praxis sind Dokumentationssysteme nur bedingt geeignet, eine Erkenntnis, die durch erst relativ spät angestellte Bedarfsanalysen abgesichert worden ist[10].

Ganz abgesehen von der selbst bei benutzerfreundlichen on-line-Systemen wie

---

[6] Siehe *Boyd,* Law in Computers and Computers in Law: A Lawyer's View of the State of the Art, (1972) 14 Arizona Law Review, S. 267–311; *Buchanan/Headrick,* Some Speculation About Artivicial Intelligence and Legal Reasoning, (1970), 23 Stanford Law Review, S. 40–62; *Mackaay,* Jurimétrie, informatique juridique, droit de l'informatique: Un résumé de la littérature, (1971) 6 Revue juridique Théms, S. 3–29.

[7] Von DISUM zu ARSCOM, in *Suhr* (ed.), Begriffsnetze, Invarianten, Routinen der Kritik, Berlin 1971, S. 7–56.

[8] Vgl. z. B. *Schneider*, Literatur zur Rechtsinformatik, JZ 1974, S. 318–322, 321.

[9] Einen Überblick über den erreichten Stand verschafft z. B. der von der American Bar Association veröffentlichte Sammelband, Automated Law Research, o. O. o. J. (Copyright 1973).

[10] Z. B. *Aitken/Campbell/Morgan,* Computers for Lawyers, o. O. o. J. (Copyright 1972), (Xerokopie), S. 102 ff. m. w. Nachw.

STAIRS oder GOLEM[11] noch festzustellenden Unhandlichkeit leiden alle herkömmlichen Dokumentationssysteme unter den Schwächen der von Anfang an prinzipiell kaum modifizierten Schlüsselwort-Methode[12]. Sie gewährleistet zwar, daß der Benutzer alle Dokumente findet, die seiner in der Suchanfrage spezifizierten Beschreibung entsprechen und macht das Dokumentationssystem zu einem hochpräzisen und unentbehrlichen Forschungsinstrument. Allzu häufig und selbst durch ausgefeilte Suchtechniken nicht vermeidbar resultiert sie jedoch in einer übergroßen Anzahl von „Treffern", die den an schnell zu verarbeitender Information interessierten Praktiker verprellt. Ihn vermögen weder ein hoher Stapel Computerpapier noch eine lange Fundstellenliste darüber hinwegzutrösten, daß er sich der nach wie vor nicht vom Computer unterstützten Materialanalyse widmen muß, die dank des nimmermüden, stets auf Vollständigkeit bedachten Dokumentationssystems zumeist mühsamer ausfällt als die anhand des *Palandt* veranstalteten Stichproben.

Das legitime, von Methodenlehren kaum erwähnte[13] Bedürfnis, eine Argumentationskette mal eben durch eine passende Gerichtsentscheidung abzusichern, oder sich rasch einen Überblick über die Dogmatik eines abgelegenen Rechtsgebiets zu verschaffen, wird vom methodenstrengen Dokumentationssystem nicht verstanden. Indem es dem Praktiker mehr gibt, als er braucht, gibt es ihm nur, was ihm ohnehin schon klar war: die Gewißheit, daß ihn die juristische Informationslawine alsbald zu ersticken droht, wenn kein Weg gefunden wird, Informationen anders als nach rein lexikalischen Kriterien zu strukturieren.

So sind die Dokumentationssysteme, die ins Feld geführt wurden, um der Informationskrise des Rechts[14] zu steuern, selber in die Krise geraten. Die Behebung dieser Krise kann freilich nicht in einer Preisgabe des Konzepts des information retrieval bestehen. Bereits in seiner konventionellen Form erfüllt es ja einen Teil der ihm obliegenden Funktionen durchaus zufriedenstellend. Die Arbeit muß vielmehr dort ansetzen, wo die „Dokumentationssysteme der ersten Generation" versagt haben: bei der selektiven Informationsaufbereitung für Juristen, die nicht nur zu „Dokumentationssystemen der zweiten Generation" führt, sondern zu umfassenden, Entscheidungshilfen liefernden juristischen Informationssystemen.

1.22 Es bedurfte keiner großen Anstrengungen, um die für ein solches Vorhaben offensichtlich benötigten neuen Techniken in den Computer-Labors nordamerikanischer AI-Forscher zu entdecken. Dort hat die Rezeption der AI durch die Rechtswissenschaft begonnen und wird das Potential der AI für

---

[11] Vgl. die Hersteller-Broschüren: *Grosholz/Urbach,* GOLEM 2, o. O. o. J. (Siemens-Schriftenreihe data praxis); STAIRS, Storage And Information Retrieval System, o. O. o. J. (Copyright 1971), (IBM Deutschland IBM Form M 12-1016-0); das von Telefunken Computer entwickelte System TELDOK scheint inzwischen aus dem Rennen genommen worden zu sein.

[12] Vgl. statt aller *Boyd* a.a.O. (Anm. 6) S. 272 ff. m. w. Nachw.

[13] Die Ausnahme bietet *Esser,* Vorverständnis und Methodenwahl in der Rechtsfindung, Frankfurt/Main 1972.

[14] *Simitis,* Informationskrise des Rechts und Datenverarbeitung, Karlsruhe 1970.

juristische Entscheidungsprozesse lebhaft diskutiert[15]. Schon zeichnen sich erste greifbare Ergebnisse ab[16], und die Prognose erscheint nicht zu gewagt, daß noch vor Ende der siebziger Jahre nicht mehr juristische Dokumentationssysteme, sondern solche Anwendungen der EDV im Brennpunkt des Interesses stehen werden, die in den eigentlichen juristischen Entscheidungsprozeß hineinspielen.

Doch ehe der verführerischen Idee eines intelligenten juristischen Informationssystems (IJIS) weiter nachgegangen wird, sind einige Bemerkungen darüber angebracht, welche Techniken der AI es sind, die zu den kühnen Hoffnungen berechtigen.

1.31 Eigenschaften, die für Elemente und Techniken der Artificial Intelligence und ihre Verwendung im intelligenten juristischen Informationssystem wünschenswert erscheinen, gibt es sehr viele. Auf ihre Essenz reduziert, lassen sie sich etwa folgenden elementaren Komponenten intelligenten Verhaltens zuordnen[17]: Sprachverständnis, Zeichenerkennung, Lernfähigkeit, Erinnerungsvermögen, Beherrschung induktiver Techniken und, von überragender Bedeutung, planende und koordinierende Kapazitäten.

Diese Liste, keineswegs die allein denkbare, gibt an, wo die Schwerpunkte der AI-Forschung liegen. Für den Juristen, der sich mit den Möglichkeiten eines IJIS beschäftigt, sind diese Schwerpunkte nicht alle von gleichem Interesse. Zwar könnte man sich einen Computer vorstellen, der, mit allen erwähnten Qualitäten ausgerüstet, zum Starjuristen erzogen wird, indem man ihm systematisch Gesetzestexte, Lehrbücher, Kommentare, Entscheidungssammlungen und Aufsätze zur Lektüre verordnet. Doch ist dieser Weg nicht gangbar; ein Programm der hierfür erforderlichen Abstraktionsstufe wird allzu lange auf sich warten lassen. Viel eher denkbar scheint es, daß AI in spezialisierten Routinen zum Zuge kommt, in die in weitestmöglichem Umfang das Fachwissen ihres Anwendungsgebietes eingebaut worden ist. Das bedeutet, daß Juristen nicht einfach beiseite stehen können, bis ihnen die Früchte der AI-Forschung in den Schoß fallen, sondern daß sie aktiv daran mitarbeiten müssen, ihr Spezialwissen in intelligente Informationssysteme einzubringen.

Da es aber illusorisch wäre zu verlangen, daß Rechtswissenschaftler nebenbei zu EDV-Experten sich mausern, heißt es Ausschau halten nach Bereichen der AI, die eine hinreichende Affinität zum juristischen Denken besitzen.

So werden die Rechtsinformatiker wenig zur Arbeit an Zeichenerkennung oder Sprachverständnis beizutragen haben. Ihrer Mitarbeit zugänglich sind jedoch zwei andere Aspekte der AI: Der eine betrifft eine für die Intelligenz eines Systems konstitutive Eigenschaft, die Fähigkeit zum sogenannten heuristic problem solving; der andere eine Technik, die in nahezu allen AI-Anwendungen

---

[15] Vgl. Stanford Law School, Artificial Intelligence Techniques In Legal Problem Solving, vervielfältigte Manuskripte, 1973.

[16] Z. B. *McCarty,* Interim Report on the TAXMAN Project, in Stanford Law School a.a.O. (Anm. 15), S. 37–46.

[17] Vgl. *Minsky,* Steps Toward Artificial Intelligence, in: *Feigenbaum/Feldman* (Anm. 1), S. 406–450, 407.

eine Schlüsselrolle spielt, nämlich die Repräsentation von Objekten, deren Eigenschaften und gegenseitigen Beziehungen durch Graphen oder Netze.

1.32 Mit heuristic problem solving[18] wird in der Literatur etwas umschrieben, was eigentlich gar keine klar definierte Eigenschaft, sondern ein Sammelsurium heterogener, stark auf ihre konkrete Anwendung bezogener Problemlösungsstrategien ist. Ihr gemeinsamer Nenner ist, daß sie auf Probleme zugeschnitten sind, die sich – jedenfalls auf den ersten Blick – nicht unter Zuhilfenahme von Algorithmen, etwa einem linearen Gleichungssystem, angehen lassen, sondern einen eher versuchsweisen Ansatz erfordern. Beispiele sind etwa die chemische Analyse eines Stoffs[19], aber eben auch die rechtliche Beurteilung eines Lebenssachverhalts.

Den Arbeiten, die sich mit Methoden des heuristic problem solving beschäftigen, liegt ein abstraktes Modell menschlichen Problemlösungsverhaltens zugrunde, das wie folgt beschrieben werden kann[20]: Gegeben ist ein Anfangszustand, ein angestrebter Endzustand sowie eine Menge von Operatoren. Gesucht ist eine aus diesen Operatoren zusammengesetzte Aktionenfolge, welche den Anfangs- in den Endzustand transformiert. Soll die Suche nach dieser Aktionenfolge automatisiert werden, muß sie sich als Meta-Algorithmus formulieren lassen, der von den zur Verfügung stehenden Operatoren auf der Grundlage eines heuristischen Plans Gebrauch macht.

Ein solches Modell ist noch zu vage, um als Handlungsanweisung zu dienen. Strategien des heuristic problem solving tragen dem Rechnung. Eine der wichtigsten ist die Reduzierung der Komplexität der zu lösenden Aufgaben durch Zerlegung des Endziels in eine Reihe untergeordneter Ziele, die jeweils noch mehrmals in kleinere Zieleinheiten aufgeschlüsselt werden können (defining of subgoals)[21]. Von gleicher Bedeutung ist es, das breite Spektrum anfänglich theoretisch möglicher Lösungswege auf ein vertretbares Maß zu reduzieren (reducing of search space).

Heuristische Strategien, die sich diesen beiden Kategorien zuordnen lassen, haben sich auch für spezifisch juristische Bedürfnisse herusgebildet. Dazu gehören so respektable Verfahren wie die Subsumtion, aber auch zahlreiche Faustregeln und Kniffe am Rande der methodischen Legalität; letztere dürfen gerade von einem wahrhaft intelligenten Problemlöser nicht vernachlässigt werden. Diese Strategien mit einem an der Auseinandersetzung mit AI geschärften Methodenbewußtsein zu formalisieren, dürfte eines der zentralen Anliegen der Arbeit an einem IJIS bilden.

JUDITH, die man als AI-Pilotstudie bezeichnen könnte, verfügt nur über ein kleines Reservoir eigener heuristischer Techniken; sie macht im übrigen von

---

[18] Grundlegend hierzu *Nilsson* (Anm. 2).

[19] Vgl. *Feigenbaum*, Some Criteria For Heuristic Problem Solving, in Stanford Law School a.a.O. (Anm. 15), S. 14–21.

[20] *Ernst/Newell*, GPS: A Case Study in Generality and Problem Solving, New York und London 1969, S. 17 ff.

[21] *Newell/Simon*, GPS, A Program That Simulates Human Thought, in *Feigenbaum/Feldman* (Anm. 1), S. 279–293, 285 f.

den heuristischen Kenntnissen des Benutzers Gebrauch. Im Dialog zwischen JUDITH und dem Benutzer wird z. B. das charakteristische „Hin- und Herwandern des Blicks“ zwischen Sachverhalt und Norm nachgebildet, welches u. a. die Funktion hat, die Zahl der in Frage kommenden Entscheidungsalternativen zu reduzieren. Auch die Erzeugung untergeordneter Ziele hat in JUDITH qua Spezifizierungsebenen-Technik Eingang gefunden[22]. Einschlägige Vorarbeiten vorausgesetzt, steht auch der Hinzufügung weiterer Qualitäten, etwa einer Heuristik des Analogieschlusses, nichts im Wege.

1.33 Zahlreiche AI-Programme sind in listenverarbeitenden Sprachen, wie z. B. LISP[23], geschrieben. Diese Sprachen erleichtern insbesondere den Aufbau von Netz-Strukturen; doch lassen sich Netze auch mit anderen Programmiersprachen knüpfen und verarbeiten.

Daß sich Netze gut für die Darstellung komplexer Zusammenhänge oder Prozesse eignen, ist seit langem bekannt. In ihre Relevanz für die Jurisprudenz führt am besten *Suhr*[24] ein. So sei nur kurz beschrieben, wie sich Netze zusammensetzen.

Netze, das ergibt schon die Anschauung, bestehen aus miteinander verbundenen Knoten. In der Informatik kommt den Knoten und Verbindungen eine besondere Bedeutung zu. Die Knoten, technisch realisiert als Speicherplätze, repräsentieren Objekte aus der zu modellierenden Wirklichkeit; sie können Informationen über die Eigenschaften der Objekte aufnehmen. Die Verbindungen repräsentieren die Beziehungen dieser Objekte zueinander; sie werden im allgemeinen durch die Angabe von Zieladressen der über- oder untergeordneten Knoten dargestellt. Für die Zwecke der EDV kann man Netze daher als eine spezifische Organisation der auf den Speichermedien enthaltenen Daten beschreiben. Die Informationseinheiten stehen zwar nach wie vor linear geordnet im Kernspeicher oder auf einem externen Datenträger, sie sind jedoch kraft zahlloser Querverweisungen vorstrukturiert.

Die Eigenschaft von Netzen, Struktur aufzunehmen, hat sie zu bevorzugten Werkzeugen der AI-Forschung werden lassen. Netze können sehr leicht um neue Elemente erweitert werden und bieten sich demgemäß als Kernstück lernfähiger Systeme an[25]. Ihre theoretisch unbegrenzte Kapazität, Beziehungen zwischen Projekten auszudrücken, qualifiziert sie für Versuche, die Semantik von Wörtern für natürliche Sprache verstehende Programme einzufangen[26].

1.34 Im Recht ist die komplizierte Struktur, die als Netz dargestellt werden

---

[22] Vgl. *Popp/Schlink*, JUDITH, in *Suhr* (ed.), Computer als juristischer Gesprächspartner, Berlin 1970, S. 1–20, 6 f.

[23] Zu LISP siehe *McCarthy*, Recursive Functions of Symbolic Expressions, in: Communications of the Association for Computing Machinery, 3 (1960), S. 184–195; vgl. auch *Newell*, Tonge, Feigenbaum et al., Information Processing Language V Manual, 2. Aufl., Englewood Cliffs, 1964.

[24] Von DISUM zu ARSCOM, a.a.O. (Anm. 7).

[25] Vgl. *Raphael*, SIR: Semantic Information Retrieval, in *Minsky*, Semantic Information Retrieval (Anm. 4), S. 33–134.

[26] Vgl. *Quaillian*, Semantic Memory, in *Minsky*, Semantic Information Retreval (Anm. 4), S. 216–270.

kann, die juristische Dogmatik; sie bringt System in die Normenfülle einer Rechtsordnung, sie weist jedem juristischen Datum einen (nicht notwendig genau definierten) Platz im großen Normzusammenhang zu[27]. Der Informationswert einer dogmatikhaltigen Aussage ist daher ungleich größer als der einer Auflistung juristischer Termini. Dies hat Folgen für den Arbeitsstil des Juristen, die vom herkömmlichen Dokumentationssystem nicht berücksichtigt werden: Wer seine Dogmatik beherrscht, wird seine Suche nach einschlägigen Textstellen dogmatisch strukturieren[28]; er wird dabei entsprechend das Inhaltsverzeichnis dem Index eines Lehrbuchs vorziehen. Erst wo die Dogmatik ihn verläßt (und die Kasuistik beginnt), begibt er sich auf die Ebene der Stichwortsuche.

Dagegen erschließen Dokumentationssysteme ihren Inhalt nur dem, der bereit ist, seine Probleme in eine Reihe von Schlüsselwörtern zu übersetzen. Der semantische und syntaktische Bezug, den diese Schlüsselwörter zum Ausgangsfall haben, bleibt ihnen unbekannt. Ein juristisches Dokumentationssystem der ersten Generation kann zwischen den gespeicherten Dokumenten nur mengentheoretische, nicht dogmatische Verbindungen knüpfen.

Die Übersetzung von dogmatischen in mengentheoretische Fragestellungen bringt Unschärfen und erhebliche Reibungsverluste mit sich. Sie verlangt überdies vom Benutzer des Systems Kenntnisse, die für die Lösung seiner eigentlichen Aufgabe wertlos sind, während seine fachspezifischen Kenntnisse für das System nicht fruchtbar gemacht werden können.

In der Literatur werden daher Möglichkeiten diskutiert, den Dokumentenpool nach dogmatischen Gesichtspunkten zu strukturieren, so daß Benutzer und System auf einem höheren Niveau als der bloßen Suche nach Wörtern miteinander verkehren können, daß außerdem das System dem Benutzer auf Anhieb die Dogmatik eines bestimmten Rechtsgebiets transparent zu machen vermag[29]. Das System erwirbt dogmatische Kenntnisse, indem man es in die Lage versetzt, die syntaktische und semantische Struktur von Rechtssätzen zu „verstehen" und auf der Basis dieses Verständnisses hierarchisch gegliederte Begriffsnetze aufzubauen. Diese Netze würden einem nach konventionellen Methoden organisierten Datenbestand gewißermachen übergestülpt. Sie könnten so konzipiert werden, daß sie sich gegenüber der Aufnahme neuer Informationen völlig offen verhalten.

---

[27] Zur Funktion der Dogmatik vgl. *Esser*, a.a.O. (Anm. 13), S. 90 ff.

[28] Begreift man Dogmatik so als den Inbegriff des Wissens, das eine ansonsten unübersehbare Menge von Daten strukturiert, wird es möglich, von einer Dogmatik der Naturwissenschaften zu sprechen, ein Umstand, der z. B. für die Konzeption von Diagnosecomputern in der Medizin oder bei der Automatisierung von Wettervorhersagen hilfreich sein könnte.

[29] Entwürfe dogmatik-orientierter Datenbank-Systeme wurden insbesondere vorgelegt von *Allen*, A Language-Normalization Approach to Information Retrieval in Law, (1968) 9 Jurimetrics Journal, S. 41–56; *Kayton*, Retrieving Case Law by Computer: Fact, Fiction, and Future, (1966) 35 George Washington Law Review, S. 1–49; *Bauer-Bernet*, Rechtsdokumentation. Zur elektronischen Verarbeitung juristischer Texte im nationalen und internationalen Bereich, Frankfurt/Main 1973, S. 59 ff.

Mögen die bisher bekanntgewordenen Vorschläge dieser Art auch gewichtigen Einwänden ausgesetzt sein[30], so läßt sich doch wohl die Meinung vertreten, daß Dogmatik als Struktur einer Datenbank den meistversprechenden Ausweg aus der Krise der Dokumentattionsysteme bietet[31]. Darüberhinaus eröffnet sich viel weitergehende Perspektiven auf halbautomatische Subsumtionssysteme, wie sie von JUDITH und DISUM erstmals aufgegriffen und in ein arbeitsfähiges Modell eingebracht worden sind[32].

Wenn die Rechtswissenschaft erst einmal willens und in der Lage ist, Anforderungen an ein IJIS zu formulieren, wird sehr schnell der Zeitpunkt sich einstellen, zu dem man es sich nicht mehr leisten kann, daß Denken ausschließlich den Juristen zu überlassen[33].

Im folgenden soll versucht werden, Material für diese fällige Formulierung von Anforderungen verfügbar zu machen.

2 Funktionen und Organisationen eines IJIS

2.1 Vom Dokumentationssystem zum IJIS

2.11 Soweit sich die Rechtsinformatik in der BRD mit den praktischen Problemen des Einsatzes von Computern im Recht beschäftigt, hat sie der Entwicklung von Dokumentationssystemen absoluten Vorrang eingeräumt. An zweiter Stelle stehen die Bemühungen um die Automatisierung von Verwaltungsvorgängen einschließlich der Errichtung einer Grundstücksdatenbank; dabei scheint das Gefühl vorzuherrschen, daß hier keine theoretischen Lorbeeren zu ernten sind.

Die Möglichkeiten, Computer in den zentralen juristischen Entscheidungsprozeß einzuschalten, werden allenfalls am Rande mit gedämpft wohlwollenden, in der Sache jedoch durchweg pessimistischen Kommentaren bedacht[34]. Die beiden Monographien, die sich mit größerer Tiefe mit der Bedeutung des Computers für die juristische Entscheidung auseinandersetzen[35], beschränken sich darauf, recht abstrakte gedankliche Modelle vorzuführen. Praktische Versuche mit Entscheidungsmodellen werden, mit Ausnahme der schon 1970 zur Diskussion gestellten dialogischen Subsumtionshilfen DISUM und JUDITH, nicht unternommen.

Die Konjunktur der Dokumentationssysteme hat gute Gründe. Was zu ihrer Funktion in einer von der Informationskrise bedrohten Rechtsordnung gesagt wurde[36], hat nichts von seiner Brisanz verloren, insbesondere wenn man be-

---

[30] Vgl. z. B. *Boyd*, a.a.O. (Anm. 6), S. 278 f.

[31] *Schramm/Suhr*, DISUM, in *Suhr*, a.a.O. (Anm. 22), S. 21–124.

[32] *McCartys* TAXMAN (vgl. Anm. 16) liegt bisher nur als Entwurf vor. Die Arbeit von *Maggs/deBessonet*, Automated Logical Analysis of Systems of Legal Rules, (1971) 12 Jurimetrics Journal, S. 158–169, deckt sich in der Konzeption der Materialorganisation und des Subsumtionsdialogs mit in JUDITH verwirklichten Ideen.

[33] Siehe aber *Esser*, a.a.O. (Anm. 13), S. 73, FN 45.

[34] Vgl. *Esser* a.a.O.; *Schneider* a.a.O. (Anm. 8); *Bühnemann*, JA 1971 LS 4–7, 6 f.

[35] *Kilian*, Juristische Entscheidung und elektronische Datenverarbeitung, o. O. 1973; *Reisinger*, Automatisierte Normanalyse und Normanwendung, Berlin 1972.

[36] Vgl. *Simitis*, a.a.O. (Anm. 14), S. 9 ff.

denkt, daß es zur Stunde noch völlig unklar ist, wann das erste arbeitsfähige Dokumentationssystem bereitstehen wird[37].

Angesichts der geschilderten Unzulänglichkeiten konventioneller Dokumentationssysteme läßt sich eine ausschließende Beschäftigung mit der Rechtsdokumentation allerdings nicht mehr rechtfertigen.

2.12 Die Entwicklung eines IJIS würde den erweiterten Rahmen bilden, innerhalb dessen die Krise juristischer Dokumentationssysteme abgewendet werden könnte, noch ehe sie wirklich zum Tragen kommt[38].

Das Konzept eines IJIS ist neu. Bereits sein einfacherer Vorgänger, das juristische Informationssystem, bleibt, sooft es auch erwähnt wird, merkwürdig schemenhaft[38a]. Die hier angebotene Definition des Begriffs IJIS kann ebenfalls nur eine versuchsweise sein: Ein IJIS ist ein Verbund unabhängig voneinander funktionsfähiger Subsysteme, welche die Arbeit des Juristen in allen Phasen durch Bereitstellung und intelligente Verarbeitung von Informationen unterstützen. Zu den Subsystemen zählt in erster Linie ein Dokumentationssystem, das auf seinen Datenbanken die geläufigen Informationen zu Gesetzgebung, Rechtsprechung und Literatur, aber z. B. auch entscheidungserhebliche Sozialdaten bereithält. Daneben könnten Gesetzgebungs-, Prozeß- und Justizverwaltungs-Informationssysteme treten. Herzstück des integrierten Systems wäre ein Programm, das in Interaktion mit den übrigen Komponenten und dem Systembenutzer den juristischen Entscheidungsprozeß mitvollziehen hilft. Dieses Programm sei als Subsumtionssystem bezeichnet. Die von ihm verarbeiteten dogmatisch strukturierten Netze (die „Dogmatik-Datenbank") prägen die Struktur des gesamten Systems.

2.13 Wer die Idee von Subsumtionsautomaten, und seien es auch nur halbe, skeptisch gegenübersteht, wird womöglich einwenden, daß es des umfangreichen Apparats eines IJIS nicht bedarf, um einem Dokumentationssystem Intelligenz einzuflößen.

Ihm ist entgegenzuhalten, daß eine solche freiwillige Selbstbeschränkung aus wissenschaftspsychologischen Gründen kaum erstrebenswert wäre: Wer zu kurz greift, wird kaum bahnbrechende Entdeckungen machen. Umgekehrt fallen

---

[37] Allerdings macht das Erscheinen von Dokumentationssystemen der großen Computer-Hersteller auf dem deutschen Markt Hoffnung auf ein zügigeres Voranschreiten der diversen Projekte.

[38] In diesem Zusammenhang sei daran erinnert, daß die Empfehlungen der Datenverarbeitungskommission des 48. Deutschen Juristentages nicht ausschließlich vom Aufbau einer juristischen Datenbank handeln. Vielmehr ist die Rede von einem „umfassenden Informationssystem", das es zu entwickeln gelte; auch die „Einschaltung von Datenverarbeitungsanlagen in juristische Entscheidungsprozesse" bleibt nicht unerwähnt. Vgl. Verhandlungen des 48. DJT, Band II (Sitzungsberichte), München 1970, T 44 f.

[38a] Bundesministerium der Justiz (Hrsg.), Das Juristische Informationssystem – Analyse, Planung, Vorschläge. Bericht der Projektgruppe aus Mitgliedern des Bundesministeriums der Justiz, der Gesellschaft für Mathematik und Datenverarbeitung und der C-E-I-R GmbH an den Bundesminister der Justiz, Karlsruhe 1972. Vgl. dazu *Zielinski*, Das Juristische Informationssystem, DVR 2 (1973), S. 36–75, dessen Besprechung des Berichts der Projektgruppe wohl darum so positiv ausfällt, weil sie in ihren Vorstellungen und Anregungen ebenso unverbindlich bleibt wie dieser selbst.

auf dem Weg zu einem weit entfernten und am Ende vielleicht sogar unerreichbaren Ziel gewöhnlich viele Erkenntnisse ab, die sich für prosaischere Zwecke gewinnbringend einsetzen lassen.

Die Arbeit an Datenbanken wird den Umgang mit Dokumentationssystemen zwar immer weiter verfeinern, führt aber nicht über die Wiedergewinnung von Informationen hinaus; Die Möglichkeiten eines IJIS werden dabei ausgeblendet. Hingegen schließt die Entwicklung eines IJIS die Entwicklung eines Dokumentationssystems nicht nur ein, sondern bietet darüber hinaus die Chance, den gegenwärtigen toten Punkt zu überwinden.

Unter den zahlreichen Funktionen, die ein IJIS wahrnehmen könnte, sind die spektakulärsten wohl die aktive Teilnahme am Prozeß der Rechtsfindung sowie die erweiterten Chancen, auf die von einem Dokumentationssystem bereit gehaltenen Daten Zugriff zu nehmen. Von ihnen wird nun des näheren zu handeln sein. Der Rechtsfindung zugeordnet wurde der Aspekt des programmierten Unterrichts; die Gründe dafür werden unter 2.22 erläutert. Für weitere denkbare Aufgaben eines IJIS wird auf speziellere Literatur verwiesen[39].

2.2 Halbautomatische Rechtsfindung und programmierter Unterricht

2.21 Rechtsfindung

2.211 Die gesprächsweise Erwähnung automatisierter Rechtsfindung beschwört unweigerlich die Vorstellung vom juristischen Homunculus herauf, der unbestechlich-allwissend den Platz des fehlsamen, aber menschlichen Richters eingenommen hat. Als Ausgangspunkt einer Untersuchung, in welcher Weise EDV einen Beitrag zur juristischen Entscheidung leisten kann, mag eine Präzisierung dieses Schreckbilds ihren Nutzen haben.

Ein elektronischer Superrichter besitzt zunächst einmal alle Fähigkeiten, die sein menschliches Gegenstück einsetzt, um die entscheidungserheblichen Umstände eines Lebenssachverhalts dingfest zu machen. Dies erfordert neben dem komplexen Apparat sinnlicher Wahrnehmung und Informationssichtung detaillierte Kenntnisse des anzuwendenden Rechts. Nur sie können der Menge ungeordneter Daten, die z. B. in einer Gerichtsakte zusammengetragen sind, die Struktur verleihen, welche die Lösung des Falls vorbereitet. Parallel zu und im Abhängigkeitszusammenhang mit der Aggregierung der rechtlich überformten Tatsachen-Partikel hätte der Computer des weiteren ein Gefüge juristischer Alltagsweisheiten und außerrechtlicher Konzepte oder, horribile dictu, Vorurteile zu konstruieren, als dessen Resultate sich sein erkenntnisleitendes, die endgültige Entscheidung bereits größtenteils vorwegnehmendes Interesse ergäbe.

Das so kompilierte Rohmaterial, ein eigentümliches Gemenge halb ausformulierter tatsächlicher und rechtlicher Konzepte, wird nun von einer Routine übernommen, in der es, zunächst eher tastend, dann aber mit immer größerer Bestimmtheit, mit den einschlägig erscheinenden Rechtsnormen zur Deckung ge-

---

[39] Die Idee eines Prozeß-Informationssystems wird diskutiert bei *Meldman/Holt*, Petri Nets and Legal Systems, (1971) 12 Jurimetrics Journal, S. 65–75. Zu einem Gesetzgebungs-Informationssystem siehe z. B. *Bauer-Bernet*, a.a.O. (Anm. 29), S. 49 ff.

bracht wird. Mit anderen Worten: Der Sachverhalt wird unter die Norm subsumiert. Dieser Prozeß des gegenseitigen Anpassens veranlaßt den Computer zu einer Umformulierung oder Reorganisation des Ausgangsmaterials; gleichzeitig müßte die angewendete Norm unter Zuhilfenahme eines Datenbanksystems feineingestellt, sprich: interpretiert werden.

Am Ende druckt der Computer eine wohlbegründete Entscheidung aus, die er sogleich seinem Gedächtnis für künftige Verwendung einverleibt; hinzu fügt er einen retuschierten Sachverhalt, der die gefundene Entscheidung auch tragen kann.

2.212 Dieses Modell eines von menschlicher Bedienung völlig unabhängigen juristischen Roboters ist naiv. Bewußt an der traditionellen Methodenlehre orientiert, lebt es von der nicht weiter hinterfragten Vorstellung des Hin- und Herwanderns des Blicks zwischen Sachverhalt und Norm und ist so den Vorwürfen ausgesetzt, die auf die Ideologie einer Jurisprudenz als Glasperlenspiel gemünzt sind[40]. Dennoch erfüllt es eine wichtige Funktion: Es zeigt auf, welche Faktoren seiner Realisierung im Weg stehen. Es deutet aber auch an, wo die Chancen elektronischer Entscheidungshilfen im Recht schon beim derzeitigen technischen und methodologischen Erkenntnisstand liegen.

Das offensichtliche Hindernis bei der Entwicklung des vollautomatischen Juristen bilden die noch sehr elementaren Techniken der AI vor allem auf dem Gebiet der Erfassung der Umwelt eines intelligenten Systems. Während es dem Juristen keine Schwierigkeiten macht, an einer belebten Straßenkreuzung stehend den Verlauf eines Verkehrsunfalls zu verfolgen und dem Unfallopfer seine Dienste bei der Geltendmachung eines Schadensersatzanspruchs anzubieten, wäre ein Computer schon bei der Unfallaufnahme hoffnungslos überfordert. Auch der Schritt von der Tatsachenerkennung zur Fixierung des juristischen Problems, der ein beachtliches Abstraktionsvermögen voraussetzt, gelingt ihm nicht ohne die helfende Hand des Menschen. Solange der Apparat der sinnlichen Wahrnehmung nicht um Potenzen erweitert werden kann, und solange man den dann denkbaren sehenden und hörenden Computer nicht gelehrt hat, aus der Fülle von Informationen, die an besagter Straßenkreuzung auf ihn hereinstürzen, die von einiger Relevanz zu isolieren, solange muß es dabei bleiben, daß auch ein intelligentes System nur tätig werden kann, wenn sein menschlicher Kontaktmann zur Außenwelt das Problem formuliert und ihm zur Entscheidung vorlegt[41].

Das zweite Hindernis stammt aus einem Bereich, für den die Rechtswissenschaft die ureigenste Verantwortung trägt. Es besteht in der beklagenswerten Methoden-Insuffizienz, die bisher kaum über bloße Kritik des etablierten Rechtsfindungsmodells hinausgeführt hat. Wie Juristen die Wirklichkeit in ihr

---

[40] Vgl. insbesondere *Kilian*, a.a.O. (Anm. 35), S. 139 f., 146 f.

[41] Hier setzen die Überlegungen an, die sich den juristischen Entscheidungsautomaten als Verarbeiter klausurmäßig verfaßter Sachverhalts-Konzentrate vorstellen. Von der Tatsachenerfassung entlastet, kann sich die Maschine auf die eigentliche juristische Arbeit konzentrieren. Vgl. z. B. *Rave, Brinckmann, Grimmer* (ed.s), Paraphrasen juristischer Texte, Darmstadt 1971.

begriffliches Raster überführen, wie und nach welchen Gesichtspunkten sie Normauslegung betreiben, wie schließlich Normsatz und Wirklichkeit miteinander verzahnt[42] sind, darüber werden zwar Theorien angeboten; sie sind aber allemal zu hochstufig, um dem von der Larenz-Schule Enttäuschten methodische Handlungsalternativen an die Hand zu geben, geschweige denn um in ein elektronisches Modell juristischen Argumentierens übersetzt zu werden.

2.2.13 Daß eine solche Übersetzung andererseits vom traditionellen Methodenverständnis her gelingen kann, haben die Arbeiten an DISUM und JUDITH gezeigt, wie auch von Kritikern zugestanden wird[43]. Die Chancen eines Subsumtionssystems liegen daher genau dort, wo bei all ihren Schwächen im übrigen die Methodologie alter Schule ihre unbestreitbare Stärke entfaltet: bei der dogmatisch strukturierten Erfassung von Tatbeständen und der schlüssigen Ermittlung von Rechtsfolgen.

Der von der Methodenlehre zu diesem Zweck entwickelte Meta-Algorithmus bildet die Grundlage der ins Auge gefaßten Entscheidungshilfen. Man kann ihn etwa so formulieren: Wenn sich ein wie auch immer festgestellter Sachverhalts-Komplex mit dem wie auch immer ermittelten Geltungsbereich einer Rechtsnorm zur Deckung bringen läßt, dann löst dies eine von dieser Norm vorgesehene Rechtsfolge aus.

Wer die Programmierung dieses Meta-Algorithmus und seiner Konkretisierung durch normative Algorithmen trivial nennt[44], verkennt die Bedeutung von Struktur für die Lösung eines Problems[44a].

Die bewußte Übernahme handlicher Strukturprinzipien der Jurisprudenz präjudiziert allerdings in keiner Weise die Stellungnahme zur methodischen Systemblindheit der Schul-Dogmatik. Die Frage, „welche Realität auf welchen Begriff gebracht wird"[45], stellt sich unabhängig von der Nomenklatur, welche zu ihrer Beantwortung herangezogen wird. Dementsprechend leistet die traditionelle Methodenlehre auch dem Juristen ihre Dienste als Argumentationsmuster, der ihre ideologischen Implikationen ablehnt. Wäre es nicht so, ließe sich kaum erklären, wie überhaupt noch auch für Methodenkritiker akzeptable Entscheidungen zustande kommen. Die Qualität einer Falllösung wird aber eben maßgeblich durch die Bereitschaft des Juristen zu kritischer Reflexion über die Voraussetzungen und Folgen seines Tuns bestimmt.

Dies gilt im selben Umfang auch für die elektronisch unterstützte Rechtsfindung. Es kann nicht Aufgabe einer Subsumtionshilfe sein, dem Juristen das Den-

---

[42] *Kilian*, a.a.O. (Anm. 35), S. 147.

[43] *Kilian*, a.a.O. (Anm. 35), S. 140.

[44] *Kilian*, a.a.O. (Anm. 35), S. 146.

[44a] Vgl. zur Funktion dogmatischer Theorien, den Rechtsstoff lernbar zu machen, *Podlech*, Rechtstheoretische Bedingungen einer Methodenlehre juristischer Dogmatik, in Jahrbuch für Rechtssoziologie und Rechtstheorie, Band 2, Düsseldorf 1972, S. 491–502.

[45] *Kilian*, a.a.O. (Anm. 35), S. 146.

ken abzunehmen[46]; es ist aber sehr wohl ihre Aufgabe, ihm Denkanstöße zu liefern, v. a. indem sie ihm permanent einen Wissensfundus zur Verfügung stellt, den zu erschließen nicht umfangreicher Recherche, sondern nur des berühmten Drucks auf den Knopf bedarf.

2.214 Für die Realisierung von Programmen der Entscheidungshilfe ergeben sich unter diesen Auspizien zwei Konsequenzen.

Die eine Konsequenz besteht darin, nicht nach den Sternen synthetischer Entscheidungen zu greifen. Ein solches Unternehmen wäre nach dem Stand der AI-Technik nicht nur rein spekulativ, es wäre, selbst wenn technisch realisierbar, auch unökonomisch. Aufgaben, für deren Wahrnehmung der Mensch von Natur aus vollkommener ausgestattet ist als jeder Automat, brauchen nicht automatisiert zu werden. Die Arbeit an Entscheidungshilfen konzentriert sich folgerichtig auf Verbundsysteme von Mensch und Maschine, deren elektronische Komponente nur halbautomatisch, d. h. in ständiger Abhängigkeit von Entscheidungen und Reaktionen ihres menschlichen Partners, funktioniert. Das Vehikel, das einen solchen symbiotischen Zusammenschluß von Mensch und Maschine zum gegenseitigen Vorteil trägt, ist der von on-line-Systemen ermöglichte stetige Informationsaustausch im Dialog[47]. Dialogfähigen Informationssystemen werden auf lange Sicht die größten Chancen eingeräumt, in nichtnumerische Anwendungsbereiche vorzustoßen[48].

Im IJIS kommen dem Dialog insbesondere folgende Funktionen zu: Das System geleitet den Benutzer durch das dogmatische Netz, indem es ihm Fragen vorlegt, die er bejahen oder verneinen kann. Er kann auch um eine Erläuterung der Fragen bitten. Auf diese Weise informiert sich der Benutzer über die dogmatische Struktur, in deren Rahmen er den Fall betrachtet. Der Benutzer wiederum lenkt mit seinen Antworten den gesamten Dialog so, wie es ihm anhand seines allmählich wachsenden Verständnisses von Sachverhalt und Rechtslage angemessen erscheint.

Das Abstellen auf den Dialog zwischen Mensch und Maschine trägt den wohl auch langfristig unausgetragenen methodischen Problemen der Jurisprudenz Rechnung. Während der Computer über umfangreiche rechtliche Detailkenntnisse verfügt, bleibt es seinem Benutzer überlassen, die allenthalben fälligen Entscheidungen und Wertungen selber vorzunehmen. In dem Maß, in dem diese noch ungeklärten Fragen von der Rechtstheorie befriedigend beantwortet werden, werden sich auch die vom Computer verwendeten Prozeduren verbessern lassen. Es ist im übrigen wahrscheinlich, daß die Rechtstheorie eher zu formalisierbaren Entscheidungsmodellen gelangen wird, wenn sie erst einmal auf die

---

[46] Auch *Kilians* Forderung, derartige Programme müßten die Denkarbeit ihres Benutzers sichtbar machen (a.a.O., S. 143, 146), ja mittels Problematisierung der Antworten des Benutzers dessen Sachverhaltsverständnis falsifizieren, schießt über das Ziel hinaus. Die Methodenlehre, die den Bau eines juristischen Lügendetektors erlaubt, muß erst noch geschrieben werden.

[47] Über die Voraussetzungen und Möglichketen von sog. conversational computers informieren umfassend *Meadow,* Man-Machine Communication, New York etc. 1970; *Orr* (ed.), Conversational Computers, New York etc. 1968.

[48] Vgl. *Feigenbaum,* a.a.O. (Anm. 19), S. 21.

von der AI-Forschung ausgesandten Impulse zu reagieren beginnt. Nur der Zwang zur Formalisierung wird ihren Konzepten die Stringenz verleihen, die bloß verbalen Modellen so häufig abgeht.

Schließlich gewährleistet der Dialog mit dem Computer in anschaulicher Weise, daß die Verantwortung des Juristen für seine Entscheidungen nicht im Gewirr technokratischer Sachzwänge untergeht. Wie immer die endgültige Lösung eines Falls aussehen mag, stets läßt sich anhand des vorangegangenen Dialogs angeben, wo der Benutzer durch seine Interpretation des Sachverhalts oder der Norm die Weichen für eben diesen Ausgang gestellt hat.

Die zweite Konsequenz betrifft die kontroverse Frage nach der Organisation des juristischen Materials, mit dessen Hilfe das Subsumtionsprogramm den Dialog führt.

Wenn man die Prämisse bejaht, daß komplexe Probleme aus entscheidungstheoretischen Gründen der formalen Strukturierung bedürfen, daß die Struktur für die Lösung jedoch kaum jemals den Ausschlag geben wird, dann nimmt die Suche nach der optimalen Struktur, von Praktikabilitätserwägungen abgesehen, beliebigen Charakter an[49].

Die juristische Schuldogmatik in Verbindung mit der heute so angefochtenen traditionellen Methodenlehre stellt eine solche Struktur zur Verfügung, die überdies den Vorteil hat, sich einleuchtend in ein hierarchisch gegliedertes „Begriffsnetz" übertragen zu lassen. Es liegt auf der Hand, das so quasi auf Abruf bereitstehende System zur Grundlage einer halbautomatischen Subsumtionshilfe zu machen. Natürlich verhält es sich nicht ganz so einfach, wie die Arbeit an JUDITH gezeigt hat. Schon der Versuch, ein Rechtsgebiet ausschließlich von der sogenannten herrschenden Meinung angeleitet zu vernetzen, lehrt sehr bald, daß die verwendeten Begriffe überwiegend ambi-, wenn nicht gar poyvalent sind; eine streng hierarchische Baumstruktur ist nur unter Aufwendung der jesuitischsten Haarspaltereien zu erzielen.

2.215 Um dies zu erkennen, hätte es des großen Arbeitsaufwands nicht bedurft, der in JUDITH investiert wurde. Schon eine oberflächliche Beschäftigung mit der Kritik der Begriffsjurisprudenz ergibt ja, daß die Idee eines abgeschlossenen, für alle Konfliktfälle Sorge tragenden, hierarchisch gegliederten und konsistenten Begriffssystems keine Entsprechung im Normen-Irrgarten wirklicher Rechtsordnungen findet. Das Erkenntnisziel hinter Versuchen mit halbautomatischen Subsumtionssystemen wird aber von der Frage bestimmt, ob sich juristische Kenntnisse in semantischen Netzen einfangen lassen; dies hat mit Begriffsjurisprudenz so viel und so wenig zu tun wie die Aussage, daß Diebstahl die Wegnahme einer fremden beweglichen Sache in der Absicht rechtswidriger Zueignung ist, und daß Wegnahme im Bruch fremden und der Begründung eigenen Gewahrsams besteht.

---

[49] Es sei ausdrücklich betont, daß dies nur für die formale Struktur, den Meta-Algorithmus jeder Problemlösung gilt, nicht für die an ihm festgemachte inhaltliche Struktur, die durch die Formulierung jurstischer Konzepte wie „Arbeitsfrieden", „freiheitlich demokratische Grundordnung" oder „Unzucht" der Wirklichkeit ihr ideologisches Brandzeichen aufprägt.

Dennoch ist es nicht verwunderlich, daß sich die Kritik an den halbautomatischer Subsumtion gewidmeten Arbeiten vornehmlich an deren begriffsjuristischem Erbe entzündet hat[50]. Diese Kritik beruht jedoch auf einem Mißverständnis der zur Diskussion gestellten Konzepte, das sich aus falschen Vorstellungen über die Arbeitsweise intelligenter Programme erklärt. Sie geht von der Annahme aus, daß Computer nur solche Prozesse simulieren können, die mittels vollständiger Systemanalyse von vornherein bis ins kleinste Detail beschrieben worden sind. Daraus wird für Subsumtionssysteme die Folgerung abgeleitet, daß sie allein auf der Basis eines geschlossenen Systems einander eindeutig zugeordneter Begriffe operieren können[51].

Nun trifft es zwar zu, daß jedes Computer-Programm eine in sich geschlossene Befehlsfolge verkörpert. Die Konsistenz eines Subsumtionsprogramms bezieht sich jedoch auf einen juristischem Problemlösungsverhalten immanenten Meta-Algorithmus, nicht auf die materiell-rechtlichen Algorithmen, die zur Lösung des Falls erforderlich sind. Der Meta-Algorithmus hat aus den Norm-Algorithmen die für die Fallösung geeignete Argumentationskette zusammenzubauen. Die juristische Dogmatik braucht deshalb nicht Bestandteil des Programms zu sein. Ein intelligentes Subsumtionsprogramm bezieht seine juristischen Kenntnisse vielmehr aus zwei Datenquellen. Die eine ist seine Datenbank, die das dogmatische Netz enthält; die andere sind die im Dialog vom Benutzer erbrachte Beurteilung des Sachverhalts, seine Wertungsentscheidungen sowie seine alternative Normauslegung betreffenden Steuerbefehle. Die „Programm-Daten-Dichotomie“[51a] entlastet das Programm von allem juristischen Ballast und ermöglicht es, Datenstrukturen zu errichten, deren Flexibilität und Anpassungsfähigkeit die von Programmen weit übersteigt.

Die Organisation des Begriffsnetzes involviert erhebliche Vorarbeiten. Aufgrund der Charakteristiken solcher Netze muß die Analyse sich jedoch nicht mit einer eindeutigen Zuordnung juristischer Termini zufriedengeben oder, von einem anderen Standpunkt aus betrachtet, herumschlagen. Mehrdimensionale Netze erlauben es nämlich, eine Fülle semantischer Variationen und syntaktischer Konnexionen eines Begriffs nebeneinander zu stellen und die für die konkrete Fallösung dann allerdings unumgängliche eindeutige Zuordnung der Begriffe dem Dialogpartner zu überlassen. Hierin liegt der Anspruch auf Objektivität begründet, den elektronische Entscheidungshilfen erheben[52].

Angesichts der Fähigkeit von Netzen, neue Elemente zu integrieren, hat es auch

---

[50] Statt aller *Kilian*, a.a.O. (Anm. 35), S. 139, 143, 146.

[51] Bezeichnend ist *Kilians* an die Adresse von *Suhr* gerichteter Vorwurf (a.a.O., S. 146), er gehe von der eindeutigen Determiniertheit der Rechtsbegriffe aus, obwohl er die Juristensprache doch als Fachsprache mit Parallelen zur Alltagssprache, nicht abe als exakte Wissenschaftssprache begreife. Da *Suhr* sich jedoch niemals zu einer solchen Determiniertheit bekannt hat, kann *Kilians* Monitum nur dadurch erklärt werden, daß er selber nur eine exakte Wissenschaftssprache für computergerecht hält. Damit verfehlt er aber den AI-Ansatz, der eben gerade den unexakten Fachsprachen und der Alltagssprache sein Augenmerk widmet.

[51a] Vgl. *Popp/Schlink*, a.a.O. (Anm. 22), S. 6.

[52] *Popp/Schlink*, a.a.O. (Anm. 22), S. 5.

wenig Sinn, von der Geschlossenheit eines Subsumtionssystems zu sprechen, wenn Geschlossenheit nicht nur den Umstand bezeichnen soll, daß jede Datenbank notwendig nur eine endliche Zahl von Einträgen enthalten kann. Meint Geschlossenheit aber die Abwesenheit von Techniken zur Entwicklung neuer dogmatischer Figuren, so ist anzumerken, daß Innovation und Rechtsfortbildung nicht Aufgabe eines Computers sein können.

2.216 Die in der Entwicklung befindlichen intelligenten Subsumtionsprogramme haben allesamt die erwähnten Konsequenzen gezogen. Sie sind dialogfähig und so von unausgetragenen methodologischen Problemen entlastet. Sie arbeiten auf der Basis semantisch-dogmatischer Netze, ohne damit ein starres Begriffsschema zu postulieren. Sie bieten überdies die Möglichkeit, dem zur Entscheidung berufenen Juristen Routinen im Verein mit Informationen zur Verfügung zu stellen, die ihm die kritische Reflexion seiner Tätigkeit erleichtern. Sie eröffnen auch Aussichten auf programmierte Auslegungshilfen, zu deren wichtigsten der kontextbezogene Übergang von der Subsumtion zur Dokumentation gehört, wie er bereits an anderer Stelle angedeutet worden ist[53]. Während solche Perspektiven sich durchweg erst in Entwürfen aufspüren lassen, hat sich das Konzept flexibler Begriffshierarchien in Modellversuchen bereits bewährt. Es steht bereit für die ernsthafte Beschäftigung mit halbautomatischer Subsumtion[54].

2.22 Programmierter Unterricht

2.221 Die analytische Aufbereitung des in die dogmatischen Netze eines Subsumtionssystems einzuspeisenden juristischen Wissens ist nicht nur kostspielig. Viel Zeit wird verstreichen, bis ein solches Programm tatsächlich so kenntnisreich ist, daß sich seine Benützung für den in der Praxis tätigen Juristen lohnt. Zwar erlaubt die Netzstruktur eine Schwerpunktbildung bei der Materialaufbereitung, so daß das System nicht erst dann arbeitsfähig ist, wenn z. B. die gesamte Dogmatik des Zivilrechts vernetzt ist. Doch wird ein dogmatisches Netz in der Aufbauphase noch häufig auf unbesetzte Ausgänge führen, die den Benutzer auf seinen herkömmlichen Arbeitsstil verweisen.

Daß das Programm in diesem Stadium nicht brachliegen muß, verdankt es seiner didaktischen Funktion, die es neben und aufgrund seiner entscheidungsstützenden wahrnehmen kann.

Die Idee, ein IJIS im Kontext einer Lernsituation einzusetzen, bedarf näherer Erläuterung; sie hat mit dem, was üblicherweise als programmierter Unterricht (PU) bezeichnet wird, nur wenig gemein. Sie beruht auf der Fähigkeit des IJIS, im Dialog einem zu lösenden Fall Struktur zu verleihen, wobei es gleichgültig ist, ob es sich dabei um einen Klausurenfall oder um einen tatsächlichen Vor-

---

[53] Siehe *Schramm/Suhr*, a.a.O. (Anm. 31), S. 43, 88 f., 94 ff.; *Suhr*, a.a.O. (Anm. 7), S. 52 ff.; *Gropp/Rogler/Schramm/Suhr*, Vorstudien zu programmiertem Unterricht in Kritik, in *Suhr* (ed.), Begriffsnetze . . . (Anm. 7), S. 57–103; vgl. dazu auch unten 2.33.

[54] Für eine ausführliche Beschreibung der theoretischen Konzeption und technischen Realisierung JUDITHs wird auf die schon erwähnte, in Vorbereitung befindliche Veröffentlichung der Verfasser, Artificial Intelligence im Juristischen Informationssystem, Das Subsystem JUDITH, verwiesen.

gang handelt.

Man kann sich daher vorstellen, daß ,man Studenten Fälle mit Hilfe des IJIS lösen läßt. Die Konfiguration des Systems müßte zu diesem Zweck nicht geändert werden. Da Klausurenfälle gewöhnlich um bestimmte Rechtsprobleme herumkonstruiert werden, ließe es sich leichter verschmerzen (und verschleiern), wenn die Dogmatik-Datenbank erst kleine Segmente des projektierten Netzes enthält. Zugleich könnten die Erfahrungen, die hinsichtlich der Materialorganisation während der Aufbauphase des Systems im Testbetrieb mit Studenten gewonnen werden, in die endgültige Version eingehen.

Grundsätzlich dürfte der Wert einer simulierten Entscheidungssituation in Lernabsicht kaum streitig sein; erinnert sei hier nur an die bei der Ausbildung von Managern zunehmender Beliebtheit sich erfreuenden Planspiele, in denen dem-Computer eine Schlüsselposition aals Entscheidungsdaten-Lieferant, Informationssystem und Schiedsrichter zukommt. Ob für Juristen aber recht ist, was für Ökonomen billig scheint, ist bisher noch keiner genaueren Betrachtung unterzogen worden. Ein erster Versuch sei hier in der gebotenen Kürze gewagt.

2.222 Programmierter Rechtsunterricht muß nicht computerunterstützter Unterricht sein[55]. Das ausgearbeitete Lernprogramm für das Sachenrecht, das *Dilcher* vorgelegt hat, ist ein schriftliches Programm, und auch Lernprogramme in anderen Rechtsgebieten werden derzeit in derselben Weise angeboten[56]. Daß der Einsatz des Computers als einer Lehrmaschine dem Studenten geradezu unangemessen sind, wie *Dilcher* unter Hinweis auf einen im schriftlichen Programm enthaltenen pädagogisch wertvollen Vorschuß an Vertrauen in die Lernwilligkeit des Studenten meint[57], vermag angesichts der positiven Erfahrungen, die in Freiburg beim Projekt CUU (computer-unterstützter Unterricht) unter Verwendung der PU-Sprache PLANIT gemacht wurden[58], nicht einzuleuchten.

Das Ziel, das *Dilcher* und andere mit ihren Lernprogrammen verfolgen[59], ist die Ersetzung oder Ergänzung der allgemein als wenig ergiebig eingeschätzten Großveranstaltung über Themen des juristischen Grundwissens. Der dabei angebotene und zu lernende Stoff wird im Programm in kleine, nach individueller Lerngeschwindigkeit zu unternehmende Lernschritte zerlegt, wobei an die In-

---

[55] Zum computergestützten programmierten Unterricht vgl. *Hicks/Hunka*, The Teacher and the Computer, Philadelphia etc. 1972; *Meadow*, a.a.O. (Anm. 47), S. 218 ff.

[56] *Dilcher,* Sachenrecht in programmierter Form, 1. Aufl. Berlin 1970. Vgl die Hinweise auf andere Programme bei *Dilcher*, Programmierter Rechtsunterricht, JZ 1970, S. 214–218; *Kienapfel*, Das juristische Lernprogramm – ein neuer Weg in der rechtswissenschaftlichen Didaktik, ÖJZ 1973, S. 40–41.

[57] JZ 1970, S. 217.

[58] Über die Arbeiten des Projekts CUU informiert neuestens ein im September 1973 vom Projekt-Team erstelltes, photomechanisch vervielfältigtes Programmverzeichnis; dort sind a. E. weitere Veröffentlichungen nachgewiesen.

[59] Vgl. zur Theorie des Programmierten Unterrichts kurz *Dilcher*, JZ 1970, S. 214, 216; *Correll* (ed.), Programmiertes Lernen und Lehrmaschinen, 4. Aufl. Braunschweig 1970; *Tabler/Glaser/Schaefer*, Verhaltenspsychologie – Didaktik – Programmierter Unterricht, Weinheim etc. 1971; *Frank*, Kybernetische Grundlagen der Pädagogik, 2. Band, 2. Aufl. Baden-Baden 1969.

formationsaufnahme unmittelbar eine Eigentätigkeit des Lernenden anschließt. Als Reaktion wird ihm insbesondere die schriftliche Beantwortung einer Frage mit selbst zu formulierender Antwort abverlangt. Nach seiner Eigentätigkeit soll der Lernende alsbald erfahren, ob seine Reaktion die erwartete war oder nicht. Getragen ist diese Lernform von der verhaltenspsychologischen Theorie des operativen Konditionierens. Danach ist Lernen der Erwerb neuer Verhaltensweisen; das Lehren hat die Verhaltensweisen hervorzurufen und zu verstärken.
2.223 Welche Verhaltensweisen mittels des PU eingeübt werden sollen, ist eine von der Lernzielbestimmung[60] zu entscheidende Frage. Die Bestimmung des Lernziels ist nichts weniger als etwa ein bloßes Formulierungsproblem. Es ist ein Unterschied, ob dem Studenten „der Zugang zum System des Sachenrechts durch die Programmierung des Stoffs erleichtert" werden soll[61], oder ob es um seine Fähigkeit geht, sachenrechtliche Probleme in Klausur- und Hausarbeitsfällen zu lösen. Im ersten Fall als Lernziel anzugeben wäre die Fähigkeit, kleine Fragen zu isolierten Problemen, wie sie etwa von Professoren zur Vorbereitung und Kontrolle ihres systematischen Vortrags gestellt werden, zu beantworten[62]. Im zweiten Fall soll der Student lernen, Rechtsfindung, wie sie grundsätzlich nicht anders von berufsmäßigen Rechtsanwendern erwartet wird, zu leisten.

2.224 Dieses Lernziel verlangt die Simulierung der Entscheidungssituation in der Ausbildung. Ohne den Wert des derzeit schon erarbeiteten programmierten Rechtsunterrichts zu leugnen, muß sein entscheidendes Ungenügen festgestellt werden. Programmierter Rechtsunterricht muß nicht nur Informationen bereitstellen, er muß darüber hinaus die Rechtsfindungssituation der Praxis simulieren, wenn er das Verhalten der Praxis, das mit der Lösung umfangreicherer Fälle schon während des Studiums beginnt, einüben soll. Die Lernschwierigkeiten des Studenten und die entsprechenden didaktischen Probleme liegen wohl weniger dort, wo es um die Vermittlung des abstrakt-lehrbuchmäßigen Grundwissens geht, als vielmehr beim Einsetzen dieses Wissens zur Lösung konkreter Fälle. In der Juristenausbildung gewonnene Erfahrungen bestätigen, daß das Stellen der richtigen Fragen am systematisch richtigen Ort regelmäßig mehr Schwierigkeiten bereitet als die Antworten auf die Fragen selbst, daß es schwerer fällt, die dogmatischen Probleme eines Rechtsgebiets folgerichtig in die Lösung eines Falls einzubringen, als sie nur zu kennen. Das voreilige Ansprechen auf den vermeintlichen Clou des Falls, auf seine Ähnlichkeit mit einer bekannten BGH-Entscheidung etc. hat eben hierin seine Ursache, in der Unfähigkeit zu konsequenter Prüfung und schrittweiser Verfolgung eines Falls von Voraussetzung zu Voraussetzung.

Das so beschriebene Lernziel kann mit dem herkömmlichen PU nicht erreicht werden. Auch wenn etwa das lineare Programm *Dilchers* zum Sachenrecht zu einem verzweigten Programm auf PLANIT-Grundlage ausgebaut werden sollte,

---

[60] Vgl. zur Lernzielbestimmung insbesondere *Mager*, Lernziele und Programmierter Unterricht, Weinheim 1972.
[61] *Dilcher*, Sachenrecht in programmierter Form (Anm. 56), Vorwort.
[62] So etwa läßt sich das Lernzie bei *Dilchers* Lernschritten charakterisieren.

bleibt es starr und deswegen zur Einübung in die Lösung beliebiger und beliebig komplizierter Fälle untauglich. Ein IJIS hält demgegenüber Verzweigungen flexibel und ist damit beliebiger Steuerung über den anhand des konkreten Falls zu führenden Dialog offen. Überdies bietet das Programm die Möglichkeit, die einezelnen Dialogschritte durch zusätzliche Anschlußinformationen zu erläutern oder zu problemisieren, ein Weg, der bei JUDITH eingeschlagen wurde. Damit lassen sich dem PU spezifische Möglichkeiten des Computers nutzbar machen, die bei schriftlichen Programmen nicht gegeben sind.

2.225 Programmierter Selbstunterricht über ein IJIS eröffnet im übrigen die folgende Perspektive: Neben den Dialogprotokollen, die für den Studenten bestimmt sind, könnte das System zu einer Menge von verschiedenen Studenten eines Semesters anhand der geführten Übungsdialoge intern statistisches Material zum Kenntnisstand des Semesters gewinnen. Intern wäre z. B. zu registrieren: Wie lange beschäftigen sich die Benutzer mit welchen Fragen? Welche Fragen waren ihnen besonders häufig problematisch? Welche typischen Abweichungen vom zu einem Fall zu erstellenden „idealen" Lösungsdialog treten auf? Wo als liegen die Stärken und Schwächen der Studenten, wo aber auch die Schwächen des verwendeten juristischen Materials? Auch in diesem Bereich liegen praktische Erfahrungen des Freiburger CUU-Projekts vor.

2.226 Programmierter Selbstunterricht der vorgeschlagenen Art ist von Seiten der Theorie des PU Einwänden ausgesetzt. Im Dialog mit JUDITH geht der Student zwar in kleinen Lernschritten vor, deren Aufeinanderfolge, Tempo und sogar Schwierigkeit er selbst bestimmt. Auf die Informationsaufnahme – entsprechend dem Lernziel handelt es sich um Informationen darüber, welche Voraussetzung in welchem Zusammenhang welchen Stellenwert hat, und welche weiteren spezifizierenden Voraussetzungen zu ihrer Prüfung zu untersuchen sind – folgt die Reaktion des Benutzers, seine Entscheidung für Bejahung oder Verneinung des Vorliegens der Voraussetzungen. Der Benutzer erfährt aber nicht sofort, ob seine Reaktion die erwartete war oder nicht. Dies sowie die Art der dem Benutzer abverlangten Eigentätigkeit sind der Anlaß zu Einwänden.

Denjenigen PU-Theoretikern, die vor allem in der sofortigen Bestätigung der Reaktion des Lernenden die Verstärkung, den Stimulus beim Lernen sehen – es sind dies zugleich die Verfechter des linearen Programmierens –, muß ein Entscheidungsprogramm insoweit mangelhaft erscheinen. Die andere theoretische Richtung, die verzweigte Programme vorzieht und damit in gewissem Umfang auch das Lernen in „trial and error"-Schritten als wertvoll ansieht, hält dagegen das Postulat sofortiger Bestätigung für entbehrlich. Sie setzt vor allem auf die verstärkende und stimulierende Wirkung, die schon die Lösung des Lernprogramms, die Erfolgsantizipation bei der Bewältigung des Lernschritts hat. Wirkt aber das Antworten selbst verstärkend, dann ist, so wird gefolgert, die am intensivsten verstärkende Antwort die Äußerung der vollständigen Antwortkette, die das Unterrichtsziel, d. h. das Endverhalten darstellt[63].

---

[63] Vgl. unter der oben angeführten Literatur insbesondere *Taber/Glaser/Schaefer*, a.a.O. (Anm. 59), S. 64 ff.

Das vorliegende Konzept stützt sich auf den letzteren Ansatz. Ohne zu der angeführten verhaltens- und lernpsychologischen Kontroverse Stellung zu beziehen, läßt sich sagen, daß die Strategie des verzweigten Programmierens und das Setzen auf die Verstärkung des Endverhaltens plausibel und bewährt genug erscheint, um die Weiterarbeit in dieser Richtung zu ermutigen.

Ein anderer Einwand kann der reduzierten Benutzerreaktion gelten. Zwar verhält es sich keineswegs so, daß Lernprogramme als Reaktion nur die selbstformulierte Antwort kennen. Daneben werden das Einsetzen ausgesparter Worte oder die Anzahl einer richtigen Antwort aus mehreren vorgegebenen Möglichkeiten empfohlen. Aber gerade der Rechtsfindungssituation, in deren Simulation sich nach unserer Vorstellung Lernen vollziehen soll, erscheinen die beiden letzten Möglichkeiten unangemessen. Denn der Jurist, der beim Verfertigen von Urteilen, Gutachten, Klageschriften, Klausuren zur Rechtsfindung gelangen muß, muß formulieren und seine gedanklichen Schritte auch folgerichtig darlegen. Jetzt schon bietet JUDITH die Möglichkeit, das „Ja", „Nein" oder „Problematisch" der Antwort durch selbstformulierten Text zu ergänzen. Zu erwägen ist, von einer entsprechenden Erläuterung die Fortsetzung des Dialogs abhängig zu machen. Gesteuert bliebe der Dialog dabei allerdings nur über die Antwort selbst.

2.227 Ein freierer Dialog wird möglich, wenn die Entwicklung von Systemen gelingt, die natürliche Sprache verstehen können. Dies führt die Überlegungen zum Einsatz des IJIS für den PU zur AI zurück. Aber nicht nur sie. Die Konzeption des computerunterstützten Lernens in der simulierten Rechtsfindungssituation ordnet den Einsatz des IJIS als Hilfsmittel für den Unterricht eng dem anderen Einsatz zur Unterstützung der berufsmäßigen Rechtsanwendung zu. Beide Verwendungen setzen im Begriff der AI die computergerechte Abbildung des juristischen Problemlösungsverhaltens voraus.

2.3 Dokumentation im IJIS

2.31 Wenn der Jurist im Dialog mit dem Subsumtionssystem tatsächlich zur Lösung seines Falles gelangt, mag man sich fragen, ob er darüber hinaus der Dienste eines Dokumentationssystems überhaupt noch bedarf. Die Antwort muß ein entschiedenes Ja sein.

Die Krise der Dokumentationssysteme ist nicht dadurch zu überwinden, daß man ihnen einen Platz im rechtswissenschaftlichen Forschungstempel einräumt, sie aber von der Praxis möglichst fernhält. Ihre Benutzung durch den Praktiker muß im Gegenteil erleichtert und ermutigt werden. Dies gilt umso mehr, als die Subsumtionssysteme den Keim der Entfremdung von den unmittelbaren Rechtsquellen in sich bergen.

Zum Glück sind die Subsumtionssysteme auf leistungsfähige Dokumentation geradezu angewiesen, so daß Dokumentationssysteme ihr Dasein nicht im Schatten ihrer intelligenten elektronischen Geschwister fristen müssen. Die dogmatischen Netze, die den Subsumtionsdialog ermöglichen, wären nämlich unvollkommen, ohne daß sie Übergänge zur Dokumentation enthielten — ganz so, wie Dogmatik nicht in einer Formelsammlung sich erschöpft, sondern erst durch die von Gesetzgebung, Rechtsprechung und Lehre produzierten Texte mit

Gehalt erfüllt wird.

Schnittstellen zwischen Subsumtion und Dokumentation sind insbesondere dort vorzusehen, wo die in den Netzen enthaltene Analyse aus dem System herausführt, sei es, weil sie in Kasuistik versickert, sei es, weil sie vor neuen, bisher noch nicht wahrgenommenen Auslegungsproblemen kapitulieren muß, sei es, weil sich der Dialog Bereichen nähert, die analytisch noch nicht aufbereitet worden sind.

Darüber hinaus muß das Netz allenthalben den Sprung in die Dokumentation ermöglichen, um Bedürfnisse des Benutzers zu befriedigen, die vom Subsumtionsprogramm nicht abgedeckt werden. Hierher gehört das Zitieren von Belegstellen, wann immer es dem Benutzer angebracht erscheint. Hierher gehört aber vor allem der Wunsch, den vom Subsumtionsprogramm bereitgestellten analytischen Apparat zu hinterfragen und seine Lösungsvorschläge zurückzuweisen.

Die Handhabe für einen so zu bewerkstelligenden Verbund zwischen Subsumtions- und Dokumentationssystemen liefern wiederum die dogmatisch strukturierten Netze. Sie sind es auch, die der Dokumentation unter dem Aspekt rechtlicher Zweckprogrammierung neue Dimensionen erschließen, wie unter 2.33 zu zeigen sein wird. Zunächst soll jedoch die Rolle der Rechtsdokumentation im Rahmen eines IJIS weiter verfolgt werden.

2.32 Der Jurist wendet sich der Dokumentation mit Fragestellungen zu, die durch den Fall gemodelt worden sind; d. h. er sucht nicht einfach Literatur- und Rechtsprechungsbelege, die mit dem Fall irgendwie im Zusammenhang stehen, sondern er sucht gezielt, auf fallspezifische Probleme zugespitzt. Für das IJIS folgt daraus, daß es dem Benutzer, den es im Laufe des Subsumtionsdialogs bis zur klärungsbedürftigen Frage geführt hat, die mühsame Aufgabe abnehmen sollte, sich erst schrittweise in die Dokumentation hineinzutasten. Die Eingabe eines Befehls „Dokumentation" müßte genügen, um eine vom Subsumtionsprogramm formulierte gezielte Suchanfrage abzuschicken und die dort gemachten Funde zurückzumelden.

Bereits der gegenwärtige Entwicklungsstand juristischer Dokumentationssysteme würde einen solchen Informationsaustausch erlauben, etwa indem das Subsumtionssystem die im Laufe des Dialogs aufgerichtete Begriffshierarchie zu einer gewichteten[64] Suchanfrage zusammenschließt[65], bei der dem in der Hierarchie untersten Begriff als dem für die konkrete Dokumentationsaufgabe einschlägigsten die höchste Rangstufe zukommt.

Die für den Benutzer damit verbundene Erleichterung und die potentiell größere Präzision des Ergebnisses stellen gegenüber mit einem herkömmlichen Dokumentationssystem erzielbaren Leistungen bereits einen beachtlichen Gewinn dar. Dies sollte aber nicht darüber hinwegtäuschen, daß in einem solchen Ver-

---

[64] Solche Gewichtungen sind z. B. bei STAIRS möglich; vgl. STAIRS (Anm. 11), S. 12, wobei aber unklar bleibt, welche Algorithmen in die RANK-Funktion eingebaut worden sind.

[65] Vgl. *Schramm/Suhr*, a.a.O. (Anm. 31), S. 97 f.; *Popp/Schlink*, a.a.O. (Anm. 22), S. 5.

bundsystem zwangsläufig die alten Schwächen der reinen Schlüsselwortmethode zum Durchbruch kommen müssen.

Langfristig wäre darauf hinzuarbeiten, daß die Dokumente in einer juristischen Datenbank nach Strukturprinzipien organisiert werden, die denen des Subsumtionssystems entsprechen. Mit anderen Worten: Die Dokumente müßten über Netze angesprochen werden können, welche die inhaltliche Beziehung der Texte zueinander aufschließen und die dem vom Subsumtionssystem verwendeten dogmatischen Netz partiell kongruent wären. Dokumentations-Netze könnten auch Informationen zur „Wirkungsgeschichte" einer Gerichtsentscheidung oder Kommentarstelle aufnehmen. Was damit gemeint ist, zeigt ein Blick in den englischen Current Law Citator[66]. Nur so ist dem Problem beizukommen, an dessen Nichtbewältigung Dokumentationssysteme derzeit vor allem kranken; nämlich: Wie kann ein Jurist, dem es darum zu tun ist, Belege für eine bestimmte Rechtsansicht zu finden, vermeiden, daß er sich durch hundert Entscheidungen mit gegenteiliger Ansicht durcharbeiten muß, ehe er auf die stößt, die seine Argumentation stützt.

Es ist hier nicht der Ort, der skizzierten Konzeption in größerem Detail nachzugehen. Zu zeigen war nur, daß es sich durchaus lohnen kann, dem *Allen*schen normalization approach und seinen Abkömmlingen[67] mehr Aufmerksamkeit zu schenken, als ihnen im allgemeinen zuteil wird.

Der schwerwiegendste Einwand, der sich gegen eine derartige Organisation von Dokumenten erheben läßt – von dem immer letalen Hinweis auf die Kosten abgesehen –, ist der, daß Netze als Ergebnis menschlicher Analyse unweigerlich subjektiv eingefärbt sind, daß sie zudem mit ähnlichen Unzulänglichkeiten zu ringen haben werden wie die manuelle Indexierung, die mit Recht als der maschinellen unterlegen für Dokumentationssysteme ihre Bedeutung eingebüßt hat. Doch so, wie sich langsam abzeichnet, daß die anpassungsfähigsten Dokumentationssysteme doch wohl die sind, die maschinelle und manuelle Indexierung kombinieren, so gilt ganz grundsätzlich, daß menschliche Vorarbeit, die in ein Informationssystem eingeht, soviel zur Verbesserung des Output beizutragen hat, daß man die damit sich einschleichende Subjektivität getrost in Kauf nehmen kann, zumal wenn sie von mehrdimensionalen Netzen im elektronischen Zaum gehalten wird.

2.33 Gegenstand der Arbeit an JUDITH war in erster Linie die Abbildung des subsumtiven, konditional programmierten Entscheidungsverhaltens, was dem zahlenmäßigen Übergewicht der Konditionalprogramme gegenüber den reinen Zweckprogrammen in der Rechtsordnung Rechnung trägt. Der relativ sichere Grund der „wenn/dann"-Algorithmen weicht jedoch schon zurück, wenn es um das Verständnis normativer Tatbestandsmerkmale geht. Vergegenwärtigt man sich die Rechtsunsicherheit, die z. B. bei der Strafzumessung oder bei nach Güter- bzw. Interessenabwägung heischenden Konflikten besorgniserregende

[66] Eine kurze Einführung in das Citator-System findet sich bei *Blumenwitz*, Einführung in das Anglo-Amerikanische Recht, München 1971, S. 68 ff.

[67] Vgl. Anm. 29.

Ausmaße annimmt, wird die Notwendigkeit vollends deutlich, auch Algorithmen der Zweckprogrammierung in ein IJIS zu integrieren.

Rechts- und entscheidungstheoretische Modelle zweckprogrammierten Entscheidens sind über ein gedankliches Stadium bislang nicht hinausgekommen. Doch zeichnen sich in Umrissen die Möglichkeiten der Simulation derartiger Entscheidungsmechanismen auf elektronischen Rechenanlagen ab[68].

Ganz gleich, wie die Routinen der Zweckprogrammierung in die Wirklichkeit umgesetzt werden, stets werden sie den Zugriff auf eine Sozialdatenbank oder eine Datenbank zoziologischer Konzepte in ähnlicher Weise vorsehen müssen, wie dies o. 2.31 für die Rechtsdokumentation beschrieben wurde. Die juristisch-dogmatischen und die soziologisch-konzeptuellen Netze könnten mit zahlreichen Beziehungsfäden zu einem hochkomplexen System verknüpft werden. Damit deutet sich an, wie ein mit Netzstrukturen arbeitendes IJIS der Dokumentation neue Dimensionen auftun kann, wie aber auch umgekehrt so erschlossene Datenbanken das IJIS zu einem machtvollen Instrument juristischer Entscheidung machen.

Stehen Sozialdaten und Forschungsresultate der Soziologie erst einmal in einer dem Juristen unmittelbar zugänglichen Form bereit[69] und sind sie aus dem Kontext einer juristischen Problemstellung heraus direkt ansprechbar, werden sich über die Zweckprogrammierung und verwandte Anwendungsgebiet hinaus auch andere Meta-Algorithmen juristischer Arbeit, wie z. B. der Prozeß der Auslegung, sozialwissenschaftlich anreichern lassen. Schließlich würde es auch denkbar, den Juristen an konfliktträchtigen Brennpunkten des dogmatik-orientierten Netzes nicht nur zur kritischen Reflexion der Voraussetzungen und Folgen seiner Entscheidung aufzufordern[70], sondern ihn sogleich mit den einschlägigen Materialien zu versorgen.

2.34 Nur im Ausblick seien noch weitere Datenbanken erwähnt, die erst durch das Konzept eines IJIS denkbar und nur nach Realisierung dieses Konzepts machbar werden. Mit ihrer Hilfe würde das IJIS nicht nur ein Werkzeug der Lehre und der Praxis, sondern zugleich eines der rechtstheoretischen Grundlagenforschung, ja sogar ein selbständiges Objekt wissenschaftlicher Betrachtung. Indem das IJIS zu Zwecken der Rechtsfindung und der Ausbildung benutzt wird, kann es Dateien erstellen, in denen das Entscheidungsverhalten der Benutzer unter den verschiedensten Gesichtspunkten registriert und für die rechtstheoretische Analyse verfügbar gehalten wird. Dateien, die Aufschluß

---

[68] Vgl. z. B. *Haag*, Rationale Strafzumessung, Köln etc. 1970; *Schlink*, Inwieweit sind juristische Entscheidungen mit entscheidungstheoretischen Modellen theoretisch zu erfassen und praktisch zu bewältigen?, in Jahrbuch für Rechtssoziologie und Rechtstheorie, Band 2, Düsseldorf 1972, S. 322–346; *Gropp/Rogler/Schramm/Suhr*, a.a.O. (Anm. 53; *Kort*, Quantitative Analysis of Fact-Patterns in Cases and their Impact on Judicial Decisions, (1966) 79 Harvard Law Review, S. 1595–1603.

[69] Welche Art von Informationen eine sozialwissenschaftliche Datenbank liefern könnte, zeigt sehr gut *Feest*, Idee einer Kommentierung des Strafgesetzbuchs in sozialwissenschaftlicher Absicht, KJ 1970, S. 457–461.

[70] Etwa im Sinn der „Routinen der Kritik"; vgl. *Gropp/Rogler/Schramm/Suhr*, a.a.O. (Anm. 53).

über das Lernverhalten von Studenten geben können, wurden bereits o. 2.225 angesprochen.

3 Wege zum IJIS

3.1 Im Lauf der vorstehenden Ausführungen zum Verbund zwischen halbautomatischer Subsumtionshilfe und Dokumentation hat sich der Entwurf eines IJIS zunehmend von den mit JUDITH demonstrierbaren facts entfernt in Richtung auf noch stark konkretisierungsbedürftige fiction and forecast, die viele als schieres Hirngespinnst anmuten werden.

Um dem naheliegenden Utopie-Verdacht die Spitze zu nehmen, ist wohl angebracht, in diesem letzten Teil den Entwurf wieder auf den Boden der Tatsachen zurückzuführen, indem man einerseits die Ziele identifiziert, die bereits kurzfristig einen Einsatz intelligenter Entscheidungshilfen lohnend erscheinen lassen, und andererseits angibt, welche Forschungsanstrengungen in ein Langzeit-Programm zum Aufbau eines IJIS eingehen müssen.

3.2 Für den PU lassen sich die Konzepte dialogischer Entscheidungshilfen nahezu aus dem Stand fruchtbar machen. Die technischen Voraussetzungen für den allein wirtschaftlichen simultanen Bildschirmdialog mit mehreren Benutzern (time sharing und on-line Betrieb) sind vorhanden und jederzeit ohne theoretische Schwierigkeiten in die vorhandenen Modelle einzubringen[71]. Daß sich Erfolge hier am schnellsten einstellen werden, hat praktische, strategische und auch theoretische Gründe.

Theoretisch ist der Einsatz programmierter Entscheidungshilfen in der Ausbildung am wenigsten umstritten; die Skepsis bezüglich ihrer Tauglichkeit für die juristische Praxis macht gedämpften Optimismus Platz, wo es um didaktische Belange geht[72]. Die praktischen und strategischen Gründe vereinen sich in der vergleichsweisen Anspruchslosigkeit eines für Ausbildungszwecke verwendeten Systems gegenüber einer vollausgebauten Entscheidungshilfe, sowie in seiner Eignung als Prüfstand für die Charakteristiken eines IJIS: Für eine experimentelle Aufbereitung juristischen Materials in größerem Rahmen als es bisher möglich war, bietet das Konzept der Einübung in juristisches Entscheidungsverhalten somit hinreichend Anlaß und Rechtfertigung.

3.3 Die bei der Materialaufbereitung zwangsläufig anfallenden analytischen Probleme werden verstärkte Beschäftigung mit einschlägigen dogmatischen, rechtstheoretischen, aber auch linguistischen und AI-bezogenen Fragen provozieren.

Für die Dogmatik kann es jenseits aller Einwände gegen Begriffsnetze durchaus segensreich sein, wenn sie im Hinblick auf ihre Algorithimsierbarkeit einer näheren Betrachtung unterzogen wird. Vieles, was verbal als konsistentes System passieren kann, gibt seine inhärenten Schwächen preis, wird es einer

[71] Die technische Ausstattung des Heidelberger Rechenzentrums erlaubte es noch nicht, JUDITH über ein Datensichtgerät anzusprechen. Wie *Suhr* berichtet (private Korrespondenz), läuft der Dialog mit DISUM aber inzwischen über einen Bildschirm.

[72] Vgl. *Zielinski*, Literaturschau: Rechtsinformatik, JZ 1971, S. 215—219, 218; *Kilian*, NJW 1971, 418.

rigiden Formalisierung unterzogen. Rechtstheoretisch wirft eine Vernetzung juristischer Termini nicht nur ein schärferes Licht auf die Feinstruktur einer Rechtsordnung und auf das Verhältnis von Wirklichkeit zu ihrer juristischen Überformung, sie vermag überdies zu einem klareren Verständnis des faktischen Problemlösungsverhaltens der Juristen führen und mündet so in die Forschungsanliegen der AI.

Schließlich besteht auch ein Bedarf nach praktischer Anwendung linguistischer Forschungsergebnisse mittlerer Reichweite. Damit sind nicht die ambitionierten Projekte gemeint, die, unbeeinflußt vom AI-Ansatz, automatische Rechtsfindung vor allem als Paraphrasenbildung zu Rechtsnormen verstehen und von daher in Analogie zur allgemeinen Linguistik die Entwicklung eines Lexikons der Juristischen Sprache und einer Rechtsnormen generierenden Grammatik verfolgen[73]. Vielmehr geht es ganz schlicht um der Textverarbeitung nahestehende Aufgaben der Umformung von Text-Stereotypen, wie sie in den dogmatischen Netzen Verwendung finden. Beispiele sind die Verwandlung von Fragesätzen in Aussagesätze und deren Verneinung oder die folgerichtige Berücksichtigung von Tempora in Abhängigkeit vom Kontext des Falls.

3.4 Der Schritt von der Subsumtionshilfe zum IJIS setzt ein Überdenken der Funktionen und des Funktionierens von juristischen Dokumentationssystemen voraus. Wenn o. 2.3 von dogmatik-orientierten Dokumentations-Netzen die Rede war, so ist damit wenig mehr angedeutet als die Richtung, in der sich die Neuorientierung bewegen muß..

Dasselbe gilt, allerdings in noch viel höherem Maße, für die sozialwissenschaftlichen Datenbanken. Die immense Aufgabe, soziologisches Wissen und Sozialdaten auf die juristische Dogmatik hin auszurichten ist so bislang noch nicht einmal formuliert worden[74]; ihre Bewältigung ist nicht allein Sache rechtssoziologisch arbeitender Juristen, sondern setzt erfolgreiche Anstrengungen der Sozialwissenschaftler voraus, ihr Feld mit den Mitteln einer „soziologischen Dogmatik" überschaubar zu machen. Ein unmögliches Unterfangen? Fast mag es so scheinen. Aber so wie die Informationskrise ja nicht allein die Rechtswissenschaft beutelt, so sicher werden auch andere Wissenszweige über der steigenden Notwendigkeit, das angesammelte Wissen effektiver zu organisieren, auf die von der AI bereitgestellten und weiter entwickelten Konzepte stoßen, unter denen informationshaltige Netze nun einmal eine hervorragende Position einnehmen.

Bis es soweit ist, läßt sich eine Reihe von Zwischenlösungen erwägen, von denen eine, nämlich das exemplarische Verweisen auf Schlüsseltexte aus dem Korpus soziologischen Wissens ja in ständigem Gebrauch ist. Daß solche Verweise aber nicht verfolgt werden, dem kann ein Informationssystem, das die zitierten Texte verfügbar macht, besser steuern als jede noch so eindringliche

---

[73] Zu den Arbeiten der „Interdiszplinären Arbeitsgruppe Analyse der juristischen Sprache" auf den Darmstädter Rundgesprächen vgl. *Rave/Brinckmann/Grimmer* (ed.s), a.a.O. (Anm. 41); dies. (ed.s), Syntax und Semantik juristischer Texte, Darmstadt 1972; *Brinckmann/Petöfi/Rieser,* Paraphrasen juristischer Texte, DVR 1972, S. 257–272.

[74] Vgl. aber oben Anm. 69.

Ermahnung im Vorwort eines Lehrbuchs.

3.5 Soll ein Höhenflug, wie ihn die Idee eines IJIS anzuregen versteht, nicht im Höhenrausch enden, so sind schon vor dem Start des Projekts einige nüchterne Erwägungen anzustellen.

Zum einen wäre zu erheben, was Juristenn sich vom Einsatz von EDV in ihrem Arbeitsbereich versprechen. Zu den Schwierigkeiten, mit denen eine solche Bedarfsanalyse zu kämpfen hätte, zählt als keineswegs geringste der noch nicht allzu große Informationsstand über künftige Möglichkeiten elektronischer Datenverarbeitung. Über das Ergebnis der Erhebung sollen hier keine Prognosen gewagt werden, außer der, daß sie zahlreiche Aufschlüsse über das Entscheidungsverhalten der Juristen liefern könnte, für die sich auch außerhalb des Kreises der IJIS-Planer durchaus Abnehmer finden ließen.

Hand in Hand mit der Bedarfsanalyse hätte eine Feasibility-Studie zu gehen, deren Hauptaugenmerk ganz eindeutig den Kosten für die Entwicklung eines IJIS gelten muß. Über ihren mutmaßlichen Ausgang ist nicht mehr zu sagen, als daß die Kosten astronomisch hoch sein werden, vor allem aufgrund der notwendigen analytischen Aufbereitung nahezu aller verwendeter Daten.

Der Kostenfaktor sollte freilich nicht überschätzt werden. Was die Kosten für Hardware, Software und Rechenzeit betrifft, so ist angesichts der bisherigen Entwicklung Optimismus am Platz[75]. Verfehlt wäre ähnlicher Optimismus andererseits hinsichtlich des Preises hochspezialisierter menschlicher Arbeitskraft. Doch auch hier kommen kostensenkende Faktoren ins Spiel, die vor allem im Zusammenhang mit der Erwartung stehen, daß die Computertechnik in zunehmendem Umfang arbeitssparende Verfahren des interactive information acquisition[76] zugänglich machen wird[77].

Zudem darf der Nutzen nicht zu gering veranschlagt werden, den die Arbeit an einem IJIS mit sich bringt, und zwar ganz unabhängig davon, ob sich das Konzept letztlich als realisierbar erweist. Die meisten der in diesem Abschnitt zusammengestellten Forschungsaufgaben liegen ohnehin in der Luft und müssen nur koordiniert werden, um für die Entwicklung eines IJIS Beiträge zu liefern. Die dafür aufgewendeten Kosten würden daher, ohne freilich so deutlich zutage zu treten, in dem einen oder anderen Instituts-Etat verbucht werden. Auch die von einem derartigen Projekt ausgehende Inspiration kann in einer Kosten-Nutzen-Rechnung nur positiv zu Buch schlagen.

3.6 Die Skizze eines IJIS läßt notgedrungen in vielen Einzelheiten erstrebenswerte Genauigkeit vermissen. Sie lebt über große Strecken von Erwartungen, für die sich in der Wirklichkeit nur vage Anhaltspunkte ergeben. Sie besitzt aber einen harten Kern. Es bleibt zu hoffen, daß die von ihm aus gezogenen Linien Anregungen vermitteln, das Angebot der AI an die Rechtswissenschaft sorg-

---

[75] Vgl. z. B. *Furth*, STAIRS: An Interactive Full-Text Retrieval System, in American Bar Association, a.a.O. (Anm. 9), S. 19–34, 20.

[76] Vgl. *Meadow*, a.a.O. (Anm. 47), S. 182 ff.

[77] Ansätze, schon die Aufbereitung des juristischen Materials elektronisch zu unterstützen, sind in JUDITH bereits verwirklicht worden.

fältig zu überprüfen. Wer diesen Anregungen folgt, wird vielleicht zu dem Schluß gelangen, daß das Konzept eines IJIS nichts weniger als phantastisch ist.

Dieter Zimmermann

Um den Ansatz eines Juristischen Informations-Systems

1 Einleitung
2 Erläuterung einiger wesentlicher Gesichtspunkte und Begriffe
2.1 Information und Daten
2.2 Vier Aspekte der Information
2.3 Versuche, eine Typologie von Informations-Systemen zu entwickeln
2.4 Die fünf Stufen eines Informations-Systems
2.5 Das Systemverständnis
2.6 Die organisatorische Aufgabe
3 Notwendigkeit und Gegenstand der Benutzerforschung
4 Der wirkliche und der juristische Tatbestand
5 JURIS und das Konzept strukturgerechter Datenorganisation
5.1 Ist das Recht ein eigenes System?
5.2 Die rechtliche Relevanz wirklicher Sachverhalte
5.3 Die Aufnahme von Rechtstatsachen
6 Die Vorgehensweise bei der Errichtung des Juristischen Informations-Systems
6.1 Bisherige Ansätze
6.2 Schrittweises Vorgehen be der Dokumentation
6.3 Datenwahl, Datenzuordnung und Auswahl der Suchbegriffe
6.4 Die Dokumentation von Judikatur und Literatur
6.5 Rationalisierung der Rechtsanwendung
6.6 Die Informationsausgabe

Zusammenfassung

1. Einleitung

Dieser Beitrag hebt auf einen Bericht ab, der 1972 vorgelegt wurde (1)*. Dieser Bericht besticht in mehrfacher Hinsicht. Selten werden heute noch alle einschlägigen Gesichtspunkte so vollständig zusammengestellt. Es werden nicht nur Wünsche und Ziele vorgetragen und Fragen theoretisch behandelt. Die berichterstatter haben aus gewissenhaften Untersuchungen einschlägiger Bemühungen eine Fülle von Anschauungsmaterial zusammengetragen. Vor allem das Material der Anhänge kann auch denen empfohlen werden, die sich in anderen Wissensbereichen mit der Verbesserung der Information beschäftigen. Schließlich besticht die Arbeit wegen der Redlichkeit, mit der gezeigt wird, wie wenig an gesicherter Erkenntnis und bewährten Methoden für ein solches Unterfangen verfügbar sind.

Das bewahrte die Berichterstatter vor der Versuchung in die sattsam bekannte Euphorie zu verfallen. Es brachte sie dazu, viele Fragen zwar anzusprechen, sie aber offen zu lassen statt voreilige Rezepte anzupreisen. So sind auch die Vorschläge für die weiteren Arbeiten behutsam formuliert und in kleine Schritte dosiert. Vieles an den dort geäußerten Hoffnungen, Erwartungen und Vermutungen ist insgesamt widersprüchlich. Wer ordnende und wertende Stellung-

* Die in Klammern gesetzten Ziffern verweisen auf das im Anhang abgedruckte Literaturverzeichnis.

nahmen zu Einzelfragen vermißt, ist sich nicht bewußt, daß es zunächst nur um die getreue Wiedergabe einer gärenden Diskussion zu gehen hatte. Diese Diskussion wird wie in einem Brennspiegel in den 10 Seiten eingefangen, die der Definition der verwendeten, nach Präferenz der Berichterstatter aus der Diskussion ausgewählten, Begriffe gewidmet sind. Manche der im Bericht noch unscharfen Vorstellungen sind heute besser interpretierbar. Gestützt auf einen Kabinettsbeschluß treibt das BMJ die im Bericht empfohlenen Vorarbeiten voran (2, 3, 4). Zu Teilfragen haben sich Mitarbeiter zu (1) inzwischen weiterführend geäußert (5, 6). Damit sind weitere Klärungen erfolgt, die es gestatten, darauf abhebend auch in einem Aufsatz eine abweichende Auffassung für die weitere Diskussion hinreichend klar zu formulieren. Dazu werden allerdings einige grundsätzliche Betrachtungen im nächsten Abschnitt unerläßlich sein.

Selbstverständlich hat sich die Diskussion seit 1972 nicht auf die im Bericht (1) angeschnittenen Fragen beschränkt. *Haft* hat sich der Mühe unterzogen (7), alle Personen und Institutionen aufzulisten, die sich mit dem Thema beschäftigen. Auf dem Münchener Kongreß 1973 (8) machten die zahlreichen Referate deutlich, um was es über den Bericht hinaus noch geht. Vereinfachend lassen sich zwei weitere Richtungen der Diskussion feststellen.

Eine Richtung bemüht sich um Verständnis und Abgrenzung der „juristischen Informatik". Das ist eine sehr „deutsche" Diskussion. Wie im Bereich der Systemtheorie oder Systemtechnik schon eingetreten (9) besteht die Gefahr, die Kräfte zu spalten und im Gegeneinander zu neutralisieren, statt sie zu vereinen. Eine interdisziplinäre Disziplin ist eine contradictio in adjecto (*Haft* in 8).

Die zweite Richtung bemüht sich herauszufinden, welche Denkansätze, Konzepte, Methoden oder Erkenntnisse – gesicherte oder vermeintlich gesicherte – sich geprüft, oder leider auch ungeprüft, aus anderen Wissengebieten für die Aufgabe nutzbar machen ließen. Es handelt sich vor allem um „Fachgebiete" wie Soziologie, Systemtheorie, Mathematik, Erkenntnistheorie (10), Wissenschaftstheorie, Informations-, Dokumentations- oder Sprach-Wissenschaft. Wer in Gebiete vordringt, die noch unter mehr oder weniger dichten Nebeln liegen, läuft Gefahr, sich in dem Nebel zu verlieren oder ihn gar auf das eigene Gebiet hinüber zu treiben, es sei denn, er stattet sich mit Kristallisationskernen aus, um die Nebel lichten zu können. Diese liefert der Bericht schon reichlich. Weitere in seiner Diskussion zu gewinnen erscheint als die nächstliegende Aufgabe. Ihr will dieser Beitrag dienen. Ein Ausbau der durch den Bericht geschaffenen Plattform für die weitere Diskussion wird den sicher nicht überflüssigen Bemühungen eine wesentliche Hilfe bringen, die hier nicht näher behandelt werden können.

2. Erläuterung einiger wesentlicher Gesichtspunkte und Begriffe

Die Schwierigkeiten, die sich aus dem empirischen Vorgehen bei der Einführung der maschinellen Datenverarbeitung (DVA) ergeben haben sind bekannt (11). Sie lassen sich durch zwei Forderungen charakterisieren, mit denen man sie zu beheben hofft. Die Forderung nach „integrierten" Informationssystemen zeigt, daß es nicht gelang, die in der Wirklichkeit vorhandene Integration in den

Informationssystemen abzubilden. Ein „Integriertes System“ ist tatsächlich eine Tautologie. Die Forderung nach „EDV-gerechter“ Datenorganisation zeigt, daß die Aufgaben an die Werkzeuge, statt die Werkzeuge an die Aufgaben angepaßt wurden. Noch heute steht die soft- und hardware im Mittelpunkt der EDV-Diskussion. Trotz mancher Fortschritte in den letzten Jahren, haben EDVA-Hersteller, Anwender und Wissenschaft den Gedankenaustausch nicht herstellen können, der allein fruchtbare Lösungen erwarten ließe (12). Dieser notwendigen Wechselwirkung erwachsen aus einer zunehmenden Begriffs-Auffächerung neue Schwierigkeiten. Im Rahmen eines Aufsatzes können nur solche Gesichtspunkte und Begriffe erläutert werden, die sich als Stützpfeiler für ein Lösungs-Gerüst eignen und die zum Verständnis des hier vorgetragenen Konzeptes unerläßlich sind.

2.1 Informationen und Daten

In dieses Begriffsfeld gehören nach dem Diskussionsstand noch die Begriffe Kommunikation und Nachricht. (1) definiert „Kommunikations-System“ als ein System „dessen Verhalten durch den Nachrichtenaustausch zwischen den Teilen beschrieben wird“. Ob damit – unbeabsichtigt – eine Grenze zwischen natürlichen Systemen und solchen gezogen werden könnte, die von Menschen geschaffen sind, erscheint fraglich. Sicher ist jedoch, daß kein von Menschen geschaffenes System ohne den direkten oder indirekten Austausch oder Besitz von Informationen existieren könnte. Auch die zahlreichen, Definitions-Varianten bringen keine Hilfe zum Verständnis der Unterscheidung zwischen Kommunikations- und Informations-Systemen. Der Begriff Nachricht hat in der Technologie der Nachrichten-Übermittlung seinen Ursprung und seinen Sinn. In diesem Sinne wird er auch in (1) definiert als: „Komplex von elementaren Zuständen eines Kanals. Der Austausch dient der gegenseitigen Bezugnahme von Teilen eines Kommunikations-Systems“. Während hier kein Bezug zum Begriff Information hergestellt wird – er besteht auch tatsächlich nicht – wird er in der Informations- und Dokumentations-Wissenschaft als weiter als der Informationsbegriff angesehen. Weil dort Information als Ergebnis verstanden wird, braucht man einen Begriff um den Tatbestand Rechnung zu tragen, daß nicht jede Nachricht aufgenommen wird. Mit dem Verständnis der Information als Aussage entfiele die Notwendigkeit für diesen Begriff Nachricht.

Das Verständnis der Begriffe Information und Daten reicht von ihrer Austauschbarkeit (synonym) bis zur Beziehungslosigkeit. Letztere Auffassung ist wohl auch die der Berichterstatter (1), die unter Verwendung des anderen als des von ihnen definierten Inhaltes des Nachrichten-Begriffes definieren: „Information – dasjenige Ergebnis der Interpretation einer Nachricht oder einer Kombination von Nachrichten, das in eine Entscheidung eingeht“. Das ist ein – dazu noch entscheidungslosen Vollzug oder Nachahmung außer Betracht lassendes – rein pragmatisches Verständnis des Begriffes. Ein Bezug zu Daten wird nicht hergestellt, auch nicht bei der Unterscheidung der Daten nach „temporären“, „formalen“ und „inhaltsbezogenen“ (1). Damit werden nur drei verschiedene Blickwinkel sichtbar: ein zeitgebundener organisatorischer, ein syntaktischer und ein semantischer. Es gibt je nach Standpunkt des Terminologen aufgabenbezogene Datenbegriffe. Löst sich ein Terminologe gar von der Aufgabe, dann entsteht ein Begriffs-Zauber, dem bestenfalls der Autor noch etwas abgewinnen kann (13).

Für praktisch verwendbare Definitionen eignen sich als Ausgangspunkt Binsenwahrheiten besonders gut. Hier ist es die, daß keine menschliche Tätigkeit – sei sie Entscheidung, entscheidungsloser Vollzug oder Nachahmung – ohne Information denkbar ist. Ob die Information adequat, d. h. vollständig und optimal ist, ist eine eigene Frage. Jede Tätigkeit vollzieht sich in einem Vorgang oder in einer logischen Kette von Vorgängen (Sachverhalten). Will man die organisatorische Aufgabe der Informationsbereitstellung bedarfsgerecht lösen – und nur das gibt ihr einen Sinn – dann muß man Information als die vollständige Aussage über e i n e n Sachverhalt definieren (12). Das Wort Sachverhalt führt dann zu einem handlichen Daten-Begriff. In jedem Vorgang treten mindestens 2 Subjekte oder Objekte oder ein Subjekt zu einem Objekt in eine Beziehung. Das wird bereits in den Spalten A 1 und A 2 der Matrix deutlich. In Abschnitt 4 wird zu untersuchen sein, ob sich für juristische Sachverhalte oder Tatbestände Besonderheiten ergeben. Die Elemente eines Sachverhaltes – in (12) Mittel genannt – haben Namen und Eigenschaften. Diese und eventuelle quantifizierende Merkmale sind die Daten, aus denen eine Information besteht. Dieser Datenbegriff ist, nach den Aufzählungen in (10, S. 31), offenbar auch der von *Uhlig*. In zutreffender Analogie zur Produktion materieller Güter lassen sich die Daten als die Stoffe bezeichnen, aus denen das geistige Produkt Information hergestellt ist. Wenn damit Information nicht mehr als Wirkung verstanden wird, sondern nur als ein Inhalt, lassen sich unter folgenden Aspekten wertvolle weitere Einsichten gewinnen. Die Schlußfolgerungen aus dem hier vorgelegten Datenbegriff werden in Abschnitt 6.4 gezogen werden.

2.2 Die vier Aspekte der Information

Unter Einführung semiotischer Denkansätze, wurde die ursprünglich rein technische Informationstheorie auf alle Aspekte der Information ausgedehnt. *Adam* führt sie wie folgt auf (14):

1) Die S y n t a k t i k als Zeichenkonfigurations- oder Satzbaulehre.
2) Die S i g m a t i k als Abbildungs- und Bezeichnungslehre, die den operativen Gehalt einer Welt in Zeichen, und zwar in Daten erfaßt, d. h. in das raum-zeitlich Abbildbare der Designata.
3) Die S e m a n t i k als Bedeutungslehre behandelt Sätze, die Aussagen mit faktisch überprüfbarem Wahrheitsgehalt (einen eidetischen Sinn) übermitteln.
4) Die P r a g m a t i k als Zeichengebrauchslehre, die vor allem die Beziehungen zwischen den Zeichen und den zeichengebrauchenden Menschen (beziehungsweise biologischen Organisationseinheiten und Maschinen) klarstellt. Es wäre zweckmäßiger diese semiotische Dimension als Kybernetik zu bezeichnen."

Im folgenden werden diese vier Begriffe sinngemäß verwendet. Auf die Sigmatik ist hier nicht weiter einzugehen. Der interessierte Leser findet eine ausführliche

Erläuterung der Datendarstellung und ihrer Einsatzmöglichkeiten in (12). Die Kritik an der Definition des Begriffes Pragmatik wird geteilt. Kybernetik sollte jedoch der Oberbegriff für alle Systemaspekte sein und nicht nur für den zwar höchst wichtigen der Regelung und Steuerung. Pragmatik wird durch Verwendungszweck besser umrissen.

An diesem Zitat wird deutlich, daß jede der vier Dimensionen wesenhaft eigenständig ist. Ein Aufgabenträger braucht Information unterschiedlicher Semantik, Syntaktik. Ein semantischer Inhalt geht in die unterschiedlichsten Informationen für unterschiedlichste Aufgabenträger ein. Das wird in der Matrix nur deshalb nicht so sichtbar wie in für andere Bereiche erstellbaren Matritzen, weil die Subsumtion unter die Norm eine dominierende Rolle spielt. Deshalb sind die unterschiedlichen Aufgabenträger in ihrem Datenbedürfnis weit homogener als in dynamischen Systemen.

Die Berichterstatter und *Uhlig* stoßen aus unterschiedlichen Richtungen auf die Symptome des diese vier Dimensionen außer Acht lassenden Denkansatzes in Fachbereichen (1, Seite 313 und 10, Seite 33). Nach (1) haben Untersuchungen ergeben, daß der Unterschied zwischen kontinental-europäischem und anglo-amerikanischen Recht keine besonderen Probleme mit sich bringe. Der Unterschied zwischen statute-law und case-law ist in der Tat nur ein Unterschied in der „Syntaktik der Normsetzung“. Er ist semantisch und pragmatisch ohne Belang. Die zwischen bestehenden Rechtsformations-Systemen festgestellte Inkompatibilität wird allein auf die unterschiedlichen Zweckbestimmungen der Systeme zurückgeführt. Das zeigt, daß auch Rechtsinformations-Systeme aus der irrigen Vorstellung heraus errichtet wurden, daß es immer „problemorientierte“ Informationen und damit auch ebenso orientierte Daten und sogar Programme geben müsse. In der bei *Uhlig* gezeigten Grafik „Datenverarbeitung zu einem Verkehrsunfall“ sind 18 „Interessenten“ an den zu seiner Beschreibung erforderlichen Daten aufgeführt. Viele dieser Daten werden ohne Zweifel von allen, andere nicht nur von einem gebraucht. Sie ziehen lediglich je nach ihrem pragmatischen Aspekt daraus andere Schlußfolgerungen. Wie unterschiedlich diese Aspekte sind, ergibt sich ebenfalls aus der Grafik. Nur einige lassen sich in die auf *Descartes* zurückgehende Einteilung nach wissenschaftlichen Disziplinen einordnen. Andere sind Vertreter gesellschaftlicher Interessengruppen, andere sind Vertragspartner, andere, wie Gerichte und Polizei haben gesellschaftliche Ordnungsfunktionen und wieder andere sind in unterschiedlichen Bereichen mit planerischen Aufgaben befaßt. Deshalb wird der pragmatische Aspekt noch in den Abschnitten 2.3 und 2.6 zu behandeln sein.

Die Eigenständigkeit des syntaktischen Aspektes läßt sich am besten an den Formeln der klassischen Mathematik sichtbar machen. Sie sind durch die Notationen jedes semantischen Bezuges entkleidete Rechenalgorithmen. Die Formel muß lediglich den für die auszuführende Operation erforderlichen „Satzbau“ haben. Erst die im Einzelfall einzusetzenden Variablen machen eine Aussage und geben dem Rechenergebnis Inhalt und meist vielartigen pragmatischen Bezug. Die angesichts des Programm-Wirrwarrs herbeigesehnte „Einheits-Software“ ist somit wesenhaft selbstverständlich und keinesfalls eine

Utopie. Die auch im Bereich der Rechtsinformation vorgesehenen Programm-Tests (3), für die heute statistische Methoden, Monitoren oder Simulation benutzt werden, müssen solange zu immer neuen logischen Zirkelschlüssen führen, als Programme „problemorientiert" entwickelt werden.

2.3 Die Versuche, eine Typologie von Informations-Systemen zu entwickeln

In (12) wurde bereits gezeigt, daß eine Unterscheidung nach Informations-Systemen für die Planung, für die Kontrolle, nach Management- und Nicht-Management-Informations-Systemen keine Hilfe bei der Bewältigung der Aufgaben bringt. Diese Versuche fanden kürzlich ihren nicht mehr referierbaren Höhepunkt (15). Die Berichterstatter (1) definieren Informations-System wie folgt, mt vier Varianten:

—a— „Informations-System — Kommunikations-System (Def. s. o.), zu dessen Beschreibung zusätzlich zu den Formalien des Nachrichtenaustausches die inhaltlichen Zusammenhänge zwischen den Nachrichten und damit der Aspekt der Information herangezogen wird."

—a1— „Dokumentations-System — Informations-System, in dem Dokumente und/oder Angaben über Dokumente gespeichert sind und das der Auswahl, Zusammenstellung und Ausgabe von Dokumenten dient."

—a2— „Fakten-Retrieval-System — Informations-System, in dem alles Material bis ins einzelne gemäß einem vorgeschriebenen Format gespeichert ist und das der Auswahl, Zusammenstellung und Ausgabe solcher Angaben dient.

—a3— „Frage-Antwort-System — Informations-System, in dem alles Material bis ins einzelne gemäß einem vorgeschriebenen Format gespeichert ist und das der Gewinnung neuer, nicht gespeicherter Aussagen dient."

—a4— „Problemlösendes System — Informations-System, in dem alles Material bis ins einzelne gemäß einem vorgeschriebenen Format gespeichert ist und das daraus die zur Lösung eines vorgegebenen Problems notwendigen Schritte ermittelt." Nach (1, S. 33) macht es Vorschläge für die auszuführende Tätigkeit.

Diese Unterscheidung wurde in der Reihenfolge des wachsenden Ausmaßes des „Benutzerleitbildes" getroffen. Das zielt in die richtige Richtung. Die Formulierungen sind vor allem deshalb wenig glücklich, weil damit das mögliche Mißverständnis nicht ausgeschlossen wird, daß es sich auch hier, wie sonst bei typologischen Unterscheidungen, um jeweils eigene Informations-Systeme handelt. Wenn Informationen wie in (1) als Wirkung verstanden wird, liefern alle vier Typen „neue" Information. Die Typen a2 bis a4 müssen zwangsläufig alle den Typ a1 in sich tragen.

Auch dieser Versuch spiegelt die historische Entwicklung. Die Dokumentare erfaßten jahrzehntelang mit ihren Suchbegriffen komplex ganze Sachverhaltsaggregate oder zumindest Sachverhalte. Je nach dem Ausgangspunkt, von dem aus sie ihren Vektor in den Raumkörper des Wissens wählten, waren die Komplexerfassungen verschieden. Die sog. Dezimal-Klassifikation liefert dafür auch in der Klasse 34 „Rechtswissenschaft" reiches Anschauungsmaterial (16). Das macht nun den Typ a2 notwendig, weil der alte Ansatz es nicht erlaubte, einzelne Daten wiederzufinden. Auch wer Information, wie in diesem Beitrag, als Inhalt versteht, erkennt, daß der Typ a2 zwangsläufig im Typ a3 enthalten sein muß. Durch Zusammenstellen entsteht „neue" Information. Der Dialog ist nur die Voraussetzung dafür. Hier werden die semantischen Gehalte gewählt, die dem Programm eingegeben werden, das die „neue" Information zusammenbaut. Hatte der Interessent diese Daten schon, entfällt der Dialog. Der Typ a4 muß dann lediglich noch Programme im Konzept von Entscheidungstabellen zusätzlich enthalten, um den wählenden Abgleich vornehmen zu können. Eine Syntax übernimmt mehr oder weniger der intellektuellen Leistung, die bei den anderen Typen vom Empfänger der Daten oder Informationen erbracht werden muß. Eine verwendbare Typologie von Informations-Systemen entsteht auch hier nicht. Der Versuch deckt aber Symptome der unterschiedlichen Informationsbedürfnisse auf, deren Analyse weiter führt.

In (12) werden nach drei wesenhaft verschiedenen Tätigkeiten drei Arten von Informationsbedürfnissen unterschieden:

- Information für die Verwaltung. Für Buchhaltung im weiteren oder für Logistik im engeren Sinne, müssen alle Mittel, und dazu gehören auch Informations- und/oder Datenträger mit einem Suchbegriff unverwechselbar aufgerufen werden können. Mit diesem Begriff als Kommunikations-Datum (s. K in der Matritze) muß die Zuordnung in Adreßverkettung möglich gemacht werden.
- Informationen für die Ausführung. Darunter wird entscheidungsloser Vollzug verstanden. Auch hier genügen als Suchbegriffe die vorerwähnten Kommunikations-Daten und ihre Verkettung nach dem Prinzip des „inverted file". Die Vielzahl der für die Ausführung benötigten Daten müssen nur als Text geführt werden.
- Informationen für die Optimierung. Für Analyse, Wertung oder/und Synthese werden viele Suchbegriffe gebraucht, die sonst nur als Text geführt werden müßten. Hier gilt der Dreisatz: „Wer optimieren soll, muß wählen können; wer wählen soll, muß die Alternativen kennen; wer die Alternativen finden soll, muß die Dinge nach ihrem Wesen aufrufen können.

Damit soll keine neue Typologie geschaffen werden. Es wird nur sichtbar, daß der Unterschied allein in der Zahl der benötigten Suchbegriffe und daraus folgend in der Syntax der Programme liegt, die für Zugriff und Verknüpfung benötigt werden.

Auch in JURIS ist diesen drei Bedürfnissen Rechnung zu tragen. Auch hier bestehen zwei gegenläufige Zugriffsbedürfnisse, die in einem System zu befriedigen sind. Jeder Benutezr will einmal auf Informationen zugreifen und ihre Daten zur Kenntnis nehmen und zum anderen mit Daten nach Informationen suchen, die sie enthalten oder sie zu neuen Informationen zusammenstellen. Wer optimieren soll, sucht vom Detail auf Ganzheiten. Die Subsumption des Juristen macht da keinen Unterschied. Er sucht lediglich keine neuen, sondern bereits genormte „Optima".

2.4 Die fünf Ausbaustufen e i n e s Informations-Systems

Die vorstehend wiedergegebnen Einsichten waren der Anlaß, in (12) Ausbaustufen wie folgt zu definieren:

1. Stufe: Archivierung. Alle Informationsträger sind zunächst zu erfassen. Dazu gehören nur Daten enthaltende – beispielsweise Personal- oder Material-Dateien – ebenso wie solche, die Informationen in mehr oder weniger großer Vielzahl und Kombination enthalten – beispielsweise jeder Gesetzes-Paragraph, Fachaufsätze oder ganze Bücher. Sie sind mit Kommunikationsdaten unverwechselbar voneinander zu unterscheiden.

2. Stufe: Merkmalslose Zuordnung. Für Zwecke der Verwaltung und Ausführung und zur späteren Fixierung von Optimierungsergebnissen sind Zusammenhänge organisatorischer Art sichtbar und durch Programme verknüpfbar zu machen. Nach dem Konzept der „inverted file" werden die Kommunikations-Daten wechselseitig vermerkt. Die Verknüpfungsprogramme müssen zu denen für den punktweisen Zugriff hinzutreten.

3. Stufe: Optimierung. Hier treten an die Stelle organisatorischer Suchstrukturen wesenhafte oder auch sinnhafte. Deshalb müssen nun zu den Kommunikationsdaten geeignete Merkmalsdaten als Suchbegriffe eingebaut werden. Die Programme werden aufwendiger.

4. Stufe: Erarbeitung neuer Daten oder Informationen. Sie können nur aus den vorhandenen entstehen. In dem hier vertretenen Konzept geht es nicht um die neuartige Zuordnung von Daten zu anderen Informationen. Dafür reicht die dritte Stufe bereits aus. Hier geht es um die integrierende Verdichtung oder rechnerische Verschmelzung (12) von Daten. Dazu müssen weitere Programme eingegeben werden, die diese Rechen-Operationen durchführen können.

5. Stufe: Die „darbietungslose" Informationsdarbietung. Hier geht es darum, die Information als Arbeitsanweisung an Maschinen auszugeben. Dazu müssen „maschinenorientierte Programme" eingebaut werden. Dazu gehören mit Sicherheit der Typ „problemlösendes System" nach (1) dann, wenn es „Entscheidungen" trifft.

Damit wird etwas Wichtiges sichtbar: keine Stufe kann errichtet werden, ehe die vorherige nicht errichtet wurde. Auch die Errichtung ganzheitlicher Systeme muß in Schritten erfolgen. Das übliche schrittweise Vorgehen geschieht aber in „Ausschnitten", die nachher nicht kompatibel sind. Bei diesem Konzept entstehen die Dateien für Elemente von Sachverhalten (Mittelkategorie-Dateien) und für Sachverhalte (Sonder-Dateien) nach (12) bereits in der ersten Stufe. Die wachsende Durcharbeitung des Systems und/oder die je nach Organisation der Aufgaben unterschiedlichen Interessenprofile der Benutzer können dann lediglich die Auslagerung von Daten in Hilfsdateien mehr oder weniger sinnvoll erscheinen lassen (19). Dann werden teleskopartige Programme für die gelegentliche Vollaussage notwendig.

2.5 Das Systemverständnis

In (1, S. 28) heißt es nach Zangenmeister: „Wir definieren ein System als eine Gesamtheit geordneter Objekte, genannt Teile, die gewisse Eigenschaften aufweisen und miteinander in gewisser Beziehung stehen." Die zahlreichen anderen Definitionsversuche weichen davon nicht wesenhaft ab. Meist wird die Vorstellung vermieden, es müsse sich nur um Gegenstände handeln und zum anderen die Kollision mit Begriffen wie Teil- oder ubsystem. Im Folgenden wird sichtbar werden, warum statt von Elementen, besser von Faktoren – in dynamischen Systemen von Wirkfaktoren – gesprochen wird.

Zuzustimmen ist der allgemeinen Auffassung, die sich auch die Berichterstatter (1, S. 28) zu eigen machen, daß es im Belieben des Betrachters steht, die Grenzen des Systems festzulegen, das er betrachten will. Tatsächlich hat noch das System Erde eine „Umwelt", weil das Sonnensystem auf ihr System einwirkt. Die in (9) kommentierte Untersuchung zeigt jedoch, daß das durch diese Definitionen ausgedrückte Einvernehmen in der Systemtechnik zeigt, daß den kybernetischen Denkansatz vor allem in zweifacher Hinsicht zuwidergehandelt wird. In (1, S. 28) werden vier Phasen der Systemanalyse unterschieden. Dort wird sichtbar, daß wie meist – von dem Gegenstand der Regelungstheorie vielleicht abgesehen – Aufgaben mehr oder weniger unter Zielsetzungen analysiert werden. Die heute üblichen Systemanalysen gehen lediglich dadurch ein wenig weiter, als sie noch Kommunikations-Kanäle zwischen den durch die Analyse offengelegten Aufgabenträgern eintragen. In (1, S. 28) wird zur Stützung der obigen Definition eine Grafik Posteinlauf als Bespel enes Systems aus Instanzen und Kanälen gezeigt. Es wird also nicht das System in seiner Struktur sondern die zu seinem Betrieb zu lösende organisatorische Aufgabe untersucht (Abschnitt 2.6). Auch in (1) wird von Sub-Systemen gesprochen. Hierarchische Strukturen kann es bei Faktoren des Systems geben: die Linien-Organisation der Aufgabenteilung oder die Baum-Struktur von Produkten oder gar von Rechtsnormen. Die Faktoren sind aber nicht das System selbst sondern bilden es durch ihre Wechselbeziehungen. Deshalb wird in Abschnitt 5.3 erörtert, ob es ein System „Recht" tatsächlich geben kann. Weil der Ausschnitt beliebig gewählt werden kann, solange er noch System und nicht System-Element ist, kann es Teil-Systeme geben. Damit entsteht aber keine Unter-Ordnung. Sie wäre auch eine contradictio in adjecto, weil in einem System jedes Element gleich wichtig ist. Fehlte es, gäbe es kein System.

Die Struktur eines Systems ergibt sich aus seiner Komplexität. Die Intensität seiner Beziehungen, die Zahl der denkbaren Sachverhalte, sein Organisationsgrad, seine Flexibilität und seine eventuelle Probabilität ergibt sich aus Komplexität plus Varietät.

Ein System ist desto komplexer, je mehr Faktoren in ihm in Wechselwirkung treten. So ist beispielsweise das gesellschaftliche System komplexer als sein Teil-System Verkehr, ein Produktionsbetrieb komplexer als ein die dort hergestellten Güter handelnder Betrieb. Wenn in (1) deshalb darauf verzichtet wurde, Data-Base-Management-Systeme zu untersuchen, weil JURIS eine sie rechtfertigende hohe Komplexität nicht aufwiese, dann müssen die Berichterstatter unter Komplexität etwas anderes verstehen. Die Komplexität, mit der wir es im Recht zu tun haben, ist die der Gesellschaft, d. h. die höchst denkbare.

Der von der Systemtheorie verwendete aber nicht definierte Begriff der Varietät wurde in (12) nach drei Arten der Varietät unterschieden, um ihn für die im Informationswesen anstehenden Aufgaben nutzbar zu machen.

- Die lineare Varietät. Ihr Grad bestimmt sich nach der Zahl der zu einem Faktor gehörenden Elemente oder Mittel.
- Die integrale Varietät. Ihr Grad bestimmt sich nach der Zahl der Mittel eines Faktors, aus denen Mittel des gleichen Faktors entstehen können.
- Die laterale Varietät. Ihr Grad bestimmt sich nach der Zahl der Sachverhalte in denen jeweils das Mittel eines Faktors mit denen anderer Faktoren zusammen tritt. Die Faktoren wirken nicht selbst, sondern durch ihre Mittel und Elemente.

Die lineare Varietät des Faktors Mensch ist in der Rechtspflege geringer als in der Gesellschaft. Seine integrale Varietät ist in vom Erbrecht, vom Familienrecht oder vom Gesellschaftsrecht geregelten Sachverhalten besonders augenfällig. Die laterale Varietät eines Autos ist geringer als die seines Besitzers, weil dieser in weit mehr Sachverhalten als Element erscheint.

Nach den Ausführungen in Abschnitt 2.1 bis 2.5 lassen sich nun daraus die Konsequenzen für die Aufgabenstellung ziehen.

2.6 Die organisatorische Aufgabe

Hier geht es um die Organisation der Abläufe in von Menschen geschaffenen Systemen. Im Blickfeld der Systemanalyse stand bisher nur einer von drei Aspekten, die sich aus den Fragen ergeben, auf die der Organisator eine Antwort finden muß.

Die Organisation der Aufgaben ergibt sich aus der Zielsetzung eines Systems. Hier ist festzulegen: Wer tut was?

Die Organisation der Mittel für Verwaltung und Ausführung bestimmt sich in der Intensität nach der Komplexität des Systems und den Graden der linearen, integralen und lateralen Varietät der Mittel. Hier ist festzulegen: Womit wird es getan?

Die Organisation der Information. Hier ist festzulegen: Wer muß was wissen, um mit was was zu tun?

Mittel und Aufgabe wandeln sich ständig, teils unabhängig von einander, teils in Rückkopplungseffekten, die sich aus der ständigen Gegenbewegung zwischen den Ebenen Aufgabe und Mittel ergeben. Die Aufgabe der Organisation der Information ist es, trotz dieser Bewegungen in den Ebenen und zwischen den Ebenen den Informationsfluß nie abreißen zu lassen. Diese Aufgabe ist auch die den Organisatoren von JURIS gestellte, dauernde Aufgabe.

Bisher wurden die Mittel und die Information irgendwie aufgabenbezogen organisiert. Damit wurden, bildhaft ausgedrückt, die Informationssysteme in der Position, in der sich die Mittel und die Aufgabe im Zeitpunkt der Errichtung des Systems befanden miteinander „vernagelt“. Jede Veränderung innerhalb der beiden Ebenen sprengt diese Informations-Systeme ebenso wie jede Verschiebung zwischen den beiden Ebenen.

Dennoch war die Organisation der Information nach Aufgaben damit nicht problemlos. Das zeigt sich nicht nur an der Skepsis von *Uhlig* (5) gegenüber der Möglichkeit einer Sachgebietsgliederung oder gegenüber dem Nutzwert der Entscheidungstheorie für die in JURIS noch zu lösenden Probleme (10), die er mangels besserer Wege dann doch tastend zu gehen empfiehlt. Es zeigt sich an einigen Definitionen bereits in (1, S. 29/30). Dort wird es für wichtig angesehen, bei einer Instanz (im nachrichtentechnischen Sinn) mögliches Verhalten, Rolle und tatsächliches Verhalten zu unterscheiden. Richter oder Boten seien nicht nur Personen, sondern im Rechtssystem Akteure, die eine bestimmte Rolle ausfüllen. „Ein Teil eines Systems ist stets bestimmt als Träger einer Rolle unabhängig vom Akteur". Soweit ließe sich das noch mit der hier vertretenen Auffassung vereinbaren. Danach wäre der Richter Element des Faktors Mensch dem durch die Organisation der Aufgaben eine Teilaufgabe zugewiesen wird. Dann aber heißt es: „Diese Aussage läßt sich verallgemeinern. Alle Teile unserer Welt stehen in vielfältiger Beziehung zueinander. Trotzdem sind wir in der Lage, eine begrenzte Zahl dieser Teile und ihrer Beziehungen herauszugreifen und als ein System zu betrachten. Das Kriterium für diese Auswahl ist die Rolle (oder Aufgabe, Funktion), die dieses System als Teil eines umfassenderen Systems zu erfüllen hat. Die Rolle des Systems ist also nicht inerhalb des Systems festgelegt, sondern wird ihm von Außen her aufgeprägt." Das Verhalten einer Instanz wird dann als eine Menge von Tätigkeiten, d. h als ihr Tätigkeitsspielraum definiert. Das mögliche Verhalten sei schwer vollständig bestimmbar, weil es durch die Menge aller denkbaren Tätigkeiten definiert werde. Das tatsächliche Verhalten sei die Menge der Tätigkeiten, die an der Instanz tatsächlich beobachtet werden. Hier ist also Richter einmal ein System, zugleich Funktions- oder Aufgabenträger und schließlich noch Handelnder, und zwar probabilistisch Handelnder. Sicher ist, daß damit nicht wieder das „gesunde Volksempfinden" in der Interpretation einer dem System von außen seinen Willen aufzwingenden politischen Führung gemeint ist. Die Schwierigkeiten, die sich für die Aufgabe der Organisation der Information hier ergeben, werden besonders deutlich, wenn man versucht, die für die weitere Arbeit empfohlenen Sachgebietsgliederungen (5), Arbeitsablaufstudien (3) und erkenntnistheoretischen Methoden (10) damit in Deckung zu bringen.

Klar ist zunächst, daß es um die pragmatischen Aspekte, das heißt nach dem hier vertretenen Konzept zugleich, um die Organisation der Aufgaben geht. Sie wird bestimmt durch die Zielsetzung des jeweiligen Systems, den gewollten „output". Je nach dem Ziel ergeben sich mehr oder weniger Aufgaben, was keineswegs heißt, daß es damit zieltypische Aufgaben gäbe. So wird beispielsweise die Gewährleistung einer allgemein erträglichen Ordnung nicht nur mit Normsetzung angestrebt. Jede Aufgabe kann nun wieder mit alternativen Tätigkeiten erfüllt werden. So kann beispielsweise die gleiche Aufgabe durch Bestallung eines Pflegers oder eines Vormundes erledigt werden Erst wenn die Entscheidung für eine Tätigkeit gefallen ist, ist über die Mittel zu entscheiden. Auch hier geben sich meist Alternativen. Erst hier berühren sich die Ebenen der Organisation der Aufgaben und der Mittel. Auseinanderzuhalten sind also die Entscheidungsebenen Wozu?/Was?, Was?/Wie? und Wie/Womit? Gäbe es diese

Entscheidungsebenen nicht, gäbe es keine Optimierung. Auch wenn die zur Erreichung eines Zieles zu erledigenden Aufgaben eigenen Systemen zu erledigen übertragen werden, finden sich die vier Entscheidungsebenen in den Teilsystemen wieder. Es wird lediglich das Was aus dem größeren System zum Wozu in den kleineren. Ob die kleineren dadurch weniger komplex werden ist nicht so sicher wie daß ihre Varietät geringer sein wird. Weniger komplex werden sie nur dann, wenn keine Mittel mehr gebraucht werden, die einem oder mehreren Faktoren angehörten, die im größeren System vorhanden sind. Wird aber damit nicht doch der Richter wie in (1) faktisch erklärt wird, wieder zugleich System und Funktionär? Er wirkt nicht durch seine Aufgabe, sondern durch seine Tätigkeit, im Sinne von (1) durch sein tatsächliches Verhalten als Regler.

3. Notwendigkeit und Gegenstand der Benutzerforschung

Die Notwendigkeit der Benutzerforschung ergibt sich aus der in Abschnitt 2.1 festgestellten Analogie der Produktion von Gütern und von geistigen Inhalten. Marktforschung ist Bedarfsforschung. Wer an seinem Markt, der bei Informations-Systemen von den potentiellen Benutzern gebildet wird, vorbeiproduziert hat, hat etwas erzeugt, mit dem keiner etwas „tun" kann. Information wird für jeden Vorgang gebraucht. Der Bedarf ergibt sich also aus jeder konkreten Tätigkeit. Deshab ist die empfohlene Arbeitsablaufstudie (3) der richtige Ansatzpunkt.

In einer Umfrage wurde das tatsächliche Informations-Verhalten untersucht. Dort (2, S. 52) heißt es: „Kriterien für den objektiven Informationsbedarf und dessen Deckung konnten im Rahmen dieser Studien nicht ermittelt werden. Hier konnte nur das Verhalten von subjektivem Informationsbedarf und der subjektiven Beurteilung des Sucherfolges quantitativ gemessen werden." Daß diese Studie keinerlei für Schlußfolgerungen verwertbare Aussagen gebracht hat, verwundert nicht.

Das augenblickliche Verhalten kann nicht zum Ausgangspunkt genommen werden. Vor Einführung des Automobils einen Kutscher zu fragen, wie er sich im Verkehr als Automobilist verhält und verhalten möchte, hätte gewiß keinen Anhaltspunkt für das heutige Verhalten der Automobilisten erbracht. Tatsächlich wurde ja dann auch zunächst nur die Deichsel abmontiert und das Pferd durch einen unter dem Kutschbock angebrachten Motor und einige Antriebselemente ersetzt. Es dauerte etwa 25 Jahre, bis der neue Antrieb mit dem Gefährt zu einem System verbunden wurde, das die Ausnutzung der neuen Möglichkeiten im Guten wie im Bösen gestattet. Lediglich die Tätigkeit Fortbewegung ist geblieben. Es werden damit Aufgaben erledigt, an die damals niemand dachte und Ziele verfolgt, von denen man damals nur träumte.

Deshalb wird es auch nicht weiterführen, wie in (1, S. 306) vorgesehen, das künftige Verhalten der Benutzer zu klären. Es ist bekannt und keineswegs verwunderlich, daß derart Befragte eine unzureichende bis falsche Vorstellung von ihrem Informationsbedürfnis haben. Im Laufe eines Lebens verwandeln sich die Kategorien „wahr" und „falsch" in einem Erfahrungs- und oft Resignations-

Prozeß immer mehr in die Kategorien „möglich" und „unmöglich", wobei schließlich das „Mögliche" als das „Gewollte" erscheint.

Die „objektiven Kriterien" (2) werden in dem klassischen Denkansatz nicht gefunden werden können. Die Studie (2) gewinnt als Beweismittel für diese Behauptung ihren ungewollten Wert. Sie lassen sich mit dem im Abschnitt 2 vorgelegten Instrumentarium objektiv und qualitativ bestimmen. Die in den einzelnen Phasen des Aufbaues von JURIS daraus zu ziehenden Schlußfolgerungen, werden im Abschnitt 6 gezogen.

Der Studie liegt die Annahme zugrunde, daß die Population der „Juristen oder als (besser wie) Juristen Tätigen" in der BRD 154.000 Personen beträgt. Die folgenden „Ausbildungs- und Berufsgruppen" bildeten für die Auszählung der Interviews (2.550) den Grundstock. Die Befragten verteilten sich darauf mit

9,1% Richter
1,5% Staatsanwälte
16,6% Verwaltungsjuristen
6,5% Juristen im Angestelltenverhältnis
15,3% Rechtsanwälte, Anwaltsnotare, Notare
16,9% Steuerberater und -bevollmächtigte
1,7% Wirtschaftsprüfer
0,4% Professoren, Dozenten
1,3% Assistenten
8,6% Gerichtsreferendare
22,1% Studenten

Ob diese Verteilung der Realität entspricht ist unwesentlich. Wesentlich ist die Außerachtlassung aller nicht als Juristen oder wie Juristen Tätigen einerseits und die nach formalen Gesichtspunkten erfolgte Teilung gleichartiger Aufgabenträger. Beide Mängel vermeidet die Gliederung nach A in der Matrix. Entscheidend ist aber, was in Abschnitt 2.6 erläutert und mit der Matrix sichtbar gemacht werden soll. Die unterschiedlichen Aufgaben benötigen die gleichen Daten, weil die Information für jede Tätigkeit benötigt wird und die unterschiedlichsten Aufgaben gleichartige Tätigkeiten beinhalten. Nur weil das nicht gesehen wird, konnten die Autoren von (2) es im Zusammenhang mit der folgenden Untersuchung als ein bemerkenswertes Ergebnis empfinden, daß alle obigen Gruppen die Gesetze als ihre wichtigste Quelle angaben.

Die Auswertung der Fragebögen nach Benutzergruppe und benutzten Quellen, geben ein aus drei Gründen verzerrtes Bild. Als Quellen werden nur Normenwerke aller Art, Entscheidungen und Fachliteratur aller Art erfaßt. JURIS soll aber der Fortentwicklung des Rechtes dienen können. Deshalb können die Massenmedien als Quellen zumindest dann nicht außer Acht gelassen werden, wenn sie gesellschaftliche Zustände unter rechtlichem Aspekt behandeln. Diese Auslassung berührt die Daten in Schnittpunkten A1 und A2/B1 und B 435 und alle Daten unter B für die Aufgabenträger A 13, 15 und 2 in der Matritze. Dieser Mangel wird wegen der Auslassung der Nicht-Juristen noch schwerwiegender. Sie hätten sich überproportional bei den Massenmedien eingefunden, wenn diese als Quellen mit erfaßt worden wären. Die Häufigkeit der Quellenbenutzung hängt entscheidend von ihrer Accessibilität ab. Sie ergibt sich einmal aus der Seltenheit – Auflage und/oder Preis, oder/und Standort – und zum anderen aus der Erschließung größerer Informationskomplexe durch Suchbegriffe. JURIS soll aber gerade die Accessibilität erhöhen. Daran zu zweifeln gibt es Anlaß.

Auch ohne diese Mängel wären Häufigkeitsuntersuchungen ein gefährlicher Ausgangspunkt. Kriterien für die Aufnahme einer Quelle kann nur sein, ob sie Erstinformationen oder -daten enthalten kann, die benötigt werden. Welche benötigt werden, zeigt die Matritze. Dazu bedarf es keiner Umfragen. Vollständigkeit der Datenbasis ist unverzichtbares Gebot.

Im Hinblick auf solche Tendenzen und im Zusamemnhang mit der in (1) offen erörterten Sorge vor einer Präjudizien-Justiz, erhält eine weitere Warnung ihr besonderes Gewicht. Nach den Vorteilen gefragt (2), die sie von JURIS erwarten, erhielt die Schnelligkeit der Information mit 82 Punkten den höchsten Wert. Sonstige Wertungen: Genauigkeit 66, Aktualität 65, Vollständigkeit 64, technische Zuverlässigkeit 52 und Objektivität 45.

Die wichtigsten Möglichkeiten von JURIS werden verspielt werden, wenn die Qualität der Information nicht Vorrang vor der Schnelligkeit erhält. Die Rechtssicherheit läßt sich nur durch größere Kongruenz zwischen Norm und Entscheidung erhöhen. Rechtsinformation ist nur bei guter Qualität ein Streitverhütungsmittel. Erst damit werden die erstinstanzlichen Verfahren abnehmen. Deren akzeptablere Erledigung wird dann die Zahl der Berufungen und Revisionen noch einmal proportional sinken lassen. Nur so wird die Rechtspflege beschleunigt – was zugleich größere gesellschaftliche Anerkennung bedeutet –, nur so wird sie rationalisiert werden.

Dies ist kein Plädoyer gegen schnelle Information. Die hier liegenden Möglichkeiten können sinnvoll aber erst dann erörtert werden, wenn im Rahmen der beabsichtigten Arbeitsablauf-Studien je Tätigkeit geprüft wird, welches Medium jeweils adäquat ist. Es ist eine Verkennug der optimalen Arbeitsweisen anzunehmen, daß sich jeder mit einem Terminal oder einer Mikrofiche zufrieden geben kann.

Wie zu erwarten bringt auch eine andere Auswertung in (2) nichts Verwertbares. Die vorstehend aufgezählten Aufgabenträger wurden nach ihrem Haupt- und nach bis zu zwei Neben-Rechtsgebieten befragt. Da auch *Uhlig* (5) in Rechtsgebieten ein Ordnungskriterium sieht, wird seine Gliederung hier zugleich mit gezeigt (2 – links, 5 – rechts).

- Bürgerliches Recht
- Strafrecht
- Staatsrecht
  Verwaltungsrecht
- Grundlagenfächer
- Handels- und Wirtschaftsrecht
- Steuer-, Versicherungsrecht
- nicht spezialisiert
- Recht und Rechtswissenschaft und Rechts- und Verfassungsgeschichte
- Öffentliches Recht – allgemein
- Staats- und Verfassungsrecht
- Rechtspflege und Verfassungsrecht
- Allgemeines Verwaltungsrecht
- Besonderes Verwaltungsrecht
- Finanz- und Steuerrecht
- Wirtschaftsrecht
- Sozialrecht
- Verkehrsrecht
- Straf- und Ordnungswidrigkeiten-Recht
- Privatrecht – allgemein
- Bürgerliches Recht
- Handelsrecht
- Gewerblicher Rechtsschutz, Urheberrecht
- Arbeitsrecht
- Kirchenrecht
- Völkerrecht
- Europäisches Gemeinschaftsrecht
- Völkervertragsrecht
- Ausländisches Recht
- Besatzungsrecht
- Sonstiges

Die Studie (2) ergab zunächst, daß je nach Aufgabengebiet unterschiedlich, viele Befragte zwei weitere Rechtsgebiete neben ihrem Hauptgebiet angaben.

Die niedrigsten Prozentsätze ergabn sich erwartungsgemäß bei mehr ausführend Tätigen und bei solchen optimierend Tätigen, denen die Organisation der Justiz eine auf solche Sachgebiete begrenzte Kompetenz zugewiesen hat.

Die Ergebnisse wären nicht wesentlich anders, wenn das von *Uhlig* vorgeschlagene Raster verwendet worden wäre. Die größere Zahl der Unterscheidungen ergibt sich zum Teil aus Gesichtspunkten des Geltungsbereichs der Normen, teils aus der Aufnahme von Gebieten mit einer kleinen Population von Interessenten und teils aus einer Gliederung nach Ober- und Untergruppen. Für beide Gliederungen ist eine Überschneidung der Vektoren festzustellen. So enthält beispielsweise nicht nur das Strafrecht Strafrechtsnormen, das Finanzrecht auch Verwaltungsrecht. Diese Gliederungen entspringen dem klassischen Fachbereichsdenken.. Sie sind für die Strukturierung von Informations-Systemen ebenso ungeeignet wie als Suchbegriffe. Sie werden aber weiterhin benötigt zur Ziel- oder Aufgaben-Abgrenzung in Forschung und Lehre – damit auch in Aufsätzen und Büchern – und unter organisatorischen Gesichtspnkten, sei es in der Organisation der Jurisdiktion oder der Buchbestände in Büchereien. Eine gemeinsame Datenbasis wird aber nicht nur die Nachteile solcher Vektorenbildung mildern helfen, sondern zugleich hie und da zu besseren Vektorenbildungen Anleitung geben können, weil sie semantische Gehalte häufeln wird.

4. Der wirkliche und der juristische Tatbestand

Lassen sich die im Abschnitt 2 entwickelten Ansätze, Einsichten und Definitionen auch auf den juristischen Tatbestand anwenden? Diese Frage stellt sich zweifellos nicht für die Tätigkeiten des Juristen. Sein Arbeitsablauf folgt der durch die Organisation der Aufgaben vorgegebenen Logik. Alle seine Tätigkeiten lassen sich restlos nach der Dreiteilung Verwaltung, Ausführung und Optimierung ordnen. Für die optimierende Tätigkeit bringen (1, S. 53 ff.) im Zusammenhang mit seinem Problemlösungsverhalten und (5) im Zusammenhang mit dem Entscheidungsablauf gutes Anschauungsmaterial zur Überprüfung dieser These.

Die Frage stellt sich aber im Hinblick auf die Tatbestände, mit denen es der Jurist zu tun hat. Sie lautet: verlieren die Begriffe Information, Tätigkeit oder Sachverhalt, mit denen sich alle wirklichen Sachverhalte nach B 1 in der Matritze abgrenzen lassen, diese Trennschärfe, wenn nach B 2 aaO nur rechtlich relevante Tatbestände die Normale des Juristen sind? Für die Vermutung spricht, daß nicht alle wirklichen Sachverhalte rechtlich geregelt sind und daß in die rechtlich relevanten als Sachverhaltselemente die Ergebnisse wirklicher Sachverhalte eingehen können (B 26 aaO) die ihrerseits rechtlich nicht genormt sind. Zudem werden noch Daten von Sinnzusammenhängen (B 43 aaO) in den juristischen Sachverhalt eingeführt. Sie sind gewissermaßen das juristische Filter, durch das dem realen Sachverhalt ein Teil seiner Daten entzogen, und der danach auf ein rein geistiges Raster projiziert wird. Gegen die Vermutung spricht die Existenz der Begriffe Kausalität und Rechtsfolge.

Wenn jeder rechtliche Tatbestand eine Rechtsfolge und damit ein Ergebnis hat, dann müssen sich rechtliche relevante Komplexe ebenfalls in einzelne Vorgänge auflösen und zu einem Ablauf ordnen lassen. Wenn die Kausalität wesentlich ist, dann muß auch hier das Ergebnis eines rechtlichen Sachverhaltes als Element eines oder mehrerer alternativ folgender Sachverhalte erscheinen. Dann bleibt zu fragen, was umgreift ein solcher Sachverhalt und was macht ihn unverwechselbar gegenüber jedem anderen?

In der Analyse offenbart sich die gleiche lineare, integrale und laterale Varietät auf den Entscheidungsebenen Wozu/Was?, Was/Wie? und Wie/Womit? die in Abschnitt 2.5 behandelt ist. Das Recht kennt eben lediglich soviele Variationen ein und desselben wirklichen Vorganges, als es unter dem Gesichtspunkt von Sinnzusammenhängen (B 43 aaO) rechtliche Relevanz gibt. Diese ist in Normen festgeschrieben. Einige Beispiele mögen das erläutern.

Viele Tatbestände haben die Rechtsfolge „Eigentumsübergang". Eigentum ist Tatbestandelement in all den Lebensvorgängen, in denen jemand sein Eigentum verwertet. Lebensvorgang, Tatbestand und Rechtsfolge sind verschieden, je nachdem dies durch Schenkung, Verkauf, Vermietung usw. geschieht. Bei gleichem Lebensvorgang liegt ein anderer Tatbestand dann vor, wenn der Verfügende vorher nicht Eigentum erworben hatte. Aber auch wenn er Eigentum erworben hatte, liegt dann ein anderer Tatbestand mit anderer Rechtsfolge vor, wenn der Verfügende Beschränkungen nicht beachtet hatte, denen er oder die Sache unterlag. Im Strafrecht ist das Ergebnis nicht anders. Es sei ein Mensch getötet worden. Für diesen Lebensvorgang hält das Gesetz zahlreiche Tatbestände mit unterchiedlichen Rechtsfolgen bereit, weil eine wesentliche lineare Varietät bei Tätern, Getöteten, benutzen Sachmitteln und Handlungsarten besteht. Je nach den Entscheidungsalternativen, die der Täter nach Wozu/Was?, oder/und nach Was/Wie? oder/und nach Wie/Womit? traf, entstand andersartige rechtliche Relevanz. Jedem nicht völlig gleichen Tatbestand entspricht eine eigene Information. Ohne Belang ist es, ob die gleichen Daten mehr oder weniger in anderen Informationen wiederkehren. Sie haben dort eine andere laterale Varietät.

Der bei der Errichtung von Informationsystemen immer wieder zu beobachtende Versuch, dieser Vielzahl von Inforationen auszuweichen, führt logisch zum Gegenteil des angestrebten Ergebnisses. Ob Informationen zu Blöcken dadurch zusammengefaßt werden, daß Abläufe oder Varianten eines Ablaufes oder beides als Inhalt komplex gespeichert werden, ändert nichts daran, daß die gleiche Information mehrmals erfaßt wird und die Blöcke daraufhin analysiert werden müssen, ob sie die gesuchten Informationen alle gleichartig enthalten. Begriffsfelder oder Klassifikationen können den Fehler nicht beheben helfen.

Sie können nur als zusätzlicher Einstieg vor allem für die Wissenschaft und die Normsetzung interessant sein, wo sie sich bilden lassen. Wer jede Information isoliert erfaßt, kann jeden Komplex ad hoc bilden. Erfaßt er aber dann nur jede Information und nicht auch ihre Elemente nach Faktoren, dann muß er unter nicht völlig gleichen immer noch mühsam die richtige herauslesen. In strukturgerechter Datenorganisation kann er mit der Suche nach Wahl mit dem Tatbestandselement beginnen, das für ihn den größten Retrieval-Effekt hat. Neu gewollte Tatbestände können so mosaiksteinartig zusammengetragen werden.

Der Bericht stellt einige Gesetzestechniken zusammen (1). Daraus wird gut deutlich, daß es *eine* Gesetzestechnik nicht gibt, vermutlich auch nicht geben kann, die mit dem hier entwickelten Tatbestandsbegriff deckungsgleich ist. Einige Anhaltspunkte für die notwendige Invertierung und/oder Integrierung enthält die Matritze in B 21, 22 und 27. Aus der Divergenz Normadressen/Tatbestände ergeben sich keine Probleme, weil die Überbrückung eine ausschließlich syntaktische Aufgabe ist. Sie kann also durch Programmierung gelöst werden.

5. JURIS und das Konzept strukturgerechter Datenorganisation

Das „Anti-Konzept" strukturgerechter Datenorganisation wurde entwickelt (12) weil alle Fachbereichs-Konzepte daran scheitern müssen, daß kein auswertbarer Zusammenhang zwischen Daten und Informationen und zwischen Daten und Aufgaben und Fachgebieten besteht. Die Gründe dafür sind im Abschnitt 2 erläutert worden. In den Abschnitten 3 und 4 wurde nachgewiesen, daß die im Bereich der industriellen Produktion gewonnenen Einsichten auch im Bereich des Rechtes keinerlei Korrektur bedürfen. Weil mancher Leser nun geneigt sein mag, das alles wieder aus seinem Gedächtnis zu streichen, weil sich ein Techniker hier in Juristerei versucht, sollte er wissen, daß die Techniker schließlich dazu fanden, festzustellen, daß solche Konzepte wohl nur von einem Nicht-Techniker hätten gefunden werden können, zumal von einem, der die Denkschulung der Juristen durchlaufen hatte.

Strukturgerechte Datenorganisation bedeutet, die Grundstruktur der Datenbasis aus Dateien je Faktor zu bilden und sie damit mit der des realen Systems in Deckung zu bringen: die Daten bei den Mitteln der Faktoren zu erfassen und mit den Namen der Mittel den Thesaurus als Katalog zu bilden um damit auf die zeitgebundenen Sachverhaltsdarstellungen in sog. Sonderdateien zuzugreifen. Neue Sachverhalte lassen sich dann ad hoc in Optimierung bilden, veraltete Sachverhalte können ausgeschieden werden, ohne daß die darin enthaltenen, weiter gültigen Daten untergehen.

So ist hier nun zu untersuchen, welche Faktoren in einer juristischen Datenbasis vorkommen werden und ob für die Faktoren Begriffs-Systeme errichtet werden können, die deren lineare und integrale Varietät klassifizieren können. Schließlich ist zu fragen, ob für die Sonderdatei „Normen" zusätzliche Zugriffssysteme entwickelt werden könnten.

5.1 Ist das Recht ein eigenes System?

In (1, SS. 53) heißt es: „Nach dem heutigen Stand in der juristischen Methodenlehre stellt die Jurisprudenz ein offenes Begriffs-System dar, sodaß Struktur und Menge der Rechtsprobleme nicht bestimmbar sind. Aus diesem Grunde können Rechtsprobleme auch nicht auf der Ebene der juristischen Dokumentation durch die Verknüpfung von Begriffsnetzen erschlossen werden." Dem Ergebnis ist zuzustimmen, die Formulierung ist unverständlich. Begriffssysteme sind eo ipso statische Systeme. Sie haben daher keinen Input und keinen Output und können deshalb nicht „offen" sein. Ein Begriffs-System kann niemals ein dynamisches System abbilden, sondern nur die Orientierung in ihm erleichtern. Die Berichterstatter (1) werden ihre Hoffnung ebenso begraben müssen, aus Begriffs-Systemen einen tauglichen Thesaurus zu erstellen, wie der Verfasser die seine hat begraben müssen, aus Prinzipien und Maximen als „Technologien" des Rechtes einen durchgängigen und eigenen Durchgriff durch die Daten zu gewinnen. Die Matritze macht das schon recht deutlich. Die überzeugenden Gründe finden sich in den von *Jerusalem* zusammengetragenen Denkansätzen, Wertvorstellungen und Methoden der Jurisprudenz der letzten 200 Jahre (17).

Die heutige Systemtheorie hat danach noch nicht die Klarheit des Ansatzes und Denkens entwickelt, wie sie vor langem schon bestanden hat. Wer fragt, wohin er geht, sollte wissen woher er kommt. Andernfalls geht er im Kreise. So findet der Leser dort bereits die begründete Ablehnung der Versuche, ein allgemeines Begriffssystem für die Jurisprudenz zu entwickeln.

Läßt sich etwa das Recht selbst als System verstehen? Im Verständnis des Rechtes als rechtliches und das heißt sinnhaftes Verhalten (17) ist Recht zweifelsfrei ein Vorgang. Es kann daher nicht System sein. Nach dem Verständnis des Verfassers könnte das Recht nur dann ein System sein, wenn es ein eigenes „Wozu?" aufwiese, d. h. das ein ihm typischer „output" nachweisbar sein müßte. Zweifellos wäre es auch dann nur ein Teil-System des Systems Gesellschaft. Nicht erst die in den letzten Jahren wachsende Tendenz, dem Recht nicht mehr Geltung zu verschaffen, sondern neuen Strömungen mit anderen gesellschaftspolitischen Maßnahmen zu begegnen, macht deutlich, daß das Recht nur eines der Instrumente der Gesellschaft ist, mit dem die in ihm zu erfüllende Aufgabe, durch Interessenausgleich Ordnung zu halten, erfüllt wird. Die Rechtsanwendung ist tatsächlich eine Tätigkeit zur Erfüllung einer Aufgabe. So sieht es wohl auch *Jerusalem*, wenn er sagt (17): „Der Jurist ist der Repräsentant der Rechtsgemeinschaft, der das Wissen vom Recht derselben hat ... Denn die

Rechtswelt, in die er gestellt ist, bildet selbst eine Einheit. Ihre Grundlage ist die Rechtsgemeinschaft und deren Gemeingeist. Dabei ist die Aufgabe des Juristen, im Rahmen der Rechtsprechung Gegensätze und Widersprüche in jenem zum Ausgleich zu bringen." Sehr ähnlich auch *Uhlig* (10). In der der Systemtechnik zuzurechnenden Regelungstechnik geht es immer um diese Tätigkeit. In ihrer Sprache wären das Recht die Führungsgröße, die wirklichen Vorgänge die Regelgröße und das Urteil die Stellgröße.

Gewiß läßt sich der Prozeß als solcher, als ein System verstehen. Sein „output" wäre die Entscheidung. Damit würde aber nur ein gesellschaftliches Teilsystem abgegrenzt, nicht das Recht zum System. Aus dem Verständnis des Rechtes als Führungsgröße im gesellschaftlichen System ergibt sich logisch, daß der Jurist oder der Recht Suchende es mit denselben Faktoren zu tun hat, die das Gesellschaftssystem bilden. Deshalb muß auch die Datenbasis eines juristischen Informations-Systems deckungsgleich mit der Struktur des gesellschaftlichen Systems errichtet werden, besser in die seine eingebettet werden.

5.2 Die rechtliche Relevanz wirklicher Sachverhalte

Die lineare, integrale und laterale Varietät von JURIS, soweit sie in den Normen sichtbar wird, wird niedriger sein als die des gesellschaftlichen Systems. Nicht jeder Lebensvorgang ist in Normen geregelt. Eine starke Abnahme der Varietät kann jedoch nicht erwartet werden. So ist beispielsweise jedes Mitglied der Gesellschaft vielen Normen unterworfen. Die laterale Varietät des Menschen in seinen von gesellschaftlicher Bindung freien Bezügen ist nicht groß, so daß beim Faktor Mensch die lineare Varietät nur geringfügig kleiner sein dürfte. Als anderes Extrem wäre der Bezug des Menschen zu den Geisteswissenschaften zu nennen, obwohl hier über concedierte Normsetzung (A 23 in der Matritze) und deren staatlichen Schutz relevante laterale Varietät entsteht. Wesentlich für die vermutlich geringen Unterschiede in den drei Graden der Varietät dürfte ein Umstand sein, auf den die Berichterstatter hinweisen (1, S. 53). Es heißt dort: „Probleme können nur als Sachverhalte aufgefaßt werden ... (S. 54 aaO). Erst soweit sich das Fallproblem nicht im Aufwerfen der Rechtsfrage (d. h. durch Identifizieren des einschlägigen Gesetzestextes) quasi beantworten läßt, stellt es sich als ein Rechtsproblem dar, weil die so gestellte Rechtsfrage vom Gesetzgeber nicht erkannt oder bewußt offen gelassen wurde (z. B. bei Generalklauseln) und deshalb auch nicht unter diesem Blickwinkel rechtlich geregelt (formuliert) wurde. Die weitere Arbeit des Juristen konzentriert sich nunmehr auf die schrittweise Formulierung der Problemfrage sowie deren Lösung." Dem wäre der Hinweis hinzuzufügen, daß damit sowohl auf die Bedeutung der Judikatur und der Fachliteratur hingewiesen wird als auch auf Daten, die Rechtswissenschaft und Normsetzung für die Fortentwicklung des Rechtes besonders interessieren müssen. Diese Daten liegen zumeist im Feld A 1/B 26, wenn es sich um überhaupt nicht genormte Vorgänge handelt, und bei den genormten handelt es sich vor allem um Daten nach B 12, B 13, B 26 und B 435 der Matritze.

5.3 Die Aufnahme von Rechtstatsachen

Die Rechtstatsachenforschung wird in (1, S. 307) als eine der weiteren Aufgaben genannt. Es heißt dort: „Eine Aufnahme von Rechtstatsachen oder Sozialdaten (B 26 in der Matritze) scheitert vorerst daran, daß die Wissenschaft bisher keine Abgrenzung dieses Bereiches entwickelt hat". Es gilt zu sehen, daß es nicht um die Abgrenzung von Bereichen geht. Es geht um die Bereitstellung von Daten in den Bereichen, in denen sie anfallen. Der von *Uhlig* (10) gezeigte Datenkatalog macht das deutlich.

Der, der die Daten setzt, muß sie verfügbar machen und aktuell halten. Andere können das nicht, weder quantitativ noch qualitativ. Deshalb hat der Staat das Recht zu dokumentieren, die Wirtschaft ihre technischen Daten, die Medizin die ihren usw. Das Teilsystem Sozialrechtsdokumentation (3) enthält heute bereits eine „Faktor-Datei Krankheiten". Das zeigt nur, daß sie unentbehrlich ist. Ebenso unentbehrlich wäre aber dort bereits jetzt eine Anzahl von technischen Dateien, um auf die Ursachen von Berufskrankheiten durchgreifen zu können. Die gleichen technischen Dateien würden aber auch Viele in Staat und Wirtschaft für viele andere Zwecke als den der Rechtsprechung gleichermaßen benötigen (18). Ein JURIS, das die beabsichtigten und auch notwendigen Zwekke erfüllen soll, kann aus der Kraft der Justiz allein nicht entstehen. Das ist eine bittere, manche vermutlich verbitternde, Tatsache, um die man sich nicht herumdrücken kann.

Damit sollen die Arbeiten an JURIS keineswegs entmutigt werden. Sie sollen damit vor Resignation oder vor unüberwindlichen Schwierigkeiten bewahrt werden. Einige Vorschläge werden im Abschnitt 6.3 für Zwischenlösungen gemacht. Solange auch in den anderen Bereichen und bei dem neuen Förderprogramm Information und Dokumentation weiter in Fachbereichen gedacht wird, ist die Aussicht gering, zu Datenbankensystemen zu kommen, die strukturgerecht konzipiert, nach Datensetzung in Obhut gegeben, jedem erlauben, für die Informationserarbeitung die Daten „peripherer" Gebiete zu den seinen herüber zu holen.

6. Die Vorgehensweise bei der Errichtung des Juristischen Informations-Systems

6.1 Bisherige Ansätze

Die Berichterstatter haben sich gründlich bei bereits betriebenen oder in der Testphase befindlichen Juristischen Informations-Systemen umgesehen. Neun der Studierten werden nach bestimmten Kriterien abgehandelt (1, Anhang K). Die Schlußfolgerung lautet (1, S. 313): „Der Stand der automatisierten Rechtsdokumentation in Kontinental-Europa zeichnet sich durch eine Vielfalt an Experimenten und Plänen aus. Im anglo-amerikanischen Bereich liegt der Schwerpunkt in den USA."

Sie suchen die Gründe für die bisher unbefriedigenden Ergebnisse in einem isolationistischen Ansatz aus der Überbewertung „des methodischen Aspektes der Retrieval-Technik" (1, S. 190). Hiermit verbinden sie zwei Gründe, die auseinander zu halten sind. Der isolationistische Ansatz kommt aus dem Fachbereichs-Denken. Je nach Standort führt das zu „Ausschnitts-Systemen" nach „Rechtsgebieten", „Benutzergruppen" oder gar nur nach Art der Quellen. Auch

JURIS wäre tatsächlich als Ganzes noch isolationistisch (Abschnitte 3, 5.1 und 5.3), würde es auf die „Jurisprudenz" beschränkt. Dies ahnen die Berichterstatter (1, S. 90): „Die 'externen Faktoren' sind noch nicht hinreichend analysiert". Die zweckmäßige Retrievaltechnik läßt sich nur finden, nachdem zuvor die Komplexität und Varietät der Daten und Informationen aufgedeckt wurde. Ihre „methodischen" Aspekte können daher niemals die Struktur der Datenbasis und die Datenwahl bestimmen.

Von zwei aus gewerblicher Initiative entsprungenen Juristischen Informations-Systemen untersuchte der Bericht (1) JURADAT. Diese Bemühungen mußten inzwischen eingestellt werden. Was der Käufer des Datenmaterials damit nun machen wird, ist nicht bekannt. Seit drei Jahren wird von DATEV (20) eine Steuerrechtsdokumentation angekündigt. Sie wird jetzt auskunftsbereit gemeldet. 10.000 Dokumente seien bereits gespeichert. Die lange Frist zeigt, daß DATEV die großen Erfahrungen als Dienstleistungsbetrieb für Informationen für die Verwaltung, nicht so ohne weiteres auf solche für die Optimierung übertragen konnte. Nun bietet DATEV dem BMJ eine Zusammenarbeit und seine Bestände an. Das ist vernünftig. Der hohe Aufwand der bis zur Auskunftsbereitschaft, d. h. bis zu ersten Einnahmen, zu treiben ist, und die aus begrenzter Kapazität notwendig lange Frist bis dahin, gehen über die Kraft eines gewerblichen Unternehmens auch dann, wenn es aus einem zweiten Geschäftszweig gute Renditen erwirtschaftet. Bei Informations-System für die Wirtschaft (18) liegen die Verhältnisse deshalb anders, weil jeder, der dort Daten setzt, ein eigenes Interesse daran hat, sie anzudienen. Dieser Aufwand sind für ihn Werbungskosten. Die privaten Informationsdienste werden ihre Aufgabe, für bestimmte Zielgruppen Informationen vielfältigster Art zu erarbeiten, erst dann erfüllen können, wenn ihnen allgemeine Datenbasen die Sysiphus-Arbeit der Datensammlung, -aufbereitung und -bereitstellung abnehmen. Allgemeine Datenbasen benötigen solche privaten Informationsstellen, weil sie sich nicht mit Sonderwünschen befassen können. Sie müssen nur die Daten strukturgerecht bereitstellen (Abschnitte 3 und 6.6).

JURIS soll in zwei Abschnitten verwirklicht werden. Zur Zeit wird an einem Entwicklungs-System (1, Kapitel 7) gearbeitet. Im zweiten Abschnitt soll dann das Ausbau-System (1, Kapitel 8) entstehen. Über dieses wird wenig gesagt. Die Gründe werden verständlich angegeben. Die darin liegenden Gefahren werden gesehen. Die eine wird durch das klare Endziel vermieden (1, S. 63): „Grundsätzlich ist von einem umfassenden Juristischen Informations-System zu fordern, daß alles juristisch relevante Material vollständig zugänglich gemacht wird. Diese Forderung ergibt sich zwangsläufig aus der für ein umfassendes System vorzunehmenden Summierung sämtlicher einschlägigen Informationswünsche". Viele der dann genannten Randbedingungen werden dann nicht zu zweckunverträglichen Kompromissen führen, wenn erkannt wird, daß sämtliche einschlägigen Informationswünsche ein insgesamt zwar großes, aber sehr konstantes Datenbedürfnis beinhalten. Die Matritze soll gerade das deutlich machen. Der Gefahr, daß frühzeitig Weichen derart eingebaut werden, daß daraus später kein gemeinsamer „Rangierbahnhof" entstehen kann, soll wie folgt begegnet werden (3): „Da der Aufbau der Sozialrechtsdokumentation im Rahmen des Entwicklungs-Systems (erste Stufe) für die Errichtung des JURIS geschieht und der Systementscheid erst zu einem späteren Zeitpunkt erfolgt, muß eine neutrale Datenbasis erstellt werden. Die Daten müssen so aufbereitet werden, daß sie von jedem Informations-Retrieval-System verarbeitet werden können." Ein Blick auf bisher vorgelegte Datenerfassungskataloge und die Textkonzeption (1 und 4) läßt diese Aussage weniger beruhigend erscheinen.

Es ist gut, daß statt mit einem (1) Rechtsgebiet, nun doch mit dreien begonnen wird – Verfassungs-, Sozial- und Steuerrecht – je mit einer Testdatenbasis. So wird sich die Berechtigung der in den Abschnitten 2.1 und 2.5 vorgetragenen Ansichten schneller erweisen lassen. Es sollten aber in das Entwicklungs-System auch Bemühungen außerhalb von JURIS sofort einbezogen werden. Für Referenten-Entwürfe entsteht ein Steuerungs-System beim Bundeskanzleramt und ein anderes für den Gesetzgebungsgang im Deutschen Bundestag. Das sind zwar Informations-Systeme für die Verwaltung. Sie benötigen aber als Kommunikations-Daten gleichartige qualitative Daten, wie sie auch in JURIS erfaßt werden müssen. Es ließe sich daher Doppelarbeit und spätere Inkompatibilität vermeiden. Gleiches gilt für Projekte, in denen Rechtsinformations-Systeme stecken. So ist beispielsweise in dem Umweltplanungs-Informations-System, das in der Zuständigkeit des BMI liegt, ein „SUB-System" Umweltrecht vorgesehen.

Ein grundsätzlich anderes Vorgehen ist wohl zur Zeit nicht möglich. Das vom Verfasser vorgetragene Konzept ist zu neuartig, als daß seine Gültigkeit ohne „Beweise" Anerkennung finden könnte. Sie können nur aus praktischen Erfahrungen kommen. Die folgenden Ausführungen sind der Versuch, in das jetzige Vorgehen Gedanken einzuspeisen, mit denen sich einige offene Fragen früher beantworten ließen und die helfen können, das Vorgehen so zu variieren, daß die Entscheidung für ein Endkonzept nicht nur offen bleibt, sondern bereits mehr Vorarbeiten dafür in die erste Stufe vorgezogen werden.

6.2 Schrittweises Vorgehen bei der Dokumentation

Die Dokumentation soll beim Aufbau der Datenbasis Priorität haben (1, S. 63). Damit wird die dritte Ausbaustufe nach Abschnitt 2.4 angesprochen, ohne die die weiteren zwei Stufen, soweit sie überhaupt benötigt werden, nicht entstehen können. Rechtsprechung, Fachliteratur, Gesetze und sonstige Normen sollen gleichzeitig dokumentiert werden. Das soll in Etappen, mit einigen „geschlossenen" Rechtsgebieten beginnend, geschehen. Aus dem hier vertretenen Konzept empfiehlt sich ein andersartig schrittweises Vorgehen.

Es sollte das gesamte Gesetzeswerk zunächst archiviert werden. Das empfiehlt sich aus zwei Gründen. In keinem anderen Wissensgebiet sind die Arbeiten für die 1. und 2. Ausbaustufe so zügig abwickelbar wie im Recht. Die hier benötigten Kommunikations-Daten sind als Namen der Norm, als Paragraphen- und Absatzbezeichnungen bereits vorhanden. Zuzuordnende Tatbestände sind mittels dieser Kommunikations-Daten bereits im Text verbal verknüpft. Bei dieser Arbeit passieren mit Sicherheit 100% der Termini des formellen Rechtes und je nach Rechtsgebiet 80–95% des materiellen Rechts einschließlich der

Rechtstatsachen – zumindest nach ihrem Wesen – Revue. Sie sind in Kataloge herauszuziehen und durch die Kommunikations-Daten kann dort ihr Vorkommen kenntlich gemacht werden. Damit ist die Forderung zu erfüllen (12), daß mit dem Ordnen erst begonnen werden darf, wenn so vollständig gesammelt wurde, daß der Überblick über das Datenklima gewährleistet ist. Wer die Thesaurusentwicklung vorher konzipiert, kann weder die gewünschte Qualität in der Zeit noch die Dauerhaftigkeit der Lösung erreichen, die unerläßlich ist.

6.3 Daten-Wahl, Daten-Zuordnung und Auswahl der Suchbegriffe

Bis auf einen kleinen Rest werden die so katalogisierten Termini auf Faktoren des gesellschaftlichen Systems verteilt werden können. Dieser wird aus Daten bestehen, die in der Matritze unter B 43 erscheinen. Mit der Zuweisung an Faktor-Dateien wird die Komplexität und zugleich die Varietät des Systems sichtbar. Damit lassen sich die Faktoren erkennen, die von anderen Bereichen zu betreuen sind, weil deren Daten dort gesetzt werden. Zum Teil werden in den Bereichen bereits mit staatlicher Hilfe Dokumentations-Stellen betrieben oder nach dem Förderprogramm geplant. Der Staat sollte sich nicht zieren, die Mittel danach zu dosieren, ob diese Bereiche bereit sind, sich zu verzahnen oder ob sie nur das Geld nehmen, um dann in eine splendid isolation zu gehen (18).

Bei der Zuweisung werden sich die im Recht ohnehin selteneren Synonyma und Hononyma bereinigen lassen. Für den Suchenden sollte jeder Terminus benutzbar bleiben. Intern sind über Compiler die Synonyma auf einen Begriff hinzuführen. Hononyma brauchen nur dann aufgespalten zu werden, wenn sich der unterschiedliche Sinn nicht dadurch verdeutlicht, daß ohnehin andere Suchbegriffe hinzutreten werden. Mit einem einzigen Merkmalsbegriff greift ohnehin niemand zu. Das ist nur bei merkmalslosen Kommunikationsdaten der Fall, bei denen es weder Synonyma noch Hononyma gibt.

Zu den hier einschlägigen Fragen ist einiges gesagt worden, dem entgegnet werden muß. Zu viele Suchbegriffe können nur dann das Auffinden erschweren (3, S. 40), wenn wie bisher unter vielen, aber keineswegs allen Suchaspekten, komplexe Suchbegriffe festgelegt wurden (11). *Uhlig* erwartet größere Klarheit aus der Gegenüberstellung einer Daten-Funktions-Ist-Analyse mit einem Daten-Funktions-Soll-Konzept (10, S. 31). Was er zunächst dabei zu finden hofft, zeigt bereits die Matritze. Diese Erkenntnisse sind aber erst Voraussetzung für die Anwendung der Regeln der Datenwahl, die nach (12) nach Daten-Art, Daten-Nutzen und Daten-Rang vorzunehmen ist. Danach erst kann die Entscheidung im einzelnen gefällt werden, welche der benötigten Daten als Suchbegriffe zu führen sind und welche nur als Text an der aufgefundenen Stelle zur Kenntnis gebracht zu werden brauchen.

In der Sonder-Datei „Normen“ werden die Kommunikations-Daten der Normen durchweg als Suchbegriffe gebraucht. Zur weiteren Erschließung stehen die Namen der Elemente der in dem Tatbestand einander zugeordneten Faktoren zur Verfügung. Weitere Merkmale werden nur selten als Suchbegriffe gebraucht werden, weil sie in den Faktor-Dateien erfaßt sind. Dort können sie nachgesehen werden oder von dort kann auf den Tatbestand der Sonderdatei zugegriffen werden. Die Namen der Elemente und ihre wesentlichen Eigenschaften sind die Suchbegriffe in den Faktor-Dateien. Die Frage wesentlich oder weniger wesentlich ist nach ökonomischen Gesichtspunkten zu entscheiden. Es wird sich durch die Vielzahl der Zuordnungen zeigen, daß einige Merkmale nur von wenigen Interessenten benötigt werden. Diese sollten in Hilfs-Dateien zu Suchbegriffen gemacht werden, in denen die Suchbegriffe der Stamm-Datei nur durch deren Speicherplatznummer repräsentiert zu werden brauchen. Die Notwendigkeit zu gleicher Technik kann sich – vor allem im Bereich der Verwaltungs-Anordnungen – dann ergeben, wenn einige Daten mehr oder weniger vertraulich sind (19).

Aus den in Abschnitt 3 genannten Gründen ist dringend davor zu warnen, die Datenwahl und die Verteilung auf Suchbegriffe und Text statt nach objektiven Maßstäben nach statistischen Häufigkeiten zu entscheiden (1, S. 190 und 459). Die heutigen Zugriffs-Häufigkeiten werden sich entscheidend durch die neue Qualität des Systems und den Lernprozeß der Benutzer verändern.

6.4 Die Dokumentation von Judikatur und Literatur

In ihrem semantischen Gehalt unterscheiden sie sich nur selten von dem des Normenwerkes. Es sind lediglich einige neue Merkmalsdaten aus den Bereichen B 1, B 26 und B 43 der Matritze dann zu erwarten, wenn rechtliche Fragen unter gesellschaftspolitischen oder wirtschaftlichen Aspekten erörtert werden.

Ein wesentlicher Zuwachs an der Identifizierung dienenden Kommunikations-Daten ist durch das Hinzutreten von Beteiligten aller Art zu erwarten. Gerichtsinstanzen und Spruchkörper, Prozeßparteien, Verlage und Autoren usw. sind zu kennzeichnen. Hier sollte jede Möglichkeit genutzt werden, Kennzeichnungs-Systeme zu verwenden, die entweder schon bestehen oder die in Kürze entstehen werden, wie das Kennzeichen für Personen und Gruppen, ISBN-Nummern oder andere aus dem Verlagswesen usw. Diese „essentiellen Nebensächlichkeiten" sollten schnell geklärt werden. Manche Vorarbeit ist in (1, 3 und 4) schon geleistet worden.

Der Unterschied zwischen diesen Quellen und dem Normenwerk ist lediglich ein syntaktischer, der gelegentlich auch von pragmatischen Gesichtspunkten beeinflußt ist. Die für die Auflösung dieser unterschiedlich komplexen Tatbestände notwendigen Suchbegriffe, wie auch die zu ihrer Einbettung in die Datenbasis notwendigen Kommunikationsdaten der Normen, lägen bereits vor. Es ist deshalb nun auch nicht mehr von entscheidender Wichtigkeit, ob alle Rechtsgebiete gleich oder nacheinander in das fertige Haus einziehen.

Dieses Vorgehen erleichtert auch die Entscheidung, welche Quellen aufgenommen werden sollen (1, S. 63). Sicherlich nicht alle, aber sicherlich alle, die primäre Information liefern, die nicht mit bereits gespeicherter gleich ist. Ist sie ungleich, wird sie neben der alten Information zu speichern sein, wenn sie den Charakter einer „dissenting opinion" hat, die alte wird zu löschen sein, wenn eine Fortentwicklung des Rechtes de lege oder de facto vorliegt. Daraus ergibt sich, daß die Entscheidung nicht danach fallen darf, welches Prestige eine Quelle beansprucht. Dieser notwendige Abgleich mit dem Bestand wird durch strukturgerechte Datenorganisation erleichtert, wenn nicht gar erst mit vertretbarem Aufwand möglich. Varianten müssen durch einzelne Termini und nicht nur durch Textanalyse erkennbar sein. Diese Termini stehen in den Faktor-Dateien zur Verfügung. Bisher sind sie in Sachverhalten und/oder komplexen Suchbegriffen versteckt.

6.5 Rationalisierung der Rechtsanwendung

In diesem Beitrag können nur die Bezüge kurz angesprochen werden, die zwischen JURIS und Informations-Systemen im öffentlichen Bereich über das Justizwesen hinaus und im privaten Bereich bestehen.

Weil die EDVA allenthalben zunächst für Massenarbeiten eingesetzt wurde, und dies jeweils für die Zwecke einer einzelnen organisatorischen Einheit, wurden Kommunikations- aber auch Merkmals-Daten jeweils nach gusto ausgewählt und codiert. Je nach den Zielsetzungen hatten Rechtsdaten dabei einen unterschiedlichen Charakter.

Gehen sie als Konstante ein, wie beispielsweise im Gerichtskostenwesen oder in der Lohn- und Gehaltsabrechnung, dann sind nur die Kommunikationsdaten für den Austausch zwischen den Systemen von Interesse. Ein Beispiel erläutert *Ludwig* (21).

Überall da aber, wo die Vorschriften einen Ermessensspielraum gewähren, muß der verwaltenden Tätigkeit eine Optimierung vorausgehen. Dann werden die Merkmalsdaten aus dem Rechtsbereich interessant.

In beiden Fällen werden Informations-Systeme der vierten Ausbaustufe nach Abschnitt 2.4 benötigt. Mit der zweiten Ausbaustufe kommen alle Systeme aus, bei denen es nur um Planung und Steuerung von verwaltenden Tätigkeiten geht. Zwei Beispiele aus Regierung und Deutschem Bundestag wurden in Abschnitt 6.1 bereits erwähnt. Je größere Verwaltungseinheiten im Justizwesen entstehen werden, desto interessanter wird die EDVA für Prozeßterminierung und Personaldisposition werden. Hier werden neben den Kommunikationsdaten mehr oder weniger Merkmalsdaten zur Interpretation interessant.

6.6. Die Informationsausgabe

Die in Abschnitt 2.4 aufgezeigten Stufen der Informationsdarbietung und die in Abschnitt 2.3 genannten Typen von Informationsbedürfnissen geben nur einen Rahmen für die Beurteilung der hier anstehenden Fragen. Da Information jeweils für eine bestimmte Tätigkeit gebraucht wird, können nur die beabsichtigten Arbeitsablaufstudien (3) die konkreten Antworten erbringen (Abschnitt 2.6). Folgendes ist jedoch bereits jetzt absehbar.

JURIS darf sich nicht auf die Maßnahmen zur Anwendung der EDVA konzentrieren (1, S. 313). Auf lange Sicht spielen dafür Kostengründe keine Rolle. Der Grund liegt darin, daß je Tätigkeit und das vor allem im Hinblick auf den intellektuellen Aufwand und den semantischen Gehalt, eines der folgenden Medien zweckmäßiger ist als das andere: Handakten, Registraturen, Karteien, Formulare, Randlochkarten, Filmlochkarten, Sichtlochkarten, Reproduktionen, sei es durch Kontakt-Kopie oder durch Fernübertragung, Microfiche, Terminal-Ausdruck oder Bildschirmausgabe. Es darf auch der organisatorische Wert körperlicher Dokumente nicht übersehen werden, den sie als auslösendes Instrument in der Information für die Ausführung haben. Daten im Computer müssen „besucht" werden. Daten in Akten oder Formularen „besuchen" den Interessenten bei guter Organisation in dem Zeitpunkt, in dem er danach tätig werden soll. Der für so wichtig gehaltene Zeitfaktor (1, S. 57/58) könnte sehr oft bei ausschließlichem EDV-Einsatz eher nachteilig beeinflußt werden. Die Einsicht wächst, daß der Computer nur als Verknüpfungsmaschine unschlagbar ist, als Speicher oder/und Druckmaschine nicht nur zu teuer, sondern oft unterlegen ist. JURIS soll sich als Datenbasis und nur in geringem Umfange als Informationsdienst verstehen. In strukturgerechter Datenorganisation wird sie für jedermann nach einem von ihm ex nunc bestimmbaren „Benutzerprofil" abfragbar sein. Sie ist dann unter keinem Benutzerprofil vorprogrammiert. Ob der Benutzer selbst abfragt und sich daraus seine Information bildet, oder ob er damit andere beauftragt, sollte seine Sache sein. JURIS selbst sollte nur wenige aktive Dienste betreiben, wie z. B. Änderungsanzeigen oder andere, die sich mit der Eingabe zweckmäßig verknüpfen lassen. Berufsgruppen, Verbände oder gewerbliche Informationsdienste sollen wetteifern, um aus den Daten der Datenbasis vorfabrizierte Informationen für die vielfältigen und vielartigen Benutzergruppen herzustellen. JURIS würde von seiner eigentlichen Aufgabe abgehalten und zudem überfordert, wenn es solche Dienste selbst betreiben wollte.

Die von den Berichterstattern gesuchte „logische Struktur, d. h. ein weitgehend formales System von Begriffen, Verknüpfungsregeln und Axiomen" kann es aus den Gründen nicht geben, die in den Abschnitten 2.3 und 5.1 dargelegt sind (1, S. 307). Spezielle Informationsdienste können sich diese allenfalls bei hinreichender Homogenität ihrer Benutzergruppen als Fiktion schaffen.

Damit entfällt sicher einer der Gründe dafür, eine große Datenbasis A und eine als Extrakt gebildete kleinere B vorzusehen (1, S. 255/56). Ein weiterer entfällt mit der Einsicht, daß für bestimmte Bereiche oder Tätigkeiten auch weiterhin trotz JURIS Sonderdateien als körperliche Dokumentation benötigt werden, und JURIS gar nicht oder nur als Findex und Querverweisung für und zu peripheren Daten gebraucht werden wird. Sollte diese Datenbasis B geplant sein, um die Zugriffswege zu verkürzen, dann haben dabei sicherlich die bisherigen Erfahrungen mit komplexer Dokumentation Pate gestanden. Die Gründe entfallen mit strukturgerechter Datenorganisation. Übrig bliebe dann nicht nur kostspielige Mehrfachspeicherung. Entscheidend ist der Aufwand für den Änderungsdienst, der sich daraus ergibt. Die Zugriffswege verlängern sich heute nur noch theoretisch durch lineare Varietät, weil die Geschwindigkeiten sich potenziert haben. Die Zugriffsgeschwindigkeit wird entscheidender durch die laterale Varietät bestimmt und noch deshalb längere Zeit bestimmt bleiben, weil die Verknüpfungen Zeit brauchen und vermutlich faktisch in der Zahl auch heute noch beschränkt sind. Alle Retrievalsysteme demonstrieren ihre Tüchtigkeit heute noch an einem Bestand von 10 000 selten 30 000 Dokumenten, im letzteren Falle sehr homogener Natur. Niemand beantwortet zur Zeit die Frage, wo die quantitativen Grenzen für die Verknüpfungen liegen. Da sich ein erheblicher Teil der Zugriffsbedürfnisse auf Elemente bestimmter Faktoren und nur der andere Teil auf Sachverhalte richtet, wird die Zahl der unerläßlichen Verknüpfungen in strukturgerechter Datenorganisation einige Potenzen niedriger liegen als jetzt. Erst die vollständige Kenntnis des Datenvolumens und der linearen Varietät wird es erlauben, auch für JURIS zu entscheiden, ob die Dateien sinnvoll in Abteilungen gegliedert werden sollten, um den Zugriff weiter zu verkürzen. Wo das entscheidende Vorteile bringen könnte, wird es vermutlich zugleich zu der Überlegung führen, nur eine Hilfsdatei einzurichten. Die weitere wäre dann, ob diese nicht in die Regie von bestimmten Benutzergruppen gegeben werden sollte.

Alle diese Überlegungen zwingen zugleich zu der Warnung, sich in der Programmierung, der Hardware und den Ausgabemedien und auch der Organisationsform solange zurückzuhalten, bis die Bedürfnisse überschaubar sind. Selbstverständlich haben Tests grundsätzlichen Wert. Dafür müssen solche Entscheidungen schon jetzt – hoffentlich provisorisch – getroffen werden. Möge dieser Beitrag Anlaß geben zu prüfen, ob alle jetzt durchgeführten und geplanten Tests auch eine endlich verwertbare Aussage ergeben können. Daran zu zweifeln gibt es Anlaß.

Zusammenfassung

Es waren Erkenntnisse, Methoden und Theorien, die in einem anderen Wissensbereich ihre Gültigkeit erwiesen hatten, darauf zu prüfen, ob sie für JURIS nutzbar gemacht werden können. Das ist der Fall. Der Grund ist darin zu suchen, daß es sich beim Recht oder bei der Jurisprudenz nicht um ein eigenes System handelt, sondern daß sie im System der Gesellschaft eine Reglerfunkion haben, d. h. eine Aufgabe.

Informationssysteme müssen das System widerzuspiegeln gestatten, dem sie dienen sollen. Information und Tätigkeit sind deckungsgleich zu organisierende Einheiten Die in ihnen zugeordneten Daten sind aber dennoch ebensowenig typisch für eine Tätigkeit, wie eine Tätigkeit nicht typisch für eine Aufgabe und eine Aufgabe nicht typisch für ein Ziel ist. Daraus wird gefolgert, daß die Datenbasis von der Informationserarbeitung und -verwendung getrennt zu organisieren ist. Die Datenbasis muß mit dem System der Realität deckungsgleich strukturiert sein. Die Informationserarbeitung und Ausgabe hat nach pragmatischen Bedürfnissen zu erfolgen. Da diese einem ständigen Wandel in Syntax und Semantik unterworfen sind, dürfen pragmatische Bezüge nicht starr vorprogrammiert werden. Aus dem Konzept strukturgerechter Datenorganisation ergeben sich Wünsche auf Änderung der jetzigen Planung für JURIS. Sie laufen auf eine Abwandlung der Prioritäten nach vorne und nach hinten hinaus.

A

WAS wissen?

Information im Recht

WER muß

B

			1 Wirklichkeit (Zustand, Vorgang, Sachverhalt)								
			Personen-Daten			Sachmittel-Daten			Natürlicher Vorgang		Zeit und Ort
			11			12			13		
			Identifizierung	wesentliche Eigenschaften	Beschreibung der Handlung	Sachbeschreibung	Funktionsmerkmale	personelle Zuordnung	Wesens-Beschreibung	personelle Zuordnung	
			111	112	113	121	122	123	131	132	14
1 Rechts-Diskussion und Bericht-erstattung	11	Wissenschaft		ED	K ED	K ED	ED	D	D	D	
	12	Lehre		ED	K ED	K ED	ED	D	D	D	
	13	gesellschaftliche Gruppen		ED	K ED	K ED	ED	D	D	D	D
	14	Fachpresse		ED	K ED	K ED	ED	D	D	D	D
	15	Massenmedien	K	D	D	D	D	D	D	D	D
2 Norm-setzung	21	originäre, BVerfG und Legislative		ED	ED	K ED	ED	ED	ED	ED	E
	22	delegierte, Executive		D	D	KD	D	D	ED	D	D
	23	conzedierte, gesellschaftl. Gruppen		D	D	KD	D	D	ED	D	D
3 Rechts-handlungen	31	hoheitliche, Executive	K	D	D	KD	D	KD	D	KD	D
	32	constitutive, Notare u. A.	K	D	D	KD	D	KD	D	KD	D
	33	gesellschaftl. Organisationen		D	D	KD	D	KD	D	KD	D
	34	Individuen und deren Berater		ED	D	D	D	D	D	D	ED
	35	Vertragsparteien und deren Berater	K	D	D	KD	D	KD	D	D	ED
4 Rechts-findung	41	Gericht (Richter o. Spruchkörper)	K	D	D	KD	D	KD	D	KD	ED
	42	Justizverwaltung	K			K RD		K		K	
	43	Prozeßparteien	K	D	D	K RD	D	KD	D	KD	D
	44	öffentlicher Ankläger	K	D	D	K RD	D	KD	D	KD	D
	45	Parteivertreter	K	D	D	K RD	D	KD	D	KD	D
	46	Zeugen	K	D	D	KD	D	KD	D		D
	47	Sachverständige	K	D	D	K ED	ED		ED		D

2 materielle Normen (Rechtslage)							3 formelle Normen (Möglichkeiten d. Rechtsverfolgung)									4 Rechtspraxis und Rechtswissenschaft						
																		Sinnzusammenhänge 43				
Norm(en)-sedes materiae 21	modifizierende Norm(en) 22	Geltungsbereich 23	Rechtssubjekte 24	Rechtsobjekte 25	Rechtstatsachen, persönl. soziale o. wissenschaftl. 26	transformierende Norm(en) (Rechtsfolgen) 27	Gericht (Zuständigkeit) 31	Legitimation der Beteiligten 32	Rechte der Beteiligten 33	Fristen 34	Formale Regelungen 35	Termine (Art und Zeitpunkt) 36	Kosten des Verfahrens 37	Anfechtbarkeit der Entscheidung 38	Vollstreckungshandlungen 39	Judikatur (Präzedenzfälle) 41	Fachliteratur 42	Rechtsgüter 431	Rechtsinstitute 432	Prinzipien (materiell) 433	Maxime (formell) 434	Wertvorstellungen 435
KD	KD	E	K ED	K ED	ED	KD	K ED	D	KD	D				D		KD	KD	K ED	K ED	K ED	K ED	KD
KD	KD	E	K ED	K ED	ED	KD	K ED	D	KD	D	D	D	D	D	KD	KD	KD	K ED	K ED	K ED	K ED	KD
KD	KD		K ED	K ED	ED	KD	K ED		KD	D			D	D	KD	KD	KD			D		D
KD	KD		K ED	K ED	ED	KD	K ED	D	KD	D	D	D	D	D	KD	KD	KD	K ED	K ED	K ED	K ED	D
KD	KD		KD	KD	D	D	KD		KD				D	D	KD	KD	KD			KD	KD	D
KD	KD	E	K ED	K ED	ED	KD	KD	D	KD	D	D		RD	D	KD	KD	KD	K ED	K ED	K ED	K ED	D
KD	KD		KD	KD	D	KD	KD	D	D	D	D		RD	D	KD	KD	KD	KD	KD	KD	KD	D
KD	KD		KD	KD	D	KD	KD	D	D	D	D		RD	D	KD	KD	KD	K	K	K	K	D
KD	KD	E	KD	KD	D	KD	KD		D	D	D		RD	D	KD	KD	KD		K			
KD	KD	E	KD	KD	D	KD	KD		D	D	D		RD	D	KD	KD	KD		K			
KD	KD	E	KD	KD	D	KD	KD							D	KD	KD	KD		K			D
KD	KD	E	KD	KD	D	KD				D						D	D					D
KD	KD	E	KD	KD	D	KD	KD			D						KD	KD					
KD	KD	E	KD	KD	D	KD	KE	E	D	RD	D	KD	RD	D	KD	KD	KD	K ED	K ED	K ED	K ED	D
K	K		K	K		K	K		KD	RD	D	KD	RD		K RD	RD	D				D	
KD	KD	E	KD	KD	D	KD	KD	D	KD	RD	D		RD	D	KD	KD	KD		K	KD	KD	D
KD	KD	E	KD	KD	D	KD	K	D	KD	RD	D	KD	D		K	KD	KD	ED		KD	KD	D
KD	KD	E	KD	KD	D	KD	KD	D	KD	RD	D	KD	RD	D	K	KD	KD		K	KD	KD	D
					D				D		D		D									
KD	KD		KD	KD	ED		K		D		D		RD			K ED	K ED					D

Die Kennbuchstaben in den Feldern weisen darauf hin, daß der Nutzen der von einem Datum gemacht wird, unterschiedlich sein kann. Die Kennbuchstaben bedeuten (12):

D = Direkt aussagefähiges Datum
(für den Interessenten unmittelbar verwertbar)

E = Eingrenzungsdatum
(nur mittelbare Aussage für den Interessenten. Erlaubt nur die Eingrenzung eines Feldes der Alternativen, die er zwecks Optimierung prüfen will.)

R = Rechendatum
(keine unmittelbare Aussage für den Interessenten, sondern Wert für eine Berechnung, deren Ergebnis das eigentlich benötigte Datum ist.)

K = Kommunikationsdatum
(als Verständigungsmittel in der Kommunikation zwischen verschiedenen Funktionsträgern benutzt.)

Die Gliederung nach Aufgabenträgern weicht von der in (2) benutzten und von der in (5) erwogenen sehr ab (s. Abschnitt 3). Die Verteilung der Eintragungen zeigt deulich, daß gleichartige Tätigkeiten – und sie allein bestimmen das Datenbedürfnis – in den nach unserer Auffassung unterschiedlichsten Aufgabenbereichen und Teilystemen vorkommen.

Hier ist drei Herren für die kritische Durchsicht des ersten Entwurfs dieser Matritze zu danken, woraus ich wertvolle Anregungen erhielt: Bibliotheksdirektor *Dr. Waldner* und Regierungsdirektor *Dr. Uhlig* vom Bundesministerium der Justiz und Amtsrat *Schaeffer* in der Dokumentationszentrale des Bundesverwaltungsgerichts.

1 Projektgruppe BMJ/GMD/C-E-I-R: Das Juristische Informationssystem – Analyse, Planung, Vorschläge. Hrsg.: Bundesministerium der Justiz, Januar 1972, Bonn.

2a Projektgruppe BMJ, GMD, INFRATEST: Informationsverhalten und Informationsbedarf von Juristen. 1974, Berlin, J. Schweitzer Verlag.

2b *Seidel, U.:* Ergebnisse und Perspektiven juristischer Benutzerforschung unter besonderer Berücksichtigung der Verwaltungsjuristen. ÖVD 11/73, S. 50.

3 Projektgruppe BMJ/BMA/BSG: Handbuch der Sozialrechtsdokumentation (HSD) – Teilprojekt im Juristischen Informationssystem JURIS. Bonn 1973. 11. Loseblatt.

4 BMJ: JURIS – Textkonzeption des Entwicklungssystems. Unveröffentl. Manuskipt, 30. 10. 1973.

5 *Uhlig, S.:* Zur Problematik einer Sachgebietsgliederung für juristisch relevante Dokumente. Mittlg. der Arbeitsgemeinschaft für juristisches Bibliotheks- und Dokumentationswesen (AjBD), 1973, Nr. 2, April 1973, S. 37–63.

6 *Fiedler, H.:* Forschungsaufgaben der juristischen Informatik. Münchener Ringvorlesung. Bd. 6 der Schriftenreihe EDV und Recht. 1973, Berlin, J. Schweitzer Verlag.

7 *Haft, F.:* Elektronische Datenverarbeitung im Recht. 1973, Berlin, J. Schweitzer Verlag.

8 Verschiedene: Vorträge auf dem Münchener Kongreß vom 22.–24. Mai 1973 „Elektronische Datenverarbeitung und das Recht". Veranstalter Verlegervereinigung Rechtsinformatik e.V. Beilage Techn. Wiss. Blätter der Süddeutschen Zeitung 15 (1973), 22. Ausg. vom 24. Mai 1973.

9 *Schumacher, D.*: Systemforschung als Nicht-Disziplin. Eine Untersuchung über die Systemforschung in der BRD. FAZ vom 13. 2. 1974.

10 *Uhlig, S.*: Juristische Benutzerforschung – Zur Problematik der Analyse des Entscheidungsverhaltens der Juristen. Vortragsmanuskript vom 11. Oktober 1973. Vorgetragen auf dem Wiener Symposium für Rechtsinformatik 1973.

11 *Zimmermann, D.*: Gleiche Schwierigkeiten aus gleichen Ursachen in der Dokumentation und bei dynamischen Informations-Systemen. DFW, 21 (1972/73, Heft 3, S. 87–92.

12 *Zimmermann, D.*: Strukturgerechte Datenorganisation. Band 10 der Schriftenreihe Wirtschaftsführung, Kybernetik, Datenverarbeitung. Hrsg. Prof. Dr. *P. Lindemann* und Dr. *K. Nagel.* 1971, Neuwied, Hermann Luchterhand Verlag.

13 *Wenke, E./Gerry, O.*: Rezension des Buches von G. *Wersig* „Information – Kommunikation – Dokumentation" in ZfBB, XX (1973), Heft 5, S. 366–369.

14 *Adam, A.*: Informationstheorie in Handwörterbuch der Organisation. Hrsg.: Prof. Dr. *E. Grochla*, 1969, Stuttgart, C. E. Poeschel Verlag.

15 *Gebhardt, F./Genrich, H. J./Richter, G.*: Kritik an einer Typologie von Daten- und Informations-Systemen (*G. Wersig*). ÖVD 11/73, S. 524/525.

16 DNA/FNA Klassifikation: DK 34 Rechtswissenschaft. Deutscher Normenausschuß, Berlin.

17 *Jerusalem, Franz W.*: Kritik der Rechtswissenschaft, 1948, Frankfurt, Verlag J. Knecht.

18 *Zimmermann, D.*: Gemeinsame Datenbanken für die Verwaltung und für die Wirtschaft. ÖVD 3/73, S. 130–140.

19 *Zimmermann, D.*: Von der Diskussion um den Datenschutz zum Datenschutz durch Datenwahl und Organisation. ÖVD, 4/74.

20 *Sch.*: Die Steuerrechtsdokumentation der DATEV ist jetzt einsatzfähig. FAZ Nr. 93 v. 22. April 1974, S. 15.

21 *Ludwig, Werner:* Die Organisation der automatisierten Rechtsanwendung bei den Steuerverwaltungen der Länder. ÖVD 3/72, S. 95–103.

Maria Schlagböhmer

Das automatisierte juristische Informationssystem des Kassationsgerichtshofes in Rom „Italgiure".

Übersicht

1. Geschichtliche Entwicklung
2. Aufgaben
   2.1 Dokumentation
   2.2 Weitere Aufgaben des Zentrums
      2.2.1 Hilfe für spezielle Aufgaben des Kassationsgerichtshofs
      2.2.2 Hilfe für spezielle Aufgaben des Justizministeriums
      2.2.3 Hilfe des Zentrums bei Wahlen
3. Stand der Dokumentationsarbeit Ende 1973
4. Organisation
5. Terminal-Netz für die Benutzer
6. Benutzer
   6.1 Benutzerforschung
   6.2 Benutzerschulung
7. Die automatisierte Leitsatzdokumentation
   7.1 Der Thesaurus
      7.1.1 Die Samenwörter des Thesaurus
      7.1.2 Die akzeptierten Wörter des
      7.1.3 Funktion des Thesaurus
   7.2 Mittel zur Begrenzung der Ausgabe von Dokumenten bei Suchanfragen mit Samenwörtern und akzeptierten Wörtern des Thesaurus
   7.3 Darlegung des automatisierten Verfahrens der Leitsatzdokumentation
8. Die automatisierte Dokumentation bibliographischer Angaben und verfassungsgerichtlicher Entscheidungen und Verfahren
9. Ergebnisse
Anhang A
Zusammenfassung
Summary

1 Geschichtliche Entwicklung

Im Jahre 1924 wurden die Kassationsgerichte in Rom zu einem Kassationsgerichtshof zusammengefaßt. Damals wurde das Leitsatzbüro (Ufficio del Massimario) als Dienststelle des Kassationsgerichtshofes eingerichtet.[1] Es hat seit seiner Gründung die Aufgabe, die Leitsätze für Urteile des Kassationgerichtshofes zu verfassen und zu sammeln. Etwa 90% der Entscheidungen des Kassationsgerichtshofes aus dem Zivilrecht, zu dem in Italien auch das Arbeitsrecht gehört und 10% der strafrechtlichen Entscheidungen des Kassationsgerichtshofes werden vom Leitsatzbüro mit Leitsätzen versehen.[2] Der Prozentsatz ist im Strafrecht geringer, weil dort in größerem Umfang als im Zivilrecht Tatfragen eine Rolle spielen. Das Leitsatzbüro ist mit mehr als 20 Richtern besetzt, die überwiegend im Range von Richtern an Oberlandesgerichten und Landgerichten stehen.[3] Auf die jeweilige Rechtsmaterie spezialisierte Richter analysieren die

---

[1] *Laporta* u. a., Corte Suprema di Cassazione, Ufficio del Massimario, Sistema „Italgiure di ricerca della giurisprudenza, Volume Primo, Teoria e metodi della ricerca, Stamperia Nazionale di Roma, 1972, S. 25, zu seiner jetzigen Struktur S. 26 FN 4.

[2] *Berger*, Die automatisierte Leitsatz-Dokumentation am italienischen Kassationsgerichtshof in Rom, Juristische Arbeitsblätter 1971 S. 407 FN 10.

[3] *di Federico*, La Corte di Cassazione, Bari 1969, S. 44.

Entscheidungen des Kassationsgerichtshofes und geben in einem Satz oder in mehreren, insgesamt ca. 100 Wörter langen Sätzen den die Entscheidung tragenden Rechtssatz in abstrakter Form wieder, seit 1962 häufig mit einem Hinweis auf den jeweiligen Tatbestand.[4] Den Leitsätzen werden Schlagwörter (sog. titoletti) vorangestellt, nach denen die Einordnung der Leitsätze in eine manuell geführte Kartei erfolgt.[5]

Das Leitsatzbüro hat außerdem die Aufgabe, in anhängigen Kassationsverfahren die einschlägigen Leitsätze aus der Leitsatzkartei zu ermitteln und sie mit einem kurzen Bericht über den Streitgegenstand und Verfahrensstand – jedoch ohne einen Entscheidungsvorschlag – den Akten beizufügen. Dies geschieht in der Regel durch den Sachbearbeiter, der später den Leitsatz der Entscheidung verfaßt.[6] Mit Hilfe des Leitsatzbüros soll die Einheitlichkeit der Rechtsprechung des Kassationsgerichtshofes gewährleistet werden. Etwaige divergierende Entscheidungen einzelner Senate des Kassationsgerichtshofes hat das Leitsatzbüro dem Präsidenten des Kassationsgerichtshofes mitzuteilen.

Die Leitsätze des Kassationsgerichtshofes haben in der italienischen Rechtspraxis eine große Bedeutung. Sie allein werden in einer amtlichen Leitsatzsammlung veröffentlicht. Die Entscheidungen des Kassationsgerichtshofes selbst werden nur nichtamtlich veröffentlicht, zivilrechtliche Entscheidungen zu etwa 50%, strafrechtliche Entscheidungen zu etwa 15%.

Die Dokumentationsmethode, wonach die Leitsätze gemäß den ihnen vorangestellten Schlagwörtern (titoletti) in eine manuell geführte Kartei eingeordnet werden, erwies sich mit der wachsenden Zahl der Leitsätze, die bereits 1972 auf ca. 300 000 im Zivilrecht und ca. 100 000 im Strafrecht gestiegen ist, als unzulänglich.[7] Zur Sicherung der Funktionsfähigkeit des Leitsatzbüros, die mit der wachsenden Zahl der Leitsätze gefährdet ist, interessierte man sich schon früh für eine Automatisierung der Leitsatzdokumentation. Mit den ersten Vorarbeiten begann man etwa 1967.[8] Man verfolgte das Ziel, mit Hilfe der elektronischen Datenverarbeitung die Leitsätze nicht nur nach den ihnen vorangestellten Schlagwörtern aufzufinden, sondern auch den Wortlaut der Leitsätze selbst für die Suche zu nutzen. Vier Juristen erstellten in vier Jahren einen Thesaurus. Auf eine Ausschreibung stellte die Fa. UNIVAC unentgeltlich Fachkräfte zur Verfügung, die zahlreiche Programme für das System des Kassationsgerichtshofes entwickelten. Im Jahre 1969 wurden die ersten Experimente mit dem System gemacht.[9]

Im Jahre 1970 wurde das EDV-Dokumentationszentrum beim Leitsatzbüro ge-

---

[4] *Berger*, a.a.O. S. 407.

[5] Am Kassationsgerichtshof sind die Schlagwörter teilweise einem hierarchischen Klassifikationsschema entnommen, im übrigen frei zugeteilt, um die Besonderheiten des Rechtsproblems zu beschreiben, vgl. Teoria e metodi della ricerca (FN 1) S. 43, 135 ff.

[6] *di Federico* a.a.O. S. 140 ff.

[7] Teoria e metodi della ricerca (FN 1) S. 3.

[8] Teoria e metodi della ricerca (FN 1) S. 4.

[9] Hektographierter Vortrag von *Novelli*, Magistrato dirigente del Centro elettronico, Esposizione del compiti del Centro elettronico – organizzazione – stato attuale delle realizzazioni e ulteriori programmi di lavoro vom 13. November 1973.

gründet.[10] Es trägt nunmehr den Namen „Italgiure“. Mit Hilfe einer kleinen Anlage, die mit einem leistungsfähigeren Computer der Fa. UNIVAC verbunden war, wurden die Experimente fortgesetzt. Seit Oktober 1971 hat das Zentrum einen eigenen Computer UNIVAC 1106.[11] Im Februar 1973 wurde das Zentrum im Beisein des italienischen Staatspräsidenten eröffnet.

2 Aufgaben

2.1 Dokumentation

Die Aufgaben des Zentrum sind in zwei Dekreten des ersten Präsidenten des Kassationsgerichtshofes vom 24. Februar und 4. März 1972 wie folgt festgelegt:[12]

Das Zentrum sorgt für die elektronische Verarbeitung und Suche

- der vom Leitsatzbüro formulierten Leitsätze zu Entscheidungen des Kassationsgerichtshofes in Zivil- und Strafsachen.
- der Leitsätze zu solchen Entscheidungen in Zivil- und Strafsachen der Oberlandesgerichte, Landgerichte und Amtsgerichte, die von Entscheidungen des Kassationsgerichtshofes abweichen oder Rechtsfragen betreffen, die der Kassationsgerichtshof bisher nur selten oder noch gar nicht entschieden hat. Sie werden dem Zentrum von den Leitern der Terminalstationen der Bezirks-Oberlandesgerichte mitgeteilt.
- der vom Leitsatzbüro bestimmten Angaben über Verfahren betreffend die Verfassungsmäßigkeit von Gesetzen und der diesbezüglichen Entscheidungen des Verfassungsgerichts.
- der Leitsätze zu Entscheidungen des Staatsrates (des Obersten Verwaltungsgerichtes), des Rechnungshofes, der teilweise für Entscheidungen auf dem Spezialgebiet der Finanzkontrolle zuständig ist, des Obersten Militärtribunals und der Zentralen Steuerkommission. Sie werden von den bei diesen Institutionen eingerichteten oder einzurichtenden Stellen vorbereitet und dem Zentrum übermittelt.
- der Leitsätze zu Entscheidungen der regionalen Verwaltungsgerichte, welche die Leiter dieser Gerichte für dokumentationswürdig halten. Sie werden von diesen vorbereitet und dem Zentrum übermittelt.
- Entscheidungen der untergeordneten Instanzen über die Höhe von Schadenersatzansprüchen aus unerlaubter Handlung und Schmerzensgeldansprüchen, Unterhaltsansprüchen, Pensions- und Arbeitsgeldansprüchen usw., die in Formularform in das System aufgenommen werden sollen mit dem Ziel, den Juristen Zugang zu diesen Entscheidungen zu gewähren, damit in Zukunft gleiche Sachverhalte auch zu gleichen Entscheidungen führen; der vom Leitsatzbüro aufgestellten Leitsätze zu Entscheidungen des Gerichtshofes der Europäischen Gemeinschaften und des Europäischen Gerichtshofes für Men-

[10] Corte Suprema di Cassazione, Ufficio del Ruolo e del Massimario, Centro elettronico di documentazione, Notiziario per gli utenti, 2. A Edizione, Supplemento A-73, Roma, Novembre 1973, S. 2 ff.

[11] Teoria e metodi della ricerca (FN 1) S. 5.

[12] Supplemento A-73 (FN 10) S. 12 ff.

schenrechte.

- der vom Studienbüro vorbereiteten juristischen Bibliographie.
- der Normen der Europäischen Gemeinschaften, der zentralen und regionalen Normgeber in Italien und der Normgeber aus abgeleitetem Recht (normazione secondaria), die vom Studienbüro zusammengestellt werden.

Ziel des Systems ist es, grundsätzlich alle juristischen Dokumentarten zu dokumentieren, also Normen, gerichtliche Entscheidungen und rechtswissenschaftliche Werke.

2.2 Weitere Aufgaben des Zentrums

Die weiteren Aufgaben des Zentrums betreffen spezielle Aufgaben des Kassationsgerichtshofes und des Justizministeriums sowie die Hilfe bei der Ermittlung von Wahlergebnissen.[13]

2.2.1 Hilfe für spezielle Aufgaben des Kassationsgerichtshofes

Das Zentrum ermöglicht das automatische Auffinden der Präzedenzfälle für die den Revisionen vorausgehenden Berichte, die das Leitsatzbüro den Berichterstattern des Kassationsgerichtshofes liefert. Es bereitet auch diese Berichte selbst vor. Hierbei konnten Einsparungen erzielt werden; denn während früher 30 Stenotypistinnen damit beschäftigt waren, genügen heute an den Terminals 5 Bearbeiterinnen. Das Zentrum stellt ferner die Terminrollen für den Kassationsgerichtshof gemäß dem jeweiligen Streitgegenstand auf. Hierzu bedient es sich einer Arbeitsgruppe junger Richter, die die Revisionen vorläufig prüfen, den Streitgegenstand bestimmen und die Ergebnisse für die Einspeicherung vorbereiten.[14]

2.2.2 Hilfe für spezielle Aufgaben des Justizministeriums

Das Zentrum wird für das Justizministerium Angaben sammeln und auswerten, die die Rechtspflege im allgemeinen betreffen, insbesondere Angaben über das Personal, seine Verteilung auf die einzelnen Gerichte, über den Umfang der bei jedem einzelnen Gericht anfallenden Arbeiten und über den Verlauf der Prozesse bei jedem einzelnen Gericht, damit das Justizministerium schnell und wirksam dort eingreifen kann, wo sich besondere Probleme stellen. Die Angaben werden in den Terminal-Stationen der Oberlandesgerichte gesammelt und dem Zentrum übermittelt. Dasselbe gilt für Daten, die für eine Gesetzesreform sachdienlich sein können.

Die Arbeiten des Statistischen Instituts reichen für die Erledigung dieser Aufgaben des Justizministeriums nicht aus, da sie unvollständig sind und nur mit einer erheblichen zeitlichen Verzögerung zur Verfügung gestellt werden können.

2.2.3 Hilfe des Zentrums bei Wahlen

Nach italienischem Recht hat die richterliche Gewalt die Endergebnisse der Wahlen festzustellen und die Gewählten zu proklamieren. Mit Hilfe des Zentrums wurde im Jahre 1972 die Verarbeitung der Wahlergebnisse für das Wahl-

---

[13] Die folgenden Ausführungen beruhen auf dem hektographierten Vortrag von Novelli (FN 9).

[14] Vgl. auch Teoria e metodi della ricerca (FN 1) S. 257 ff.

kollegium von Latium durchgeführt. Aufgrund der dabei gewonnenen Erfahrungen wird derzeit eine ähnliche Verwendung des Zentrums für die nächsten Wahlen in ganz Italien organisiert.

Zur Vorbereitung einer Entscheidung über ein Referendum überprüfte das Zentrum 700 000 Unterschriften auf ihre Gültigkeit. Auch in Zukunft soll es bei Referenda diese Aufgabe übernehmen.

3 Stand der Dokumentationsarbeit Ende 1973

Im November 1973 waren dokumentiert[15]

- die Leitsätze der Entscheidungen des Kassationsgerichtshofes in Zivilsachen ab 1962
- die Leitsätze der Entscheidungen des Kassationsgerichtshofes in Strafsachen ab 1968
- 45 000 bibliographische Informationen, die lediglich juristische Bibliographie betreffen. Aufgenommen wurden Angaben der Titelblätter der Bücher und zwar im einzelnen ihre Verfasser, ihre Titel, ihr Gegenstand und ihre bibliographische Klassifikation, die in Form der Dezimalklassifikation seit 1887 für die Bibliographie in Italien verwandt wird. Bis zum Frühjahr 1974 sollte die Zahl der bibliographischen Informationen 150 000 erreichen.

4 Organisation

Das Zentrum ist Teil des Leitsatzbüros.[16] Innerhalb des Leitsatzbüros ist seine oberste Dienststelle das „Koordinationsbüro und die Direktion der technischen Dienste". Diese Stelle arbeitet eng mit dem Studienbüro zusammen, das ebenfalls Teil des Leitsatzbüros ist. Dem Studienbüro gehören die leitenden Richter der Dienststellen des Leitsatzbüros und andere Richter an, von denen jeder einen eigenen Aufgabenbereich hat, wie z. B. Gesetzgebung, Verfassungsrecht, Rechtsprechung usw. In Zusammenarbeit mit dem Studienbüro stellt das „Koordinationsbüro und die Direktion der technischen Dienste" die Direktiven für das Gebiet der Elektronik auf. Ein Überblick über die Organisation ergibt sich aus dem Anhang A dieses Berichts. Hiernach sind das „Koordinationsbüro und die Direktion der technischen Dienste" in folgende drei großen Abteilungen unterteilt:

- Verwaltung, Personal und Kurse
- Rechenzentrum, hier kurz Zentrum genannt
- Abteilung Mikrofilm.

Die Abteilung Mikrofilm war Ende 1973 aus finanziellen Gründen noch nicht besetzt. Sie soll es dem Zentrum ermöglichen, die gesamten Texte der Entscheidungen den Benutzern des Systems zu übersenden, sobald diese die Entscheidungen mit Hilfe der automatisierten Dokumentation der Leitsätze gefunden ha-

---

[15] Corte Suprema di Cassazione, Ufficio del Ruolo e del Massimario, Centro elettronico di documentazione, Notizario per gli utenti, Nr. 5, Roma, 5. Novembre 1973, S. 3.

[16] Die Ausführungen dieses Abschnitts beruhen auf dem hektographierten Vortrag von Novelli (FN 9).

ben. Alle öffentlichen Verwaltungen in Italien prüften die Verwendung von Mikrofilmen für ihre Aufgaben. Das Zentrum rechnete deshalb damit, daß dieses Problem bald auf einer allgemeineren Ebene gelöst werden würde.

Das Zentrum selbst ist in folgende fünf Hauptabteilungen untergliedert:

- Datenaufbereitung mit den Sektionen Verfassungsrecht, Rechtsprechung, Gesetzgebung, Terminkalender für den Kassationsgerichtshof, Bibliographie, Organisation der Rechtspflege und andere Daten. Leiter eines jeden Sektors ist ein Urkundsbeamter.
- Datenaufnahme. Sie ist in einen strafrechtlichen und in einen zivilrechtlichen Sektor untergliedert. Jeder der beiden Sektoren ist nach der Art der Datenerfassungsgeräte wieder untergliedert in Lochkartenschreiber, Magnetbandschreiber und andere Datenerassungsgeräte. Ein Sektor für den optischen Belegleser war Ende 1973 nicht in Betrieb, aber z. B. für die Ermittlung der Gültigkeit der beim Referendum abgegebenen Stimmen und bei Datenaufnahmen größeren Umfangs benutzt worden.
- Datenkorrektur. In dieser Abteilung werden die Daten maschinell mit Hilfe von Programmen und intellektuell-manuell korrigiert. Die vorhandenen Programme reichen allein zur Datenkorrektur nicht aus. Teilweise werden die Korrekturen unmittelbar vom Terminal aus durchgeführt.
- Elektronische Datenverarbeitung mit den beiden Sektoren Systemanalyse und Programmierung einerseits sowie Maschinensaal andererseits. In dem erstgenannten Sektor waren Ende 1973 ca. 12 Programmierer des Kassationsgerichtshofs und ca. 5 Akademiker der Fa. UNIVAC tätig. Außerdem hat die Fa. UNIVAC bei dem Zentrum ihre Kräfte für das Gebiet des Information-Retrieval untergebracht, die sich erforderlichenfalls mit den speziellen Problemen des Zentrums befassen und ferner die Aufgabe haben, das Personal des Kassationsgerichtshofs einzuarbeiten. Im Maschinensaal arbeiten zwei Kanzleibeamte als Leiter sowie mehrere Operatoren, die aus den Schreibkräften ausgewählt wurden.
- Terminals. Diese Abteilung ist in die Sektoren Interne Terminals, Terminals an anderen Gerichten, Terminals bei Dritten und Benutzerschulung unterteilt. Leiter der Abteilung ist ein Kanzleibeamter.

Das Zentrum beschäftigte Ende 1973 insgesamt fünf Richter, ca. 30 Kanzleibeamte (Urkundsbeamte) und ca. 110 weitere Kräfte, die auf die verschiedenen Sektoren aufgeteilt sind, z. B. Datentypistinnen, Operatoren usw. Außerdem stehen dem Zentrum zu seiner technischen Unterstützung vertraglich Kräfte der Fa. UNIVAC zur Verfügung, wie oben bereits dargelegt worden ist.

5 Terminal-Netz für die Benutzer

Das Netz besteht aus Bildschirmen mit Druckern der Fa. Olivetti oder nur aus Druckern der Fa. Olivetti.[17] Bei Benutzung in größerem Umfang erfolgt die Übertragung durch Direktanschluß (Punkt-für-Punkt-Verbindung), d. h. jedes Terminal steht unabhängig von den anderen Terminals mit der zentralen EDV-Anlage

[17] Die Ausführungen dieses Abschnitts beruhen auf dem hektographierten Vortrag von Novelli (FN 9).

in Verbindung. Die weniger häufig benutzten Terminals bedienen sich Konzentratoren. Jedes Terminal hat eine eigene Benutzernummer, die ab Dezember 1973 bei jeder Anfrage eingegeben werden muß. Insgesamt waren Ende 1973 folgende ca. 70 Terminals in Betrieb:

- 10 Terminals am Kassationsgerichtshof
- 23 Terminals an den Oberlandesgerichten und 3 Terminals für Senate, die örtlich von den Oberlandesgerichten getrennt sind. Bei den 23 Terminalstationen an den Oberlandesgerichten sind Stellen eingerichtet, die dem Zentrum Entscheidungen der Oberlandesgerichte und der unteren Gerichte zur Dokumentation sowie die für das Justizministerium erheblichen Daten übermitteln. Jeder dieser 23 Terminalstationen sind fünf Juristen zugewiesen und zwar ein Richter des Oberlandesgerichtes, ein Richter der Landgerichte, ein Richter der Amtsgerichte, ein Staatsanwalt und ein stellvertretender Staatsanwalt am Oberlandesgericht. Ferner sind zwei Kanzleibeamte und zwei Schreibkräfte als Operatoren an jedem Terminal beschäftigt. Die Institutionalisierung dieser Stellen wird angestrebt.
- 30 Terminals an den Landgerichten. Sie sind nur von Fall zu Fall von Richtern besetzt, die einen sechstägigen Kursus beim Zentrum des Kassationsgerichtshofs in Rom zur Einweisung in das System besucht haben. Sie sind reine Suchterminalstationen und liefern dem Zentrum keine Daten.
- 3 Batch-Terminals, eines bei der Avvocatura Generale dello Stato, eines bei der Bibliothek Vittorio Emmanuele, der wichtigsten staatlichen Bibliothek, die wertvolle Mitarbeit beim Aufbau des Pools für rechtswissenschaftiche Literatur leistet, ein weiteres ab 1. Januar 1974 beim Justizministerium. Ein viertes Terminal sollte im Laufe des Jahres 1974 beim Consiglio Superiore della Magistratura eingerichtet werden.

Für 1974 war der Anschluß von weiteren ca. 140 Terminals an Gerichten der ordentlichen Gerichtsbarkeit vorgesehen. Jedes der 160 Landgerichte sollte ein Terminal erhalten. Die Terminals bei den Landgerichten sollten auch von den erstinstanzlichen Verwaltungsgerichten benutzt werden.

Angeschlossen werden sollten ferner der Rechnungshof, das Verfassungsgericht, der Staatsrat, die zentrale Steuerkommission und das oberste Militärgericht.

Ein weiteres Netz für die öffentliche Verwaltung ist zunächst auf Rom beschränkt. Ihm werden die Gesetzgebungsabteilungen der Ministerien angeschlossen.

Die Kosten für das gesamte Netz werden auf 120 Mio. Lire jährlich geschätzt.

Das Zentrum arbeitet täglich auch an den Sonntagen 24 Stunden und schließt nur dreimal im Jahr. Tagsüber steht es den Benutzern zur Verfügung, nachts werden die wichtigsten Programme gefahren und die Speicher regeneriert.

6 Benutzer

Benutzer des Systems werden Richter und Beamte der Ministerien sein.[18]

---

[18] Die Ausführungen dieses Abschnitts beruhen auf dem hektographierten Vortrag von Novelli (FN 9).

Als weitere Benutzer sind alle übrigen Juristen in Italien sowie juristisch Interessierte oder Tätige vorgesehen. Ihr Anschluß war Ende 1973 ungelöst. Einigkeit bestand darüber, daß ihnen derselbe Zugang zu dem System gewährt werden soll wie den Richtern und Beamten. Über die Art, in welcher Weise der Zugang geöffnet werden soll, wurden zwei Alternativen diskutiert. Die erste sah vor, daß die staatliche Verwaltung ein Zwillings-Rechenzentrum einrichtet, weil die Kapazität der vorhandenen Anlage den Anschluß weiterer Terminals nicht erlaubte. Die zweite sah vor, diese Aufgaben einer Dienstleistungsfirma in Konzession zu übertragen, so daß der Staat keine unmittelbaren Beziehungen zu den Benutzern hat.

6.1 Benutzerforschung

Benutzerforschung wurde in Italien bis Ende 1973 kaum betrieben. Eine Umfrage über den Umfang der voraussichtlichen Nutzung gelangte zu pessimistischen Ergebnissen. Man wird voraussichtlich weniger Anfragen haben, als man ursprünglich angenommen hat.

Genaue Ermittlungen über die Zahl der damals eingehenden Anfragen wurden nicht angestellt. Man schätzte, daß von den auswärtigen Terminals täglich ca. 35 bis 40 Anfragen eingingen. Auskünfte darüber, ob ein sog. Benutzerstamm vorhanden ist, konnten nicht erteilt werden. Auch die Frage, in welcher Hinsicht das System gelobt oder kritisiert worden ist, konnte nicht beantwortet werden. Die durchschnittliche Zahl der Anfragen eines Benutzers zur Lösung eines Rechtsproblems wurde ebensowenig ermittelt wie die durchschnittliche Dauer eines Dialoges. Man schätzte sie auf 15 Minuten. Untersuchungen über die Selektionsgüte des Systems lagen nicht vor. Allgemein wurde festgestellt, die Zahl der ausgegebenen Dokumente sei hoch, das manuelle Aussortieren der für den Benutzer relevanten Dokumente halte sich jedoch in erträglichen Grenzen. Weitere Verbesserungen des Systems seien erforderlich.

Hinsichtlich der Gebühren eines Dialogs mit einer Dauer von 12 bis 15 Minuten nahm an, daß sie nicht mehr als 5000 Lire betragen dürften.

6.2 Benutzerschulung

Die Benutzer der Terminals werden in Kursen geschult, die am Kassationsgerichtshof in Rom stattfinden. Sie dauern jeweils eine Woche (6 Arbeitstage). Gemäß der Funktion der Kursusteilnehmer wurden zwei Arten von Kursen eingerichtet: ein Kursus für die Richter und für leitende Beamte, ein anderer Kurs für Kanzleibeamte und Datenverarbeiter.

Außerdem werden die Benutzer durch Blätter unterrichtet, die entsprechend ihrem Bedarf erscheinen und von der Wartung der Terminals bis zu Informationen über den Umfang des dokumentierten Materials und über die Suchmöglichkeiten alle wichtigen Mitteilungen enthalten. Eingehende Information enthalten ferner mehrere Handbücher für die Benutzer.[19]

---

[19] Zwei dieser Handbücher wurden unter FN 10 und FN 15 bereits aufgeführt, ein weiteres ist unter der FN 51 angegeben.

7 Die automatisierte Leitsatzdokumentation

Wie bereits zu Nr. 1 ausgeführt worden ist, stand am Anfang der Bemühungen das Ziel, mit Hilfe der EDV die Leitsätze des Kassationsgerichtshofs nicht nur nach ihren vorangehenden Schlagwörtern aufzufinden, sondern auch den Wortlaut der Leitsätze selbst für die Suche zu nutzen. Dies war nur mit Hilfe eines automatisierten Systems möglich. Es gab mehrere Alternativen, von denen die folgenden in Erwägung gezogen wurden:[20]

- Aufnahme des vollständigen Wortlauts der Leitsätze in das automatisierte System auch zum Zwecke der Suche für die Benutzer, nicht nur zum Zwecke der Ausgabe nach vollendeter Suche.[21] Von dieser Möglichkeit machte man keinen Gebrauch, weil ein und dasselbe Rechtsproblem häufig mit unterschiedlichen Worten beschrieben wird und zwar sowohl in den zu dokumentierenden Leitsätzen selbst wie in den Suchanfragen der Benutzer. Ein automatisiertes System kann indes dem Benutzer nur solche Dokumente nachweisen, deren für die automatisierte Suche zur Verfügung stehende Wörter mit den Wörtern der Suchanfragen der Benutzer übereinstimmen. Der Benutzer muß also den mehr oder weniger zufälligen Wortgebrauch der für ihn relevanten Dokumente vollständig voraussehen und in seine Suchfragen einbeziehen, wenn er vom System alle für die Lösung seines Rechtsproblems relevanten Dokumente erhalten will. Man ging davon aus, daß hiermit die Vorstellungskraft der Benutzer nicht selten überfordert ist, so daß sie die relevanten Dokumente nicht erhalten.
- Aufnahme des vollständigen Wortlauts der Leitsätze gekoppelt mit der Aufnahme intellektuell-manuell zugeteilter Schlagwörter auch zum Zwecke der Suche.[22] Von dieser Möglichkeit sah man ab. Sie könnte zwar die Ausgabe der Zahl der relevanten Dokumente erhöhen, hätte jedoch einen großen Personalaufwand zur Indexierung der Texte vorausgesetzt, ohne die Koinzidenz der Wörter der Suchanfragen einerseits und der intellektuell indexierten Schlagwörter und der Textwörter der Leitsätze andererseits zu gewährleisten. Es war die Möglichkeit nicht auszuschließen, daß die Benutzer in zahlreichen Fällen für die Suchfrage andere als die Textwörter und die zugeteilten Schlagwörter benutzen würden mit der Folge, daß für sie relevante Dokumente nicht ausgegeben wurden. Außerdem glaubte man, statt intellektuell-manuell zugeteilter Schlagwörter die Indexierung der Leitsätze einfacher, einheitli-

---

[20] Teoria e metodi della ricerca (FN 1) S. 73.

[21] So Projekt DATUM, Montreal/Kanada, Projekt OBAR, Columbus/Ohio (USA), Projekt QUIC LAW, Queen's University Kingston/Kanada, Projekt UNIDATA, Zürich/Schweiz, vgl. den Bericht der Projektgruppe „Das Juristische Informationssystem – Analyse, Planung, Vorschläge", Verlag C. F. Müller, Karlsruhe 1972, S. 420, 433, 422, 426.

[22] So im wesentlichen Dokumentation gerichtlicher Entscheidungen in den Projekten Steuerrechtsdokumentation und Sozialrechtsdokumentation des Juristischen Informationssystems, vgl. *Voth*, Willfried, Das Juristsche Informationssystem DRiZ 1974 S. 73 ff. (74); Projektgruppe Sozialrechtsdokumentation, Handbuch der Sozialrechtsdokumentation 02 S. 23. Nur intellektuell-manuell, also nicht maschinell zugeteilte Wörter werden im Projekt CREDOC/Brüssel zur Suche genutzt; vgl. Das Juristische Informationssystem (FN 21) S. 403.

cher und preiswerter automatisch mit Hilfe eines sog. Thesaurus vornehmen zu können.[23]

7.1 Der Thesaurus

Ein Thesaurus soll nach der Definition des Italgiure in einem automatisierten Dokumentationssystem sicherstellen, daß die automatisierte Suche nicht – nur – auf einer Gleichheit zwischen den Wörtern der Suchanfrage und den Textwörtern der gespeicherten Dokumente beruht, sondern auf einer Gleichheit oder Ähnlichkeit der durch die Wörter des Textes der Dokumente und der Suchanfrage ausgedrückten Begriffe.[24]

Am Kassationsgerichtshof in Rom zog man folgende Arten von Thesauri in Betracht[25]:

– Ein Thesaurus, der ein vollständiges Korrelationsnetz des gesamten Wortschatzes der Rechtssprache enthält. Er würde ein Verzeichnis darstellen, in welchem alle Wörter der Rechtssprache in Ober- und Unterbegriffe oder äquivalente Begriffe usw. unterteilt sind. Ein Verfahren sieht vor, daß jedem Wort des Wörterbuches alle synonymen und untergeordneten Begriffe zugeordnet werden. Es würde viele Listen mit gleichem Inhalt erfordern, denn jede Liste würde z. B. bei jedem in ihr enthaltenen Synonym wiederholt. Diesen Nachteil versucht ein zweites Verfahren zu vermeiden, wonach jedem Wort des Wörterbuchs nur ein weiteres Wort beigegeben wird, das die Funktion eines Sammelbegriffs der Synonyme und Unterbegriffe hat. Dann müßten jedoch viele Zugriffe erfolgen, um die Synonyme und Unterbegriffe zu finden, die sehr weite Klassifikationsgipfel haben. Aufgrund bestimmter Programme könnte das System die Wörter eines Textes analysieren und mit Hilfe des Thesaurus seine Synonyme und Unterbegriffe erkennen. Mit der Begründung, die Suche in hunderttausenden von Dokumenten durch eine große Zahl von Benutzern würde bei einem derartigen Thesaurus zu lange Zeit dauern und zu hohe Kosten verursachen, wurde diese Thesaurusart abgelehnt.
– Ein Korrelationsnetz, das auf die Identität der in den Dokumenten enthaltenen Wörter verzichtet und nur auf den Knoten des Netzes beruht, mit welchen die ausgeschiedenen Wörter dargestellt werden. Verfahren über die Extraktion einer optimalen Anzahl von Knoten, die mit einer zufriedenstellenden Selektionsgüte vereinbar wären, wurden indes noch nicht gefunden. Der Umfang der für einen solchen Thesaurus erforderlichen Arbeit, die Kompliziert-

---

[23] Teoria e metodi della ricerca (FN 1) S. 73 f.

[24] Teoria e metodi della ricerca (FN 1) S. 74. Für den Begriff Thesaurus gibt es zahlreiche Definitionsversuche, vgl. *Laisiepen/Lutterbeck/Meyer-Uhlenried*, Grundlagen der praktischen Information und Dokumentation, Verlag Dokumentation München-Pullach und Berlin 1972, S. 272 ff.; *Model*, F., Thesaurus in der Dokumentation. Vielschichtigkeit des Begriffes und historische Entwicklung, Nachr. Dok. 17 (1966) 1/2 S. 5–13; *Soergel, D.*, Klassifikationssysteme und Thesauri, Frankfurt/M: Dt. Ges. f. Dok. 1969; *Michailow/Cernyi/Giljarevskij*, Grundlagen der wissenschaftlichen Dokumentation und Information, Westdeutscher Verlag Köln und Opladen 1970 Bd. 2 S. 373 ff.; DIN 1463 Richtlinien für die Erstellung und Weiterentwicklung deuschsprachiger Thesauri.

[25] Teoria e metodi della ricerca (FN 1) S. 75 ff.

heit der Verfahren für die Extraktion der Wortgruppen und die Ungewißheit der Ergebnisse hielten den Kassationsgerichtshof in Rom von der Errichtung eines derartigen Thesaurus ab.

– Ein Thesaurus, der die Textwörter der Leitsätze und die Wörter der Suchfrage in ihre semantischen Bestandteile zerlegt und diese mit einer begrenzten Zahl von Ausdrücken, und zwar den einfachsten, unmißverständlichsten und am wenigsten verwechselbaren, beschreibt. Diese Ausdrücke nannte man Samenwörter. Ein Textwort des Thesaurus ist z. B. das Wort Lungenentzündung. Es wird in die Samenwörter Lunge, Entzündung, Krankheit übersetzt. Man entschloß sich zu dieser Art von Thesaurus.

Der gedruckte Thesaurus ist in zwei Spalten aufgeteilt. Links stehen jeweils in der Grundform die Textwörter der Dokumente (Thesauruswörter), rechts die dazugehörigen Samenwörter, die die Thesauruswörter bei der automatischen Suche ersetzen. Zu jedem Textwort (Thesauruswort) ist angegeben[26]

– ob es ein Samenwort ist, ggf. wird es in der rechten Spalte wiederholt
– verneinendenfalls enthält die rechte Spalte die Übersetzung des Textwortes in Samenwörter
– in jedem Falle, also auch dann, wenn das Textwort selbst Samenwort ist, enthält die rechte Spalte Oberbegriffe oder verwandte Wörter zum Textwort.

Durchschnittlich wird ein Textwort in vier Samenwörter übersetzt.[27]

7.1.1 Die Samenwörter des Thesaurus

Ein Samenwort muß nach der allgemeinen Auffassung unteilbar erscheinen und nicht durch Umschreibungen ersetzt werden können. Die semantische Bedeutung eines Samenwortes soll es soweit wie möglich von der Bedeutung anderer Samenwörter unterscheiden, damit die Unsicherheit bei der Wahl der semantischen Komponenten auf ein Mindestmaß reduziert wird. Ein Samenwort muß ferner geeignet sein, eine beträchtliche Zahl von Wörtern des Textes der Leitsätze zu übersetzen und an deren Stelle zu treten, evtl. gemeinsam mit anderen Samenwörtern.[28]. Kein Samenwort ist z. B. das Wort Trauergottesdienst. Es wird durch die Samenwörter Transport, Ende, Leben, Feierlichkeit ersetzt.

Als Samenwörter werden in der Regel maskuline Substantive mit positiver Bedeutung in der Nominativform Singular verwandt. Mit ihrer Hilfe werden auch feminine Substantive, Adjektive, Verben und Adverben, die semantische Grundbegriffe enthalten, übersetzt.[29] So kann z. B. das Problem der Zulässigkeit eines Rechtsmittels in den Dokumenten mit folgenden Worten umschrieben sein: Zulässigkeit, Unzulässigkeit, ist zulässig, ist unzulässig, kann zugelassen werden, kann nicht zugelassen werden, ist zuzulassen, ist nicht zuzulassen, muß zugelassen werden, darf nicht zugelassen werden. Alle diese Umschreibungen haben als gemeinsamen Nenner das Wort „Zulässigkeit“ (amissione) und dieses Wort wird daher als Samenwort für die obigen Umschreibungen verwandt, evtl. ge-

---

[26] Teoria e metodi della ricerca (FN 1) S. 81.
[27] Teoria e metodi della ricerca (FN 1) S. 92.
[28] Teoria e metodi della ricerca (FN 1) S. 82 f.
[29] Teoria e metodi della ricerca (FN 1) S. 81.

meinsam mit anderen Samenwörtern, z. B. Zulässigkeit und Fehlen.[30]

Da die Samenwörter grundsätzlich eine positive Bedeutung haben, erhalten vielfach Textwörter mit gegensätzlicher Bedeutung ein gemeinsames Samenwort.[31] So wird z. B. das Textwort Tod durch die Samenwörter Ende, Leben übersetzt. Das Textwort Dunkelheit wird durch die Samenwörter Licht, Fehlen übersetzt. Das Textwort schamlos wird durch die Samenwörter Scham, Fehlen, Verlust übersetzt.

Wenn jedoch ein Gegensatzpaar von einem dritten Begriff umfaßt wird, wird dieser dritte Begriff u. U. gemeinsam mit anderen Samenwörtern als Samenwort benutzt. So wurden die Wörter warm oder kalt nicht Samenwörter, weil beide auf den Begriff Temperatur zurückgeführt und mit den Samenwörtern Temperatur, Erhöhung und Temperatur, Verminderung übersetzt werden konnten, die auch die Übersetzung sehr häufiger Umschreibungen von hoher und niedriger Temperatur erlauben.[32]

Das Verhältnis zwischen Subjekten und Aktionen wird wie folgt ausgedrückt:[33]

Die Samenwörter für Personen – unter dem Oberbegriff Person oder Person und Urheber – sind zahlenmäßig gering und dienen nur zu einer ersten summarischen Charakterisierung der Art des Subjekts. Das Samenwort für die Tätigkeit übernimmt die Ergänzung der Übersetzung zur näheren Charakterisierung der Person.

Weniger konstant ist das Verhältnis zwischen Handlungen und Sachen in Samenwörtern übersetzt. Im allgemeinen wurde wie folgt verfahren:[34]

– Ein Samenwort absorbiert sowohl die Handlung wie die Sache, die die Handlung hervorbringt, wenn es gleichzeitig beide Bedeutungen hat, z. B. das Samenwort Konstruktion. Es gibt jedoch Ausnahmen, z. B. Teilung und Teil, Produktion und Frucht. Ein (transitives) Verb wird durch ein allgemeines Samenwort, das Objekt durch ein spezielles Samenwort bezeichnet, z. B. übersetzen die Samenwörter Geben, Freiheit das Textwort befreien.
– Bezeichnet ein Verb eine Tätigkeit, die nur mit Hilfe eines Instruments ausgeführt werden kann, so werden als Minimum die Samenwörter zur Übersetzung gebraucht, die das Instrument bezeichnen.
– Ein intransitives Verb wird mit dem Samenwort übersetzt, das dem Zustand oder der Tätigkeit, die es ausdrückt, entspricht. So wird z. B. das Textwort schlafen mit dem Samenwort Schlaf übersetzt.
– Samenwörter für Unter- und Oberbegriffe werden gemäß der Erfahrung mit den Texten der Leitsätze vergeben; denn es ist unmöglich, im Thesaurus die für die Wörter einer Sprache unbekannte Gesamtheit der Ober- und Unterordnungsverhältnisse darzustellen. Im übrigen ist das System für weitere Zuordnungen offen.

---

[30] Teoria e metodi della ricerca (FN 1) S. 82.

[31] Teoria e metodi della ricerca (FN 1) S. 81.

[32] Teoria e metodi della ricerca (FN 1) S. 81.

[33] Teoria e metodi della ricerca (FN 1) S. 98.

[34] Teoria e metodi della ricerca (FN 1) S. 98.

Auf diese Weise wurden ca. 40 000 Wörter der italienischen Sprache in der Grundform, denen 700 000 unterschiedliche grammatische Formen entsprechen, durch etwa 2500 Samenwörter übersetzt.[35] Ein einziges sinntragendes Textwort der italienischen Sprache wird im Durchschnitt durch vier Samenwörter übersetzt.

Die Arten der Samenwörter

Nach ihrer Art werden folgende Samenwörter unterschieden:[36]

- Samenwörter, die Oberbegriffe verkörpern, z. B. das Samenwort Tier im Verhältnis zum Samenwort Hund. Oberbegriffe sind ferner die Samenwörter Pflanze, Krankheit, Metall, Delikt, strafbare Handlung usw.
- Autonome Samenwörter. Hierbei handelt es sich um Samenwörter, die weder Unter- noch Oberbegriffe sind. Hierher gehört z. B. das Wort Temperatur.
- Operative Samenwörter, die lediglich im Zusammenhang mit autonomen oder hierarchischen Samenwörtern benutzt werden, auf die sie sich beziehen. Sie tragen häufig zur Bildung von Umschreibungen bei. Hierher gehören Samenwörter wie Mangel, Gegenteil, Möglichkeit, Absolutheit, Menge, Erhöhung, Verminderung, Kausalität, Teil, Ziel, Person, Gewerbe, Amt, Ende usw. So wird z. B .das Wort Tod durch das autonome Samenwort Leben und durch das operative Samenwort Ende übersetzt.

Z. Z. wird die Bildung von Gruppen von operativen Samenwörtern geprüft, die im Gegensatz zu den vertikal gegliederten hierarchischen Samenwörtern horizontal gegliedert sind.[37] Solche Ketten sollen es den Benutzern erlauben, entgegengesetzte operative Samenwörter zu finden oder solche operativen Samenwörter, die anderen operativen Samenwörtern in einem begrenzten Zusammenhang äquivalent sind, wobei der Zusammenhang zu begrenzt ist, um ihre ständige Korrelation zu rechtfertigen. So kann z. B. in manchen Fällen das Samenwort riminuzione (Absetzung, Beseitigung, Entfernung) dem Samenwort diminuzione (Verminderung, Herabsetzung, Kürzung) entsprechen, wenn es sich um die Minderung oder den Verlust eines wirtschaftlichen Guts durch jemanden handelt. Derartige Ketten würden dem Benutzer lediglich Suchhilfen bieten, aber nicht selbst in den Thesaurus aufgenommen werden.

Die Homonyme

Das Problem der Homonyme konnte bisher nicht zufriedenstellend gelöst werden.[38] Jedes Homonym wird automatisch durch soviel Samenwörter übersetzt, wie es Bedeutungsmöglichkeiten hat; denn der Computer kann aufgrund des ihm allein eingegebenen Textes der Leitsätze nicht unterscheiden, welche Bedeutungsmöglichkeiten im jeweiligen Text angesprochen werden. Dies kann bei der Ausgabe zum Nachweis nicht relevanter Dokumente führen. Diese Gefahr kann allerdings durch die Verbindung mehrerer Samenwörter mit dem Booleschen Operator „und“ verringert werden – muß es aber nicht. Hierzu folgendes

---

[35] Teoria e metodi della ricerca (FN 1) S. 83.

[36] Teoria e metodi della ricerca (FN 1) S. 84 ff.

[37] Teoria e metodi della ricerca (FN 1) S. 86.

[38] Teoria e metodi della ricerca (FN 1) S. 87 ff.

Beispiel. Ein Benutzer wünscht Leitsätze über das Steuersystem der Zollscheine. Würde er die Suchworte documento merce (Dokument, Ware) eingeben, so erhielte er auch Leitsätze über päpstliche Bullen, weil das Textwort bolla u. a. in die Samenwörter documento merce übersetzt wurde. Würde dagegen der Benutzer zu den Suchwörtern Ware, Dokument auch die Suchwörter Abgabe und Grenze eingeben, und sie mit dem Boole'schen Operator „und" verbinden, so erhielte er wahrscheinlich keine päpstliche Bullen betreffende Dokumente, da diese Dokumente wahrscheinlich keinen Text enthalten, der mit den Samenwörtern Abgabe und Grenze übersetzt wurde.

Wortgruppen

Manchmal bestehen die Samenwörter auch aus Wortgruppen, also aus einer Kombination mehrerer Wörter.[39] In derartigen Fällen werden den Wortgruppen indes zusätzliche Samenwörter gemäß den semantischen Grundbedeutungen der einzelnen Wörter der Wortgruppe beigegeben, um eine Suche sowohl mit der speziellen Wortgruppe wie mit den semantischen Grundbedeutungen der einzelnen Wörter der Wortgruppe zu ermöglichen. Ein Beispiel bietet die Wortgruppe arma bianca. Sie wurde übersetzt in das Samenwort arma bianca und in die Samenwörter strumento (Instrument) ,offesa (Verletzung) ,arma taglio (Hiebwaffe). Wortgruppen als Samenwörter werden also ähnlich behandelt wie Samenwörter, die Unterbegriffe enthalten; denn auch den letzteren werden die Samenwörter beigegeben, die den zugehörigen Oberbegriff verkörpern. So wird z. B. dem Samenwort Hund das Samenwort Tier beigegeben. Der Grund für die Zulassung von Wortgruppen als Samenwörter war die Befürchtung, daß eine weitere Reduzierung der Samenwörter die Selektionsgüte zu sehr beeinträchtigen würde.

7.1.2 Die akzeptierten Wörter des Thesaurus

Neben den Samenwörtern werden im Thesaurus sog. akzeptierte Wörter aufgeführt, die wie Samenwörter behandelt werden.[40] Hierbei handelt es sich um Eigennamen und geographische Begriffe sowie um Zahlen. Sie sind zahlreicher als die ca. 2500 Samenwörter. Die Eigennamen und geographischen Begriffe der Textwörter werden mit akzeptierten Wörtern und ggf. auch Samenwörtern übersetzt, die die Klassen bezeichnen, denen die individuellen Einheiten angehören. Z. B. wird das Wort Wien als akzeptiertes Wort behandelt. Es wird in Verbindung mit den akzeptierten Wörtern und Samenwörtern Europa, Österreich, Stadt, Macht, Amt übersetzt. Das Wort wienerisch wird dagegen nicht akzeptiert, sondern ebenso wie das Wort Wien übersetzt.

7.1.3 Funktion des Thesaurus

In den Thesaurus sind nur die sinntragenden Wörter aufgenommen. 700 sog. Füllwörter wie Artikel, Präpositionen und Pronomina wurden eliminiert, wodurch etwa 47% des Textes der Leitsätze entfiel. Inzwischen enthält der Thesaurus ca. 40 000 lexikalisch unterscheidbare Wortkombinationen und Wörter.[41] Sie

---

[39] Teoria e metodi della ricerca (FN 1) S. 94 f.

[40] Teoria e metodi della ricerca (FN 1) S. 86.

[41] Teoria e metodi della ricerca (FN 1) S. 83.

sind grundsätzlich nur einmal in der Grundform im Thesaurus angegeben, bei Verben im Infinitiv, bei Nomina in der maskulinen Form des Singular.[42] Ungefähr der gesamte Wortschatz der italienischen Sprache wird mit weiteren ca. 20 000 Wörtern und Wortkombinationen erfaßt sein.

Der Computer teilt zunächst die Leitsätze einschließlich der Leitsatztitelwörter in die einzelnen Wörter auf. Er ordnet sie unter Angabe ihrer Position alphabetisch. Die Position wird durch die Leitsatznummer und durch zwei Zahlen über die Stellung des Wortes im Satz und des betreffenden Satzes im Leitsatz angegeben.[43] Sodann werden alle aus Wortkombinationen bestehenden Begriffe zusammengefaßt, wie z. B. der Begriff in nome (im Namen). Derartige Begriffe werden im weiteren Verfahren als eine Einheit behandelt. Zu diesem Zweck vergleicht der Computer alle im Text vorkommenden Wortpaare mit einer vorher gespeicherten Liste derartiger Wortkombinationen. Sodann werden die Einzelwörter und die Wortkombinationen des Textes automatisch mit dem vorher gespeicherten Thesaurus verglichen. Wie bereits dargelegt, ist der Thesaurus unterteilt. Er enthält einerseits alle Wörter und Wortkombinationen der italienischen Sprache, andererseits zu jedem Wort und zu jeder Wortkombination Angaben darüber, ob es sich um Leerwörter oder ob es sich um inhaltstragende Wörter handelt, ggf. welche Samenwörter oder akzeptierten Wörter hierfür einzusetzen sind. Die Leerwörter werden bei der weiteren Verarbeitung nicht mehr berücksichtigt. Sie werden erst in diesem zweiten und nicht bereits im ersten Arbeitsgang ausgeschieden, weil die Möglichkeit nicht auszuschließen ist, daß Leerwörter, die der Thesaurus als solche ausweist, in Wortkombinationen vorkommen, in denen sie erhalten bleiben sollen, z. B. *in* nome. Die Wörter, die als sinntragend im zweiten Arbeitsgang ausgewiesen werden, werden mit Hilfe des Thesaurus in Samenwörter und akzeptierte Wörter übersetzt. Findet der Computer ein Wort des Leitsatzes nicht im Thesaurus, so druckt er es aus. Hiermit kann festgestellt werden, ob es sich um einen Druckfehler oder um ein neues sinntragendes Wort handelt, um das der Thesaurus dann manuell ergänzt werden muß. Der Computer trägt die für jedes sinntragende Wort des Textes im Thesaurus gefundenen Samenwörter und akzeptierten Wörter mit der Nummer des Leitsatzes und der Positionsnummer des Wortes in einen Index ein. Enthält der Index bereits die Samenwörter oder akzeptierten Wörter, so werden in ihm nur noch die jeweiligen Leitsatz- und Positionsnummern bei den bereits eingetragenen Samenwörtern oder akzeptierten Wörtern vermerkt.

Der Tatsache, daß die Textwörter der Leitsätze häufig nicht in der im Thesaurus aufgenommenen Normalform, sondern in verschiedenen Flexionsformen auftreten, wird dadurch Rechnung getragen, daß der Computer aufgrund eines den flektierbaren Wörtern im Thesaurus vorangesetzten Codes diese Flexionsformen (also Femine, Plural- und Konjugationsformen) selbst bildet. Das sind bei 40 000 Wörtern ca. 700 000 mögliche Formen, die der Computer erkennen und

---

[42] Teoria e metodi della ricerca (FN 1) S. 81, vgl. auch S. 289 ff., die ein alphabetisch geordnetes Verzeichnis aller Wörter enthalten, die in 4500 Leitsätzen des Zivilrechts vorkommen. Insgesamt handelte es sich um 497 835 Wörter, davon waren unterschiedlich insgesamt 17 587 Wörter. Diese sind mit ihren Vorkommenshäufigkeiten aufgeführt.

[43] Teoria e metodi della ricerca (FN 1) S. 79.

der Normalform des Thesaurus zuordnen muß.[44]. Eine Zerlegung der Wörter in Wortstämme, die die englische Sprache erlaubt, war nicht möglich, weil sich die unterschiedliche Bedeutung vieler italienischer Wörter erst aus ihrem letzten Buchstaben ergibt.

Der derart mit Hilfe des Thesaurus übersetzte Text der Leitsätze steht dem Benutzer für die Suche zur Verfügung. Der Benutzer gibt bei seiner Suche mit Hilfe eines ihm zur Verfügung gestellten Thesaurus nur Samenwörter oder akzeptierte Wörter als Suchwörter ein. Sodann vergleicht der Computer die Samenwörter bzw. die akzeptierten Wörter der Suchanfrage des Benutzers mit den Samenwörtern bzw. akzeptierten Wörtern des übersetzten Textes der Leitsätze. Die Leitsätze, deren in Samenwörter und in akzeptierte Wörter übersetzter Text mit den Samenwörtern und akzeptierten Wörtern der Suchanfrage übereinstimmen, werden dem Benutzer in ihrem ursprünglichen Text vom Computer ausgegeben.[45]

Eine Abwägung der Vor- und Nachteile des Thesaurus erfolgt unter der Nr. 9 des Berichtes.

7.2 Mittel zur Begrenzung der Ausgabe von Dokumenten bei Suchanfragen mit Samenwörtern und akzeptierten Wörtern des Thesaurus

Ein Nachteil des Thesaurus besteht darin, daß die Zerlegung der einzelnen Textwörter in zahlreiche Samenwörter – durchschnittlich vier für ein Textwort – zu einer hohen Nachweisquote, also zur Ausgabe zahlreicher auch nicht relevanter Dokumente führt. Der Grund liegt darin, daß die semantische Grundbedeutung der einzelnen Samenwörter breiter ist als die semantische Grundbedeutung der Textwörter.[46]. Dieser Nachteil kann eingeschränkt werden durch

– den Gebrauch mehrerer Samenwörter in einer Suchfrage mit Boole'scher

---

[44] Teoria e metodi della ricerca (FN 1) S. 83. Demgegenüber nimmt das „Wiener System" eine automatische Flexionsformenzuordnung vor. Bei diesem Verfahren wird jedes im Volltext vorkommende sinntragende Wort in seiner jeweiligen grammatischen Form in die Datei gestellt verbunden mit der Adresse der Dokumente, in denen es vorkommt. Der Benutzer kann sein Suchwort in der Grundform eingeben. Danach bildet das Retrievalsystem alle zugehörigen Flexionsformen und sucht mit allen diesen Formen in der Datei der Textwörter. Der Vorteil dieses Systems besteht darin, daß der Benutzer mit jeder beliebigen Flexionsform suchen kann, und daß das Retrievalsystem den Volltext in Bezug auf die Flexionsformen nicht aufbereiten muß, vgl. *Brun/Pfeiffer*, Automatische Generierung von Flexionsformen als linguistisches Hilfsmittel zur Informationssuche in juristischen Volltexten, in „Wiener Beiträge zur elektronischen Erschließung der Information im Recht", IBM Wien 1973, S. 239 ff. Eine Flexionsformenbereinigung, die sog. Lemmatisierung, bei der jedes im Volltext der gespeicherten Dokumente vorhandene sinntragende Wort ebenso wie beim Italgiure in seine Grundform umgewandelt wird, soweit es nicht bereits in der Grundform im Text vorkommt, führt PASSAT der Firma Siemens durch, vgl. Siemens System 4004, PBS 4004 PASSAT. Die derart generierten Grundformen werden mit den entsprechenden Dokumentadressen in eine Datei gestellt, die Gegenstand der weiteren Suche ist. Der Benutzer gibt bei seiner Suche nur die Grundformen ein, da über die nur Grundformen enthaltende Datei unmittelbar alle im ursprünglichen Text enthaltenen Flexionsformen gefunden werden.

[45] Teoria e metodi della ricerca (FN 1) S. 79.

[46] Teoria e metodi della ricerca (FN 1) S. 80 f.

„und"-Verknüpfung

- den Gebrauch metrischer Operatoren, die folgende Kontrollen erlauben:[47]
  - mit dem metrischen Operator Null und der Verbindung mehrerer Samenwörter einer Suchfrage mit dem Boole'schen Operator „und" kann der Benutzer bestimmen, daß nur Dokumente ausgegeben werden, die ein bestimmtes Textwort enthalten, von dem er weiß, daß es durch die vorgenannten Samenwörter übersetzt wurde. Will ein Benutzer z. B. nur Leitsätze erhalten, die das Wort Autobus enthalten, so kann er alle Samenwörter, mit denen dieses Textwort im Thesaurus übersetzt ist, mit „und" verbinden. Das sind hier die Wörter Fahrzeug, Motor, Vergaser, Transport, Publikum, Person. Sodann kann der Computer mit Hilfe des metrischen Operators Null angewiesen werden zu kontrollieren, daß alle diese Samenwörter nur zur Übersetzung eines Textwortes benutzt wurden. Anschließend gibt der Computer in der Mehrzahl Dokumente aus, die das Wort Autobus enthalten. Da aber auch die Textwörter Postomnibus, Pullmann und Reiseomnibus mit denselben Samenwörtern wie das Wort Autobus übersetzt wurden, werden auch Dokumente ausgegeben, die die Wörter Postomnibus, Pullmann und Reiseomnibus enthalten. Diese Unannehmlichkeit ist indes gering, da es sich um Synonyme des Textwortes Autobus im engeren Sinne handelt.
  - Mit dem Gebrauch weiterer metrischer Operatoren, z. B. 1, 2 usw., kann der Benutzer mittelbar eine Kontrolle der Wortfolge des ursprünglichen Textes der Dokumente vornehmen; denn neben jedem für die Übersetzung des ursprünglichen Textes benutzten Samenwort ist die Nummer des Dokuments und die genaue Positionsnummer des übersetzten Textwortes enthalten, also die Nummer des Absatzes und Satzes und die Nummer des übersetzten Wortes im Satz. Hierdurch soll der Nachweis nicht zutreffender Wortkombinationen vermindert werden.

Der Gebrauch dieser Operatoren ist indes nur in gewissem Umfang nützlich; denn im allgemeinen weiß der Benutzer nicht, in welcher Reihenfolge die Textwörter stehen und ob nicht anstelle eines Wortes im Text eine erklärende Umschreibung verwandt wurde, deren Reihenfolge eine andere ist als bei der Verwendung eines Wortes. Nun ist es möglich, auf die Kontrolle der Reihenfolge der Textwörter der Dokumente zugunsten einer Kontrolle ihrer Distanz zu verzichten. Aber auch dann bleibt es schwer, mit Sicherheit das Ausmaß der Entfernung festzustellen, die einerseits groß genug ist, um keinen Verlust relevanter Information zu verursachen und andererseits klein genug, um nicht zu einem Verlust nützlicher Information zu führen. Überdies verursacht der Gebrauch metrischer Operatoren sehr hohe Kosten, nämlich hohen Speicherbedarf und große Rechenzeiten. Zwar muß das mehreren Textwörtern gemeinsame Samenwort eines Dokuments nur einmal eingegeben werden; es muß indes für den Gebrauch metrischer Operatoren so viele Positionsangaben enthalten, wie es Wörter eines Dokuments übersetzt hat. Es wurde offenbar noch keine abschließende Entscheidung darüber getroffen, ob der Aufwand, den der Gebrauch metrischer

---

[47] Teoria e metodi della ricerca (FN 1) S. 90 ff.

Operatoren verursacht, gerechtfertigt ist. Man hat ermittelt, daß die Benutzer meistens dann metrische Operatoren gebrauchen, wenn sie Dokumente mit typischen konventionellen Ausdrücken finden wollten, oder wenn sie sicherstellen wollten, daß die Samenwörter der Suchanfrage den Textwörtern eines Satzes entsprechen. Während man den erstgenannten Zweck auch durch eine Kombination von mehreren Worten in Wortgruppen erreichen kann, bleiben für den zuletzt genannten nur die metrischen Operatoren übrig.

Ende 1973 wurden ferner folgende weitere Hilfsmittel zur Eingrenzung einer hohen Nachweisquote geprüft:

– Es werden Samenwörter unterschieden, die den Zugriff zu dem Textwort von einem allgemeinen Samenwort aus ermöglichen sollen (sog. G-Begriffe) von Samenwörtern, die das Textwort lediglich definieren sollen. Die zweite Gruppe der Samenwörter zur Definition der Textwörter wird in sog. T-Blöcke unterteilt.[48] Jeweils ein T-Block enthält die Samenwörter, die zur Definition eines Textwortes verwandt worden sind. Sie stehen natürlich in Null-Entfernung zueinander, da sie ein und dasselbe Textwort übersetzen. Das Textwort X kann z. B. durch die Samenwörter A, B, C übersetzt sein. Diese bilden dann einen T-Block. Das Textwort Y kann z. B. durch die Samenwörter A, B, C, D übersetzt sein. Diese bilden dann einen zweiten T-Block usw. Ein Benutzer kann nun bestimmen, daß z. B. die Samenwörter A, B, C, die er mit dem Booleschen Operator „und“ verknüpft, im übersetzten Text der gesuchten Dokumente zueinander in Null-Entfernung stehen müssen. Trifft er diese Bestimmung und sind die Samenwörter A, B, C in mehreren T-Blöcken enthalten, so werden alle Dokumente ausgegeben, deren Übersetzung einen oder mehrere dieser T-Blöcke enthält, z. B. Dokumente, die die Textwörter X oder Y bzw. X und Y enthalten. Diese Funktion kann der Benutzer bereits durch den Gebrauch metrischer Operatoren erreichen, nicht aber die folgende: Der Benutzer kann bestimmen, daß gewisse Samenwörter eines T-Blocks nicht von anderen Samenwörtern in Null-Entfernung begleitet sein dürfen. Dies geschieht dadurch, daß er die betreffenden Samenwörter einklammert, z. B. bedeuten (A, B, C) ,daß diese Samenwörter A, B, C nicht von anderen Samenwörtern in Null-Entfernung begleitet sein dürfen. Werden die Klammern gebraucht, so werden nur diejenigen Dokumente ausgegeben, deren Übersetzung diesen einen bestimmten T-Block enthält, nach dem gegebenen Beispiel also Dokumente mit dem Textwort X, nicht Dokumente mit dem Textwort Y. Ein derartiger Restriktor würde viele unzutreffende Wortkombinationen zerstückeln, aber auch Kombinationen mit ähnlicher oder speziellerer Bedeutung, die für den Benutzer relevant sein können.

– Ein zweiter Filter besteht in der Unterscheidung von L- und N-Samenwörtern.[49] L-Samenwörter übersetzen ein spezielles Textwort mit einem allgemeinen Samenwort und mit mindestens einem N-Samenwort. So wird z. B. das Textwort Tuffstein durch die Samenwörter Stein, Konstruktion übersetzt. Aber auch das Textwort Mauer wird durch dieselben Samenwörter übersetzt. Der-

[48] Teoria e metodi della ricerca (FN 1) S. 95 f.

[49] Teoria e metodi della ricerca (FN 1) S. 96 f.

artige Übersetzungen von Textwörtern reichen für die Suche u. U. nicht aus, weil sie ohne Indizierung nicht das spezielle Verhältnis zum Ausdruck bringen, in dem sie zueinander stehen. Bei der Übersetzung des Wortes Mauer in die Samenwörter Konstruktion, Stein wird nicht deutlich, daß es sich hier um eine Konstruktion *aus* Stein handelt, bei der Übersetzung des Textwortes Tuffstein in die Samenwörter Stein, Konstruktion wird nicht deutlich, daß es sich hier um einen Stein *zur* Konstruktion (Baustein) handelt. Solche Relationen können durch die Indizierung deutlich gemacht werden, z. B.

Textwort Mauer = L-Konstruktion N-Stein
Textwort Tuffstein = L,Stein N-Konstruktion.

Bei einer Suche mit dem L-indizierten Samenwort Stein werden nur Dokumente ausgegeben, die das Textwort Tuffstein enthalten, nicht aber das Textwort Mauer. Das Textwort Mauer wurde zwar auch mit dem Samenwort Stein übersetzt, es hat jedoch den Index N, nicht den Index L, mit dem hier gesucht wurde.

In welchem Ausmaß derartige Restriktionen die Selektionsgüte verbessern, stand Ende 1973 ebensowenig fest wie der Zeitpunkt ihrer Verwirklichung.[50]

7.3 Darlegung des automatisierten Verfahrens der Leitsatzdokumentation

Die Leitsätze in Zivil- und Strafsachen werden nach folgenden insgesamt ca. 13 Kategorien erfaßt, die dem Benutzer jeweils eine eigene Abfragemöglichkeit bieten und beliebig miteinander kombiniert werden können.[51]

- Gerichtsinterne Nummer des Urteils, Datum der Zustellung des Urteils in Zivilsachen und in Strafsachen, Datum der Verhandlung, auf die das Urteil ergangen ist, nur in Strafsachen;
- Name des Vorsitzenden des Spruchkörpers, der das Urteil erlassen hat, Name des Berichterstatters, der das Urteil abgefaßt hat, Name des Kassationsklägers in Zivilsachen, des Angeklagten in Strafsachen, Name des Kassationsbeklagten in Zivilsachen;
- Wörter, die dem Untertitel des allgemeinen Klassifikationschemas entsprechen, in das der im Urteil aufgestellte Rechtsgrundsatz eingefügt ist, ggf. weitere vom Klassifikator frei hinzugefügte Wörter, um die Besonderheiten des entschiedenen Falles zu kennzeichnen (Titoletti des Leitsatzes, seine Schlagwörter);
- Die den Untertiteln entsprechende Nummer des allgemeinen Klassifikationsschemas, die laufende Nummer des Leitsatzes in der amtlichen Sammlung des Kassationsgerichtshofs;
- Numerische Angaben der sog. codici parlanti, die die Gesetze bezeichnen, auf die sich die im Urteil behandelte Materie unmittelbar bezieht;
- Der vollständige Wortlaut des Leitsatzes.

Für jede Kategorie hat das System eine Art Kartei erstellt. Die Beschreibungs-

---

[50] Teoria e metodi della ricerca (FN 1) S. 95.

[51] Teoria e metodi della ricerca (FN 1) S. 217 ff.; Corte Suprema di Cassatione, Ufficio del Ruolo e del Massimario, Centro elettronico di documentazione, Notiziario per gli utenti, uso dei terminali, Supplemento D-73, Roma, Novembre 1973, S. 42 ff., 51 ff.

elemente der ersten Kategorien entnimmt der Computer wörtlich dem sog. dokumentarischen Überbau der auf Band gespeicherten Leitsätze. Für die letztgenannte Kategorie übersetzt der Computer die im Text der Leitsätze enthaltenen Wörter mit Hilfe des Thesaurus in Samenwörter und akzeptierte Wörter.

Die Suche nach Dokumenten erfolgt über die oben genannten Kategorien. Der Benutzer muß jede Kategorie, die er zur Suche benutzen will, genau bezeichnen. Da die Leitsätze für zivil- und strafrechtliche Entscheidungen in zwei getrennten Datenpools untergebracht sind, muß er auch den Datenpool genau bezeichnen, in dem er suchen will. Als Suchmittel stehen zur Verfügung

— Boole'sche Operatoren[52]
— metrische Operatoren[53]
— Maskierung von Angaben der Suchanfrage, die erfolgen kann, wenn der Benutzer entweder nicht alle Zeichen seiner Suchangabe kennt, oder wenn er mehrere Angaben in seine Suchfrage einbeziehen will, die jeweils einige Zeichen gemeinsam haben. Die Maskierung ist für jede Art von Suchangaben — also nicht nur für Suchwörter, sondern z. B. auch für Zeitangaben — und jede Zahl oder Art von Zeichen zulässig.[54]

Dialog zwischen Computer und Benutzer

Boole'scher Operator „und" bei der Verknüpfung mehrerer Suchanfragen:
Auf eine erste Suchanfrage gibt der Computer zunächst die Anzahl der gefundenen Dokumente sowie die Anzahl der im Datenpool vorhandenen Dokumente an. Der Benutzer kann auf diese Anfrage hin seine erste Suchanfrage um eine zweite, dritte und vierte Suchanfrage erweitern, ohne die vorangehende Suchanfrage nochmals eingeben zu müssen. Der Computer verbindet in diesen Fällen die vorangegangenen und nachfolgenden Suchanfragen automatisch mit dem Boole'schen Operator „und". Er gibt sodann auf die der ersten jeweils folgenden Suchanfragen nicht nur die Anzahl aller Dokumente an, die aufgrund der „und"-Verknüpfung gefunden wurden, sondern auch die Anzahl der Dokumente, die ausschließlich aufgrund der jeweils vorangehenden Suchanfrage gefunden wurden.[55] Die Ausgabe sieht daher wie folgt aus:

Erste Suchanfrage

Anzahl . . . gefundener Dokumente

Zweite Suchanfrage, mit der ersten Suchanfrage mit „und" verknüpft

Anzahl . . . der aufgrund der Verknüpfung der beiden Suchanfragen gefundenen Dokumente

Anzahl . . . der Dokumente, die nur aufgrund der zweiten Suchanfrage gefunden wurden

Dritte Suchanfrage, mit der ersten und zweiten Suchanfrage mit „und" verknüpft

---

[52] Supplemento D-73 (FN 51) S. 8 ff.

[53] Teoria e metodi della ricerca (FN 1) S. 90 ff.

[54] Teoria e metodi della ricerca (FN 1) S. 219 f. und S. 226; hektographierter Vortrag von *Borruso*, Magistrato adetto al Centro Elettronico; Sistema Italgiure; Lineamenti generali vom 13. November 1973.

[55] Supplemento D-73 (FN 51) S. 10 f.

Anzahl ... der aufgrund der Verknüpfung der drei Suchanfragen gefundenen Dokumente

Anzahl ... der Dokumente, die nur aufgrund der dritten Suchanfrage gefunden wurden

Die Staffelung der Suchanfragen erlaubt es dem Benutzer, mit Hilfe eines Befehls unter Annullierung der folgenden auf vorangegangene Suchanfragen zurückzugehen. Der Benutzer gibt in diesen Fällen den Befehl BACK: R sowie 2 Ziffern ein, die die Nummer der Antwort auf die Suchanfrage bezeichnen, bis zu der die folgenden Suchanfragen mit der „und"-Verknüpfung gelöscht werden sollen. Der BACK-Befehl greift automatisch ein, wenn der Computer ausgibt, er habe keine Dokumente gefunden. In diesen Fällen geht er auf die letzte positive Antwort zurück und fordert den Benutzer auf, die Suche unter Ausschaltung der Suchanfrage fortzusetzen, aufgrund der er zu einem negativen Resultat gelangte.

Spektralanalyse

Nachdem der Computer dem Benutzer bekanntgegeben hat, er habe eine bestimmte Anzahl von Dokumenten gefunden, kann der Benutzer zur weiteren Eingrenzung der Ausgabe der so gefundenen Dokumente eine sog. Spektralanalyse durchführen.[56] Mit Hilfe der Spektralanalyse kann der Benutzer erfahren, welche konkreten Informationen einer bestimmten Kategorie in wieviel ausgewählten Dokumenten erscheinen. Dies ist u. a. in den Fällen nützlich, in denen für die Suche andere Kategorien als für die Spektralanalyse benutzt wurden. Zur Verdeutlichung diene folgendes Beispiel:

Der Computer zeigt einem Benutzer an, er habe auf dessen Suchanfrage, für die der Benutzer andere Kategorien als die Kategorie der codici parlanti verwandte, 200 Dokumente gefunden. Hierauf kann der Benutzer die Spektralanalyse der 200 Dokumente mit dem Befehl SPECTR: CP 1 auf die erste Ziffer der codici parlanti erstrecken. Sodann gibt der Computer an, auf welche Gesetzbücher sich die 200 aufgefundenen Dokumente jeweils mit welcher Anzahl beziehen. Er gibt dem Benutzer z. B. an:

70 Dokumente ... 1 (Zivilrecht)
35 Dokumente ... 2 (Zivilprozeßrecht)
18 Dokumente ... 3 (Strafrecht)
21 Dokumente ... 4 (Strafprozeßrecht)
6 Dokumente ... 5 (Seerecht)
14 Dokumente ... 6 (Steuerrecht)
23 Dokumente ... 7 (Verwaltungsrecht)
13 Dokumente ... 8 (Verfassungsrecht)

200

Die Spektralanalyse kann auch mit Zeitangaben durchgeführt werden, so daß der Benutzer erfährt, aus welchen Jahren die ausgewählten Dokumente stammen.

Auf diese Weise kann die Zahl der ausgewählten Dokumente weiter reduziert

[56] Supplemento D-73 (FN 51) S. 12.

werden. Interessiert sich der Benutzer des vorgenannten Beispiels etwa nur für Dokumente aus dem Steuerrecht, so kann er als weiteren Suchkanal das Gesetzbuch 6 eingeben und sich entweder die 14 Dokumente ausgeben lassen oder seine Suche mit weiteren Suchanfragen fortsetzen, in die nur die 14 Dokumente einbezogen werden.

Bereichsabfragen

Bereichsabfragen sind innerhalb einer Suchkategorie mit Hilfe eines Schrägstrichs möglich. So kann z. B. ein Benutzer, der alle Dokumente wünscht, die zwischen 1950 und 1965 liegen, unter Bezeichnung der Suchkategorie angeben 1950/1965. Er muß nicht jedes einzelne Jahr gesondert angeben.[57]

Ausgabe

Der Originaltext der Leitsätze wird mit dem Befehl PRINT ausgegeben. Eine Ausgabe von Absätzen der Leitsätze ist möglich. In diesen Fällen fügt der Benutzer dem Befehl PRINT die Bezeichnung der Abschnitte der Dokumente hinzu, deren Ausgabe er wünscht. Zusätzlich kann er dem Computer den für den Ausdruck gewünschten Zeilenabstand angeben.[58]

Die Ausgabe einer großen Zahl von Dokumenten soll durch das Zentrum selbst und nicht am Benutzerterminal erfolgen, um es nicht zu lange für eine Textwiedergabe zu blockieren.[59]

Orientierungshilfen

Auf formale Schreibfehler eines Benutzers weist der Computer mit dem Ausdruck „Formaler Schreibfehler" hin. Auf Punktierungsfehler weist der Computer gesondert hin. In beiden Fällen muß der Benutzer die berichtigte Suchanfrage noch einmal eingeben.[60]

8 Die automatisierte Dokumentation bibliographischer Angaben und verfassungsgerichtlicher Entscheidungen und Verfahren

Wie zu Punkt 7.3 bereits dargelegt worden ist, befinden sich die Leitsätze des Zivilrechts und des Strafrechts in je einem getrennten Datenpool. Auch für die bibliographischen Angaben und für die verfassungsrechtlichen Entscheidungen und Verfahren besteht je ein getrennter Datenpool. Insgesamt hat das Zentrum vier Datenpools, die die Benutzer gesondert ansprechen müssen.[61] Ihre Zusammenlegung ist geplant, damit die Benutzer in Zukunft alle Informationen in einem Dialog erhalten können.[62]

Der Dialog zwischen Computer und Benutzer erfolgt bei bibliographischen Angaben und bei verfassungsgerichtlichen Entscheidungen und Verfahren ebenso wie die Suche nach Leitsätzen des Zivilrechts und des Strafrechts. Jedoch stehen für die Suche nach dem Material wegen dessen anderer Beschaffenheit

---

[57] Supplemento D-73 (FN 51) S. 14.
[58] Supplemento D-73 (FN 51) S. 14 f.
[59] Hektographierter Vortrag von *Borruso* (FN 54).
[60] Supplemento D-73 (FN 51) S. 16.
[61] Supplemento D-73 (FN 51) S. 1.
[62] Hektographierter Vortrag von *Borruso* (FN 54).

andere Suchkategorien als die für die Leitsätze aufgeführten zur Verfügung.

Die Suche nach bibliographischen Angaben erfolgt über folgende Suchkategorien:[63]

- Titel des Werkes
- Name des Verfassers
- Ort der Herausgabe
- Name des Herausgebers
- Jahr des Erscheinens
- Bezeichnung der Reihe, zu der das Werk gehört
- Angaben des Bibliothekars zum Thema des Werkes
- Verkaufspreis des Werkes
- Angabe der Art des Materials, in dem das Werk veröffentlicht ist (Buch, Schallplatte, Zeitschrift, Flugbatt)
- Angabe der Art, auf die das Werk in das Eigentum der Bibliothek gelangte (z. B. Kauf, Schenkung)
- Dezimalklassifikationsnummer des Werkes
- Standort des Werkes in der Bibliothek.

Die Suche nach verfassungsgerichtlichen Entscheidungen und Verfahren erfolgt nach folgenden Suchkategorien:[64]

- Datum und Nummer des Gesetzes, das Gegenstand des Verfahrens über die Verfassungsmäßigkeit ist
- Amtlicher Titel des Gesetzes
- Tenor der Entscheidung des Verfassungsgerichts oder – vor dem Urteilsspruch – ein Hinweis darauf, daß ein Normenkontrollverfahren anhängig ist
- einschränkende oder auslegende Präzisierungen des Urteilstenors
- Nummer und Datum der Entscheidung des Verfassungsgerichts
- Artikel der Verfassung, den das Urteil anwendet
- Wörter, die dem Untertitel des allgemeinen Klassifikationsschemas entsprechen, in das die dem Kontrollverfahren unterworfene Norm eingereiht wurde; ggf. andere vom Dokumentar frei hinzugefügte Wörter, die Inhalt und Tragweite der Norm genauer spezifizieren
- Zahl, die den Untertiteln des allgemeinen Klassifikationsschemas entspricht
- numerische Angaben betreffend den Verweisungsbeschluß an das Verfassungsgericht
- numerische Angaben der vom Verfassungsgericht in derselben Entscheidung geprüften anderen Verweisungsbeschlüsse.

Wie zu Nummer 3 bereits dargelegt worden ist, werden zur juristischen Literatur nicht die vollständigen Texte oder sog. Abstracts (Kurzfassungen) aufgenommen, sondern im wesentlichen nur bibliographisch-bibliothekarische Angaben. Die verfassungsgerichtlichen Entscheidungen werden wie die gerichtlichen Entscheidungen nicht im vollständigen Text aufgenommen.[65]

---

[63] Supplemmento D-73 (FN 51) S. 56 ff.

[64] Supplemento D-73 (FN 51) S. 35 ff.; Teoria e metodi della ricerca (FN 1) S. 153 ff.

[65] Supplemento D-73 (F N51) S. 35 ff.

9 Ergebnisse

Das automatisierte Dokumentationssystem des italienischen Kassationsgerichtshofes in Rom hat folgende Vorteile:[66]

Die Suchkategorien für die Leitsätze gerichtlicher Entscheidungen, die Rechtsliteratur und die verfassungsgerichtlichen Verfahren und Entscheidungen ermöglichen eine flexibe Suchstrategie, die der Arbeitsmethode der Juristen weitgehend angepaßt ist, weil sie von der bestehenden Einteilung des Rechts in Gesetze, Einzelnormen und Sachgebiete ausgeht und alle bibliographisch-bibliothekarischen Suchmöglichkeiten nutzt. Der Dialog erlaubt den Benutzern, ihre Suchfragen zu präzisieren.

Im Hinblick auf die Textdokumentation der Leitsätze ist der auf dem Thesaurus-Verfahren basierende Dialog insoweit einfach gestaltet, als das Problem der Synonyme und Quasisynonyme bereits bei der Eingabe der Texte gelöst wurde, da jedes sinntragende Textwort in soviel Samenwörter übersetzt wurde, wie es semantische Grundbedeutungen hat. Hiermit wird die gesamte Breite des Inhalts der Leitsätze erschlossen. Dies ist insbesondere deshalb erheblich, weil die Leitsätze selbst den Inhalt der Urteile nur stark gekürzt wiedergeben. Überdies ist der Thesaurus selbst für alle und nicht nur für einzelne Rechtsgebiete anwendbar. Die Nutzung des Thesaurus vermeidet auch die Nachteile einer manuellen Indexierung, nämlich ihre hohen Kosten, ihre subjektive Wertung und damit verbundene Ungenauigkeiten sowie die Nichtberücksichtigung von Ausführungen, die erst in Zukunft bedeutsam werden können. Diese Nachteile sind allerdings schon mit der Abfassung der Leitsätze selbst verbunden, unabhängig von dem automatisierten Verfahren. In welchem Ausmaß die Leitsätze selbst Auskunft über den Inhalt der Urteile geben, kann hier nicht entschieden werden.

Der Nachteil der Textdokumentation der Leitsätze mit Hilfe des Thesaurus besteht darin, daß textbezogene Suchfragen nur mit Samenwörtern und akzeptierten Wörtern eingegeben werden können, also nicht in der natürlichen Spraceh. Die Zerlegung der Textwörter in zahlreiche Samenwörter mit breiter semantischer Bedeutung führt zu einer hohen Nachweisquote, also auch zur Ausgabe zahlreicher Leitsätze, die für die Benutzer nicht relevant sind. Dieser Nachteil scheint für den Kassationsgerichtshof selbst tragbar zu sein, weil er sämtliche einschlägigen Leitsätze erhalten muß, auch wenn das intelektuell-manuelle Aussortieren u. U zeitaufwendig ist. Ähnliches könnte für die Oberlandesgerichte gelten. Ob der Nachteil aber für die erste Instanz tragbar ist, bleibt ebenso wie die Frage zu prüfen, ob die Suche mit dem automatisierten Sytem effektiver als die Suche mit konventionellen Mitteln ist. Wahrscheinlich eignet sich das Thesaurus-Verfahren allenfalls für die Dokumentation von Leitsätzen und Kurzfassungen, nicht aber für die Dokumentation der vollständigen Texte gerichtlicher Entscheidungen oder der Werke der Rechtsliteratur, etwa der Aufsätze.

Das Ausmaß, in dem die Leitsatzdokumentation bis Ende 1973 von den Richtern

---

[66] *Berger* a.a.O. (FN 2) S. 480 f.

genutzt wurde, ist jedenfalls in bezug auf die auswärtigen Terminals gering, für die allein Zahlenangaben im November 1973 gemacht wurden. Bei einem Anschluß von ca. 55 auswärtigen Terminals werden nach Schätzungen von Mitarbeitern des Systems etwa 35 bis 40 Fragen täglich gestellt, die sich natürlich auch auf verfassungsgerichtliche Verfahren und Entscheidungen und auf rechtswissenschaftliche Literatur erstrecken können. Für die ungenügende Benutzung können folgende objektiven Gründe in Betracht kommen:

– Der Umfang des dokumentierten Materials, das nur Leitsätze des Kassationsgerichtshofes aus den vergangenen Jahren und nicht den vollständigen Text der Entscheidungen und im wesentlichen nur bibliographisch-bibliothekarische Angaben zu verfassungsgerichtlichen Verfahren und Entscheidungen und zu Werken der Rechtsliteratur enthält. Hierdurch kann ein Wechsel der Benutzer von der automatisierten auf die konventionelle Dokumentation und umgekehrt erforderlich werden.
– Die hohe Nachweisquote
– Die Auswahl des Materials, das im wesentlichen bereits in der konventionellen Dokumentation gut dokumentiert ist.
– Die fehlende systematische Übersicht über die Gesamtheit der gerichtlichen Entscheidungen, deren Leitsätze dokumentiert werden, wie sie die Rechtsliteratur bietet. Sie wird durch die Dokumentation der Rechtsliteratur nicht ersetzt, da diese im wesentlichen nur bibliographische Angaben enthält.
– Die fehlende Würdigung der einzelnen gerichtlichen Entscheidungen, deren Leitsätze dokumentiert werden, durch die Rechtsliteratur. Sie wird aus den vorgenannten Gründen durch die Dokumentation der Rechtsliteratur nicht ersetzt.

In Zukunft kann als weiterer objektiver Grund hinzukommen

– die für eine Anfrage zu zahlende Gebühr.

Als subjektive Gründe kommen in Betracht:

– mangelnde Lernbereitschaft der potentiellen Benutzer, die eine Nutzung des Systems erst ermöglicht
– subjektive Skepsis gegenüber der Leistungsfähigkeit des Systems.

Welcher dieser Gründe für die jedenfalls bis Ende 1973 unzureichende Benutzung ursächlich waren, steht nicht fest. Für die Zukunft rechnet man am Kassationsgerichtshof aufgrund des Ergebnisses einer Umfrage auch bei Notaren und Rechtsanwälten nicht mit einer so hohen Nutzungsquote, wie man anfänglich geschätzt hatte.[67] Eine Benutzerforschung wurde nach Angaben im November 1973 erst für die Zukunft ins Auge gefaßt.

[67] Hektographierter Vortrag von *Novelli* (FN 9).

Das System ist eingegliedert in das Leitsatzbüro (Ufficio del Mass imario) des Kassationsgerichtshofes. Innerhalb des Leitsatzbüros ist seine oberste Dienststelle das Büro zur Koordination und Direktion der technischen Dienste, das mit dem Studienbüro des Leitsatzbüros zusammenarbeitet. Die Organisation stellt im einzelnen wie folgt dar:

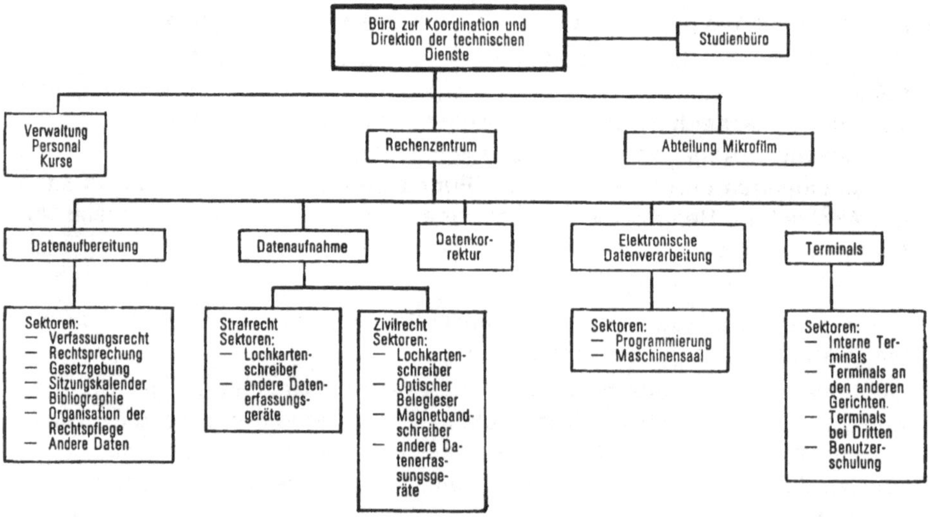

Organisation des Systems „Italgiure"

Das System ist eingegliedert in das Leitsatzbüro (Ufficio del Massimario) des Kassationsgerichtshofs. Innerhalb des Leitsatzbüros ist seine oberste Dienststelle das Büro zur Koordination und Direktion der technischen Dienste, das mit dem Studienbüro des Leitsatzbüros zusammenarbeitet. Die Organisation stellt im einzelnen wie folgt dar:[68]

Zusammenfassung

Das automatisierte juristische Informationssystem des Kassationsgerichtshofes in Rom dokumentiert vornehmlich die Leitsätze gerichtlicher Entscheidungen, Werke der Rechtsliteratur und seit 1974 auch Normen. Jede dieser drei Dokumentarten wird nach zahlreichen formalen sowie inhaltsbezogenen Merkmalen erschlossen, die eine flexible, der Arbeitsmethode des Juristen weitgehend angepaßte Suchstrategie ermöglichen. Das Retrievalsystem ist auf den Dialog ausgerichtet, der es den Benutzern erlaubt, ihre Suchfragen aufgrund der Zwischenergebnisse zu präzisieren. Die inhaltliche Erschließung der Leitsätze gerichtlicher Entscheidungen erfolgt durch eine gesetzesbezogene Klassifikation, durch eine weitere Klassifikation des allgemeinen Klassifikationsschemas und durch einen sogenannten Thesaurus. Mit Hilfe des Thesaurus werden die Textwörter der Leitsätze in ihre semantischen Bestandteile zerlegt, diese werden mit einer begrenzten Zahl von Ausdrücken und zwar den einfachsten, unmißverständlichsten und am wenigsten verwechselbaren Wörtern beschrieben. Diese Wörter werden Samenwörter genannt. Die Übersetzung der Textwörter der Leitsätze in die Samenwörter des Thesaurus erfolgt mit Hilfe des Retrievalsystems, also automatisch. Auch für die

[68] Hektographierter Vortrag von *Novelli* (FN 9).

inhaltsbezogenen Suchfragen der Benutzer dürfen nur die Samenwörter verwandt werden, soweit es sich nicht um Eigennamen, Zahlen oder geographische Begriffe handelt, die als solche erhalten bleiben. Auf diese Weise wird der unterschiedliche Wortgebrauch der Dokumente und der Suchanfragen der Benutzer auf eine einheitliche Dokumentationssprache zurückgeführt, die den gesamten Inhalt der dokumentierten Leitsätze erschließt. Ende 1973 waren die Leitsätze der Entscheidungen des Kassationsgerichtshofes in Zivilsachen seit 1962, in Strafsachen seit 1967 dokumentiert. Insgesamt waren ca. 70 Datenendstationen an das System angeschlossen, und zwar am Kassationsgerichtshof selbst, an allen 23 Oberlandesgerichten, an 30 Landgerichten, am Justizministerium, an der Avvocatura Generale dello Stato und an der Bibliothek Vittorio Emmanuele in Rom. Für 1974 war der Ausbau des Netzes auf insgesamt 200 Datenendstationen vorgesehen, vornehmlich für die Landgerichte. Als Benutzer des Systems werden neben den Richtern und Beamten der Ministerien auch alle übrigen Juristen in Italien ins Auge gefaßt. Das Italgiure ist unter Berücksichtigung des gespeicherten Materials, das sich auf alle drei Dokumentarten bezieht, der inhaltlichen Erschließung der gerichtlichen Leitsätze durch den Thesaurus, der Zahl der bereits angeschlosssenen Datenendstationen und der Breite der ins Auge gefaßten Benutzerkrise das größte funktionierende juristische Informationssystem in Europa.

Summary

The automated legal information system of the Italian Supreme Court (Corte di Cassazione) in Rome deals with the documentation predominantly of the headnotes of court decisions, of legal literature and, starting in 1974, also of laws and regulations. Each of these three types of documents is evaluated by numerous formal and substantive characteristics which allow a flexible search strategy substantially compatible with the working method of lawyers. The retrieval system is dialogue-oriented enabling the users to modify or clarify their search inquiries in response to the intermediate results. In regard to their contents the headnotes of court decisions are evaluated by a classification which is related to the statutory law, by an additional classification according to the general classification scheme, and by a so-called thesaurus. With the aid of the thesaurus the textual words of the headnotes are divided into their semantic components that are described by a limited number of terms, with the simplest, clearest and least confusing words being used as such terms. These words are called „seed words". The textual words of the headnotes are translatet into the seed words of the thesaurus by using the retrieval system, i. e. automatically. Likewise, only seed words may be used for contents-related search inquiries by users, unless proper names, numerals or geographic terms are concerned which are maintained in their original form. In this way, the different use of words within the documents and search inquiries of users is reduced to a uniform language of documentation which makes accessible the whole contents of the documented headnotes. At the end of 1973 the headnotes of the decisions of the Supreme Court were documented since 1962 as to the civil law cases, and since 1967 as to the criminal cases. Alltogether about 70 Terminals were connected to the system; they are located at the Supreme Court itself, at all 23 Courts of Appeal, at 30 District Courts, at the Ministry of Justice, at the Avvocatura Generale dello Stato (the Attorney General) and the Vittorio Emmanuele Library. For 1974 the expansion of the network to a total of 200 terminals has been planned, primarily for the District Courts. In addition to the judges and officials of the ministries also all other lawyers in Italy are envisaged to be users of the system. In regard of the stored material which embraces all three types of documents, the substantive analysis of the headnotes of court decisions by the thesaurus, the number of terminals already connected, and the scope of the envisaged user groups, „Italguire" is the largest operating legal information system in Europe.

Hélène Bauer-Bernet

Communication entre systèmes d'informatique documentaire

I Introduction

II Analyse des connexions entre centres ou systèmes documentaires
- A. Eléments d'un système documentaire
- B. Connexions entre éléments
  - a) Documents de base
  - b) Structure de l'information
  - c) Langage documentaire
  - d) Programmes (spécifiques et généraux)
  - e) Matériel
  - f) Les résultats

III Problèmes de communication juridique internationale
- A. Généralités
  - a) Libre échange des informations
  - b) Accès «comparatif» aux fichiers juridiques européens
- B. Compatibilité de l'information juridique
  - a) La problème
  - b) Historique des projets
  - c) Formats d'échange
  - d) Perspectives
- C. Réseau informatique européen
  - a) Le problème
  - b) Origine et mise en œuvre du projet
  - c) Mise en œuvre du réseau
  - d) Configuration du réseau
- D. Pluralité des droits et des langues: vers un réseau sémantique
  - a) Interface sémantique
  - b) Invariants et homologues
  - c) Fichier phraséologique multilinque
  - d) Perspectives

Résumé

Summary

Zusammenfassung

I Introduction

a) Le juriste en mal d'information rapide et précise sur l'état du droit se prend à rêver d'un réseau d'information lui donnant accès au droit national de son pays et aussi – pourquoi pas – à celui des pays voisins.

Pour répondre à ces besoins, dans les pays de l'Europe occidentale – pour s'en tenir à cette aire géographique – les centres de documentation juridique automatisée, opérationnels, au stade d'expérience ou en projet se comptent déjà par dizaines[1]. Non seulement leur nombre, mais encore leur complexité et leurs performances vont croissant.

---

[1] Voir énumération partielle ou description synthétique dans: Das juristische Informationssystem – Analysen, Planung, Vorschläge – Herausgegeben vom Bundesministerium der Justiz (Verlag C. F. Müller, Karlsruhe, 1972), pp. 401–458. – *Bauer-Bernet, H.,* Rechtsdokumentation – Zur elektronischen Verarbeitung juristischer Texte im nationalen und internationalen Bereich (Frankfurt 1973), pp. 30–36 et bibliographie succincte p. 30. – Rapports de synthèse présentés au congrès «Juristische Informationssysteme» (Munich, 22–24 Mai 1973, Verlegervereinigung Rechtsinformatik e.V.).

Aussi les administrateurs de ces centres, conscients des coûts et des problèmes techniques, aimeraient-ils voir se dessiner un partage des tâches d'analyse et de saisie de l'information, une standardisation des formats, une utilisation optimale du matériel, une mise en commun de certains programmes.

Le présent exposé a pour but de donner une vue d'ensemble des principaux aspects de la communication entre systèmes et d'en illustrer certains par des exemples concrets ou des modèles détaillés. L'accent est mis sur ceux qui concernent la constitution d'un réseau d'information européen en matière juridique.

b) Précisons pour commencer qu'un système d'informatique documentaire est un ensemble de moyens de traitement de l'information grâce auquel il est possible, à partir de données fournies (documents, fichiers, questions, ...) de recueillir divers résultats (fichiers mis à jour, réponses ou éléments de réponse à des questions documentaires, statistiques, aides à la gestion, ...). Les systèmes considérés ici sont les systèmes électroniques.

Un centre documentaire est un organisme, service ou groupement qui gère un système documentaire et entretient des relations avec des utilisateurs dont il reçoit des questions (ou des demandes qu'il convertit en questions) et auxquels il fournit des réponses.

Plusieurs centres documentaires peuvent, pour des raisons d'optimisation diverses se traduisant par une amélioration globale du rapport coût-service (économie d'analyse, de matériel ou de programmes, plus grande facilité d'accès au niveau national ou international, etc. ...), entretenir entre eux des relations organisées telles que les éléments d'un centre ou système sont déterminés compte tenu d'autres centres ou systèmes.

Cette forme de relations est appelée ici communication[2]. Différents aspects en seront analysés dans la section II.

Une vision d'avenir dont il est difficile de dire si elle est utopique nous montre une information totalement fluide, née de la conjonction de systèmes «intelligents» à mémoire et d'un réseau dense et puissant de télé-communication qui permet d'interroger toute base de données en tout centre documentaire. Cette information fluide n'est pas nécessairement une information «totale»: la richesse du concret interdit de rêver d'une information totale sur tout pour tous.

c) Il est particulièrement urgent de faciliter les transmissions d'information juridique au niveau international. Toutefois, les difficultés en ce domaine sont énormes, pour deux raisons:

---

[2] La communication peut s'établir entre centres (partage du champ documentaire, des catégories de clientèle ou des locaux pour interrogation par terminal) ou entre systèmes (p. ex. l'un alimente ou interroge l'autre; ou ils acceptent des fichiers de même structure). Il n'est question ici que de communications entre centres ou systèmes documentaires. Un système documentaire peut aussi communiquer avec des systèmes non documentaires, par exemple avec une imprimerie qu'il alimenterait (ou qui l'alimenterait) en supports d'information (bande magnétique, ruban perforé, etc. ...).

- d'abord, l'autonomie des Etats et des centres s'exprime dans le choix des matériels et des programmes généraux, choix pour lequel des considérations économiques et politiques régionales sont plus déterminantes que les soucis de compatibilité internationale;
- ensuite, même dans l'hypothèse d'une fluidité absolue de l'information, il subsisterait des problèmes de communication dus à la pluralité des langues et des droits.

Des techniques informatiques appropriées devront donc créer des «interfaces» techniques et sémantiques pour, sinon supprimer les obstacles, du moins les amoindrir progressivement.

Ces possibilités ainsi que les réalisations et projets européens seront esquissés dans la section III.

II Analyse des connexions entre centres ou systèmes documentaires

A. Eléments d'un système documentaire

Tout système d'informatique documentaire comporte des donnés, des moyens de traitement, des résultats.

a) Les données, issues d'un domaine («champ documentaire») et de sources (ouvrages) déterminés, sont transmises au système sous forme de documents comportant:

- une structure interne définie: («structure de l'information»: rubriques et relations entre rubriques; délimiteurs d'unités sémantiques; éventuellement aussi subdivisions typographiques du texte) et
- un vocabulaire affecté (a priori ou a posteriori) à chaque rubrique. Ce vocabulaire forme, en liaison avec la définition des rubriques, le «langage documentaire», qui, avec les opérateurs grammaticaux d'interrogation (opérateurs logiques «et, ou, sauf» et parenthèses, etc. ...) est utilisé pour poser des questions documentaires.

b) Les moyens de traitement comportent du matériel (unité centrale, périphériques, supports de données et de résultats) et des programmes, généraux ou spécifiques. Les programmes généraux (du constructeur d'ordinateurs, ou loués à une firme de software) comprennent au moins les programmes d'exploitation et éventuellement une chaîne de programmes documentaires. Quant aux programmes spécifiques, ils sont écrits «ad hoc» pour adapter et compléter les premiers.

c) En ce qui concerne les résultats, il ne sera pas question ici des statistiques et des aides à la gestion mais seulement des réponses documentaires et des éléments de réponse.

On distingue couramment:

- la diffusion systématique: bulletins, index, catalogues, etc. ...
- la diffusion sélective: réponse à une interrogation stéréotype (par exemple, question du client A posée chaque mois) sur une masse documentaire variable (mise à jour seule);

– les réponses ad hoc à une interrogation (variable) de la masse documentaire (constante, en période définitive d'exploitation et abstraction faite des mises à jour courantes).

Cette interrogation peut être effectuée «par lots», donc sans intervention ultérieure de l'utilisateur, ou avec intervention « en mode dialogué», qui peut être ou non en temps réel et à distance.

Ces divers éléments d'un système documentaire peuvent être concernés, isolément ou non, dans un processus d'optimisation couvrant plusieurs centres.

Les connexions possibles seront évoquées ci-après, élément par élément, avec une indication des facteurs à considérer pour le choix et le groupement des connexions entre centres.

B. Connexions entre éléments

a) Documents de base

Si plusieurs centres couvrent en tout ou en partie le même domaine, ils peuvent avoir intérêt à se partager le champ documentaire pour éviter des doubles emplois en recensement, analyse, enregistrement et, éventuellement, en stockage de documents.

Comment alors permettre à tout utilisateur des systèmes (ou client des centres) d'accéder à tout document? Deux solutions peuvent être envisagées:

1. L'utilisateur doit s'adresser au centre compétent pour le secteur consulté.

Les conditions d'un fonctionnement aisé pour l'utilisateur sont les suivantes:

– partage de compétence clair;

– unité dans les moyens de communication,
soit que la demande soit envoyée «en clair» à un documentaliste médiateur, soit, si l'utilisateur interroge directement les systèmes, qu'il existe un langage documentaire commun, ce qui suppose un accord sur divers autres éléments des systèmes (voir ci-dessous, langage documentaire).

2. L'utilisateur peut s'adresser au centre de son choix, chacun stockant une copie de l'ensemble des fichiers.

Cette solution est plus «contraignante» pour les systèmes, car elle suppose un accord préalable assurant que l'ensemble des données soit compatibles, entre elles, d'une part, et avec l'ensemble des moyens de traitement, d'autre part. A cette fin l'accord doit porter essentiellement sur la structure de l'information et sur le langage documentaire, et accessoirement sur les caractéristiques techniques des supports d'information. L'effort est justifié si le taux d'utilisation de l'ensemble des fichiers par une même clientèle est élevé, car le coût de la copie de fichier magnétique et du stockage sur support à accès séquentiel (bande magnétique) est infime par rapport au coût d'élaboration; le coût du stockage sur support à accès direct (disques) baisse constamment[2a].

[2a] Chez certains constructeurs, il a baissé dans la proportion de 16 à 1 entre le début de 1972 et la fin de 1973.

b) Structure de l'information

La structure de l'information en matière documentaire consiste à définir des rubriques correspondant, pour l'utilisateur, à des champs sémantiques (par exemple: auteur, matière, texte, etc. . . .), et, en liaison avec les programmes, à différents types de traitement (par exemple, existence d'un fichier inversé, utilisation d'une gamme d'opérateurs logiques et autres, etc. . . .). Le format des rubriques doit être explicite (fixe ou variable, longueur, drapeau ou position).

L'échange de fichiers magnétiques entre centres suppose un accord sur la structure de l'information, faute de quoi les utilisateurs et les programmes ne peuvent traiter et interpréter les fichiers.

L'identité de structure n'est pas nécessaire; une simple compatibilité suffit.
La compatibilité de structure suppose la définition commune d'un ensemble de rubriques parmi lesquelles tout centre générateur de fichiers choisit un sous-ensemble reconnaissable en machine. Les programmes des différents centres doivent alors être conçus pour accepter que, dans l'ensemble des fichiers traités, certaines rubriques soient inexistantes ou vides.

Un centre peut subdiviser une ou plusieurs rubriques du sous-ensemble plus finement qu'un autre centre (par exemple, distinguer différentes «facettes» parmi les matières). Il doit alors exister une règle connue pour passer de l'information fine à l'information globale; l'inverse n'est logiquement pas possible[3].

c) Langage documentaire

Le langage documentaire au sens large est l'ensemble de conventions qui permettent à l'utilisateur d'établir un lien entre les signes du système documentaire et leur sens. Au sens étroit, il ne concerne que les signes contenus dans les fichiers.

Le langage documentaire au sens large est souvent d'origine complexe. Par exemple, les conventions d'utilisateur sur les «descripteurs» peuvent être libres ou tenir plus ou moins compte des fonctions particulières d'une certaine chaîne de programmes documentaires pour en tirer le meilleur parti. De ces programmes dépend également l'expression des opérateurs d'interrogation et, éventuellement, l'intitulé des rubriques. Les contraintes des programmes généraux se manifestent dans l'expression d'une fin de session d'interrogation, etc. . . .

Pour faciliter l'échange, les fichiers devraient être «neutres» par rapport aux programmes des différents systèmes. Par contre, l'utilisation optimale de programmes existants exige que le contenu des fichiers tienne compte des fonctions et contraintes de ces programmes, jusqu'au jour où éventuellement ces

[3] Toute compatibilité peut être réciproque (en deux sens) ou ascendente (en un sens). Limitée à l'alimentation, la compatibilité à sens unique serait réalisée entre deux systèmes A et B dont les éléments présenteraient les relations suivantes: a) fiche d'analyse: les rubriques A sont un sous-ensemble des rubriques B; b) vocabulaire: le vocabulaire A est un sous-ensemble du vocabulaire B (ou des termes génériques correspondants aux termes spécifiques de B); c) pratique commune pour les aspects communs. La compatibilité réciproque à l'alimentation serait réalisée par l'identité ou la compatibilité réciproque des mêmes éléments, à savoir: 1. même fiche d'analyse; 2. vocabulaire identique ou complémentaire; 3. pratique commune.

fonctions et contraintes seront compatibles.

Seul le langage documentaire au sens étroit sera considéré ci-après, dans l'hypothèse où ce langage est constitué indépendamment des programmes.

d) Programmes (spécifiques et généraux)

Les travaux de programmation sont longs et coûteux. Il est donc avantageux, lorsqu'une fonction est commune à plusieurs systèmes (p. ex. attribution d'un même numéro de notion aux mots d'un groupe d'équivalents sémantiques) et s'applique à des données dont la description est commune ou transcodable (p. ex. reconnaissance des mots d'un groupe), de ne programmer qu'une seule fois cette fonction.

L'exploitation des programmes peut être centralisée en un centre de traitement. Le rythme de traitement doit alors être coordonné, et les données fournies sur support, compatibles.

L'exploitation peut aussi être décentralisée, ce qui suppose que les programmes soient intégrables dans une chaîne fonctionnant sur un matériel quelconque. Ces programmes doivent donc être suffisamment modulaires pour permettre un raccord des fonctions et aisément convertibles – donc en principe écrits en langage synthétique compilable dans les différents centres de traitement.

Tout ce qui peut être décrit par algorithme fini est automatisable sur ordinateur et réciproquement. Donc tout ce qui est programmé sur un matériel peut en principe l'être sur un autre dont les fonctions sont équivalentes, à condition de faire abstraction de certains facteurs, souvent essentiels, tels le temps, le coût et la distance.

Les équipements (matériel et software) A et B sont dits compatibles «vers le haut» (de A vers B) si tout programme utilisé sur l'équipement A peut être utilisé sans adaptation sur l'équipement B.

A défaut de compatibilité des équipements, les programmes doivent être «convertis». Dans une hypothèse optimale, la conversion se fait automatiquement, instruction par instruction. Dans une hypothèse moyenne, les programmes doivent en outre être adaptés (p. ex. pour tenir compte de l'existence ou de l'inexistence de programmes utilitaires).

Une conversion peut être, dans des cas extrêmes, possible en théorie mais trop coûteuse en pratique: à la limite, il vaut mieux écrire un nouveau programme (ou renoncer à la fonction) que d'adapter l'ancien.

e) Matériel

Un équipement lourd à software d'exploitation très évolué fournit normalement un traitement à moindre coût. Plusieurs centres peuvent donc avoir intérêt à utiliser en commun non seulement des programmes mais aussi un même équipement avec son software d'exploitation.

Les contraintes actuelles pour mettre en oeuvre une telle solution sont assez lourdes, notamment en ce qui concerne les exigences de compatibilité technique.

L'avenir semble devoir permettre plus facilement l'utilisation commune d'un équipement lourd. En effet, l'organisation d'un réseau européen, pour laquelle une réalisation pilote est à l'étude dans le cadre du projet COST 11[4], permettra dans quelques années la transmission rapide de données et l'interrogation en mode dialogué de centre à centre. La compatibilité technique sera assurée par des interfaces appropriées entre les centres et les «noeuds» du réseau. Une certaine répartition des tâches de traitement et d'interrogation pourrait donc avoir lieu. Par exemple, l'un des centres est chargé de la mise à jour de fichiers dont les copies sont diffusées à dix centres interrogeables par mille terminaux.

f) Les résultats

La rapide amélioration du rapport performance/coût des télécommunications devrait graduellement rendre la distance «transparente»: idéalement, toute base de données juridiques devrait être interrogeable à partir de tout centre de documentation juridique.

Ce résultat peut être atteint au niveau des centres, par simple juxtaposition des accès aux systèmes: p. ex. terminal du système A et terminal du système B dans un même local du centre C.

Dans un souci d'optimisation, il peut être intéressant d'assurer l'accès par communication entre systèmes.

En effet, si par exemple les terminaux A et B ne sont pas employés à temps plein, un seul terminal techniquement compatible avec les matériels A et B serait moins onéreux. En outre, si les interrogateurs de A sont aussi les interrogateurs de B, l'existence de points communs entre les langages d'interrogation (fonctions, opérations et leurs expressions) et entre les langages documentaires (vocabulaire, thésaurus) faciliterait l'apprentissage et l'exploitation.

Au plan international, si les systèmes A et B concernent des langues et/ou des droits differents et sont utilisés par les mêmes interrogateurs, le passage d'une langue ou d'un droit à l'autre se fera en une première étape au niveau purement humain. L'automatisation progressive de l'«interface» en un fichier phraséologique multilingue peut être envisagée (voir section III).

III Problèmes de communication juridique internationale

A. Généralités

Si par exemple un juriste français veut de Paris interroger les fichiers de droit allemand à Bonn, plusieurs solutions peuvent être envisagées:

1.1 Un terminal du système de Bonn est installé à Paris, indépendamment du système local. Les interrogateurs de Paris apprennent à l'utiliser à Paris comme on l'utiliserait à Bonn. Les préalables sont:

- la connaissance de la langue et du droit,
- un apprentissage (de quelques heures à quelques jours) du langage documentaire, puis
- la pratique (quelques semaines ou mois).

Le raisonnement est le même pour plusieurs terminaux.

---

[4] Projet COST 11, décrit dans la section III point C.

Ce réseau, non optimisé, ne pose aucun problème de compatibilité technique, mais le problème de la communication juridique reste entier.

1.2 Dans une variante non conversationnelle, la question est transmise par telex à Bonn, éventuellement on-line; et la réponse courte est renvoyée par le même chemin, la réponse longue, par la poste.

2. Il peut être souhaitable, pour des raisons d'optimisation, que le même terminal permette d'interroger directement au moins deux systèmes: dans notre exemple, Paris et Bonn. Ceci n'est possible que si les équipements sont compatibles. Une optimisation internationale parfaite au niveau technique semble utopique, car divers éléments de la chaîne documentaire (notamment le choix du matériel et du software, ou l'accès à l'information) sont soumis à des contraintes régionales très fortes et aucun organe n'est en état d'imposer une conception d'ensemble.

Il est probable que, grâce aux ententes entre constructeurs d'ordinateurs et matériel périphérique, guidés par divers comités de normalisation[4a], la compapatibilité des matériels et des softwares ira s'améliorant au sein de deux ou trois grands groupes, entre lesquels toutefois les clivages persisteront peut être longtemps.

Il apparaît donc réaliste de chercher des solutions qui concilient au mieux liberté technique des centres et meilleur accès à l'information: libre échange d'une part, accès «comparatif» d'autre part.

1. Libre échange des informations

Pour ce qui a trait au libre échange de l'information, plusieurs possibilités de relations peu contraignantes peuvent être envisagées entre centres.

a) Les centres conviennent d'assurer l'entraide documentaire par des moyens traditionnels n'affectant pas les systèmes informatiques (harmonisation des champs documentaires; envoi par poste de bulletins ou par telex de réponses à des demandes documentaires; clause de l'«utilisateur le plus favorisé» dans les relations entre services publics).

b) Les prolongements de différents systèmes (terminaux de télégestion) coexistent dans les locaux de chaque centre où le taux d'interrogation justifie un tel investissement.

c) Les centres se partagent les travaux de recensement, d'analyse et de saisie, conviennent d'une structure d'information et d'un vocabulaire compatibles et échangent des copies de fichiers. Les systèmes sont indépendants pour le reste du processus.

d) Un réseau de télécommunication R est établi indépendamment des centres.

[4a] Par exemple le comité ESONE, organisation entre laboratoires pour favoriser la comptabilité et l'interchangeabilité de l'équipement électronique dans tous les laboratoires nucléaires des pays membres de l'EURATOM, dont les travaux ont abouti notamment à la réalisation d'interfaces selon les normes CAMAC (document EURATOM/ 4100 CAMAC de 1969 et Premier symposium international CAMAC dans les systèmes informatiques en temps réel, Luxembourg, 4–6 décembre 1973, organisé par la Commission C.E., en collaboration avec le comité ESONE).

Des interfaces techniques I_i (matériel et software) permettent de raccorder tout centre C_i à ce réseau R. Les programmes et les fichiers C_1 sont alors accessibles de C_2, C_3, etc. . . .; ceux de C_2 sont accessibles à C_1, C_3, etc. . . . et ainsi de suite. Chaque centre reste maître de ses programmes et fichiers, sauf conventions d'échange, accord sur les clefs de secret, etc. . . .

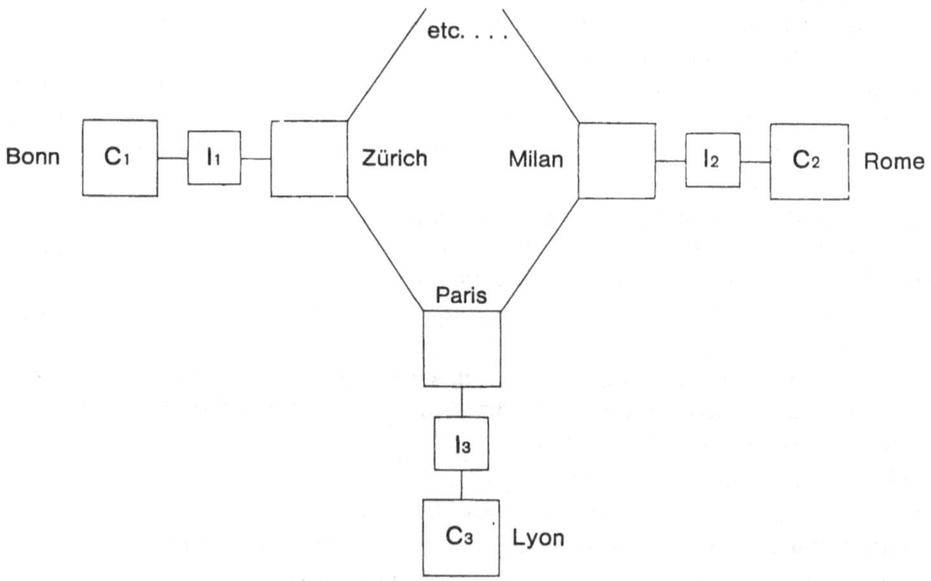

e) Différentes solutions sont combinées, par exemple c) (pour les fichiers très consultés) et d) (pour les autres).

Ces solutions c) (compatibilité de l'information) et d) (réseau informatique), qui présentent le plus d'avenir et pour lesquelques des travaux sont en cours au niveau européen, feront l'objet respectivement des points B et C ci-après.

2. Accès «comparatif» aux fichiers juridiques européens

Une solution technique parfaite pour le libre échange de l'information ne résoudrait pas le problème de la communication entre juristes dont les horizons diffèrent – que ce soit par le domaine de spécialisation, l'ordre juridique, la langue ou une combinaison de ces éléments.

Ce problème de communication se pose également au juriste qui interroge, pour lui même ou pour le compte d'autrui, un centre de documentation étranger. L'intervention du comparatiste, que ce soit le consultant lui-même ou un médiateur, sera souvent indispensable.

Des aides automatiques pour le comparatiste peuvent être constituées graduellement, si par exemple les interventions de ses prédécesseurs sont capitalisées, dans une «interface» qui peut être indépendante des centres. Dans une hypothèse extrême réalisable dans de très étroites limites, la même question serait traduite automatiquement pour l'interrogation de différents systèmes. Les possibilités en ce domaine seront esquissées au point D.

B. Compatibilité de l'information juridique

a) Le problème

Si plusieurs systèmes doivent communiquer[5] au niveau de l'alimentation (abstraction faite des programmes et du matériel), deux exigences sont à considérer:

1) Comme il a déjà été exposé ci-dessus[6], des normes communes doivent être convenues en ce qui concerne:

– la structure de l'information (rubriques de la fiche d'analyse)

– le vocabulaire par rubrique,

afin que l'information soit «compatible quant au fond» (ou «cohérente»), c'est-à-dire transcodable ou convertible automatiquement, sans ambiquïtés mais en acceptant un appauvrissement éventuel de l'information si la compatibilité est à sens unique[7].

2) Le nombre total des conversions pour l'alimentation multilatérale peut être réduit au minimum[8] si les normes communes comportent des spécifications techniques précises[9] et que chaque centre assure la conversion (unique) des documents destinés à l'échange.

Les centres peuvent ainsi conserver une certaine autonomie, non seulement pour le traitement de l'information mais aussi pour la présentation de leurs fichiers destinés à l'usage interne, et ne convertir vers le format commun que les bandes destinées à l'échange entre centres.

b) Historique des projets

La question de la compatibilité de l'information est posée au niveau européen en 1968 par la Commission des Communautés européennes[10], qui aboutit en décembre 1969 à des conclusions concrètes[11]. Le Conseil de l'Europe et d'autres organismes, publics et privés, internationaux ou nationaux, s'en saisis-

---

[5] «Communiquer» au sens précise à la section I point b), c'est-à-dire qu'il y ait ou non communication physique, par exemple par usage d'un réseau de télécommunications. Les supports magnétiques de fichiers (bandes, etc. ...) peuvent être échangés par courrier.

[6] Voir section II point Bb).

[7] Voir note 3.

[8] Si un nombre X de systèmes s'alimentent les uns les autres, le nombre de conversions pourrait, faute d'accord, atteindre x^2-x; et, par accord, être réduit à X ou moins.

[9] Notamment en ce qui concerne: la structure de l'information (ordre et délimiteurs des rubriques), la saisie (codage des caractères – lettres, chiffres et autre signes, conventions concernant les caractères spéciaux), le stockage (densité de la bande magnétique, étiquette, etc. ...).

[10] Document JUR 310/68 pour la réunion d'un groupe d'experts tenue le 22 février 1968.

[11] Document JUR 1399/70 du 5/2/70 pour les journées d'étude sur l'informatique juridique des 11–12 décembre 1969 et procès-verbal sur l'harmonisation des rubriques.

sent[12]. Les travaux convergent rapidement et, en 1970, le groupe de travail du Conseil de l'Europe chargé de la «normalisation des formats d'échange de textes juridiques» formule, à l'issue de deux réunions et d'un symposium (23–25 juin), des propositions détaillées, reprises en 1973 dans une «résolution du Conseil de l'Europe»[12a]. Ces formats d'échange sont présentés ci-après.

c) Formats d'échange

Dans la résolution du Conseil de l'Europe, dix à treize rubriques, avec indicatif

	Législation	Jurisprudence	
L1	Ordre(s) juridique(s) concerné(s)		J 1
L2	Nature, type, catégorie ou forme de texte (lois, arrêtés, décrets, etc. . .)	Juridiction (a) type (b) siège	J 2
L3	Auteur (pouvoir ou autorité auteur du texte: parlement, préfet, etc. . .)	Formation (chambre, section, division, etc. . . .)	J 3
L4	Date officielle du texte [de l'unité documentaire] (promulgation, royal assent ou autre)		J 4
L5	Numéro officiel du texte, le cas échéant		J 5
L6	Intitulé du texte entier (titre officiel)	Noms des parties ou autres moyens d'identification	J 6
L7	Localisation de l'unité documentaire dans le texte entier a) subdivision du texte (numéro d'article, paragraphe, alinéa, annexe, etc. . . .) b) en cas de découpage autre du texte: localisation interne	Nom des magistrats (président, rapporteur, ministère public)	J 7

[12] En novembre 1969 se tient, au sein du Conseil de l'Europe, la première réunion du «Comité d'experts pour l'harmonisation de la mise des données juridiques sur ordinateur». Dès 1970, l'Association française pour le développement de l'informatique juridique (A.D.I.J.) s'efforce d'élaborer, en liaison avec les utilisateurs, des normes pour le document de saisie (fiche d'analyse) applicables par tous les centres français. L'Association internationale pour l'informatique juridique Interdoc (Bruxelles), dans le rapport du 12 octobre 1970 de sa commission technique, propose de réduire les opérations de conversion d'enregistrements par le choix, en une convention internationale, d'un format standard pour les bandes destinées à l'échange international. Quelques jours plus tard, le Conseil de l'Europe saisit de la question son «Comité d'experts pour l'harmonisation des modalités de la mise des données juridiques sur ordinateur».

[12a] «Résolution '73' 23 sur les mesures d'harmonisation dans le domaine de l'informatique juridique dans les Etats membres du Conseil de l'Europe», du 26 septembre 1973, annexe et rapport explicatif.

L8	Etats de l'unité documentaire (en vigueur, abrogé, etc. . . .)	(frappée d'appel, réformée, confirmée, etc. . . .)	J 8
L9	Références bibliographiques (de préférence publication officielle ou code)	Référence à la publication (officielle ou autre)	J 9
L10	Référence aux travaux préparatoires		J 10
L 11	Rubriques de références à d'autres textes		J 11
L 12	Vedettes-matières du texte complet		J 11
L 13	Vedettes-matières de l'unité documentaire		J 12

et signe de fin de zone, on été retenues et définies pour les traités internationaux (T), la législation (L), la jurisprudence (J) et la doctrine (D).

Certaines de ces rubriques sont communes à tous les domaines (par exemple «auteur»: rubriques T3, L3, J 2/3 et D3); les autres sont spécifiques à chaque type de document (par exemple: «parties au traité», rubrique T1; «nom des magistrats», rubrique J7). La liste comparative des rubriques pour la législation et la jurisprudence est reproduite ci-après.

Etant donné le caractère très évolutif de l'informatique juridique documentaire, aucune force contraignante n'est dévolue au choix des rubriques. Il est en outre prévu de réviser constamment le choix et la définition de celles-ci, compte tenu de l'expérience acquise.

d) Perspectives

1) Par rapport aux exigences d'une compatibilité totale des données, le but proposé dans le cadre du Conseil de l'Europe, limité à la structure de l'information, est – volontairement – modeste. Il ne sera toutefois atteint que lentement. En effet, la diversité des fiches d'analyse actuellement en usage est très grande: le nombre des rubriques spécifiques varie entre 1 et 50, leurs définitions se croisent, leurs fonctions sont diverses, la profondeur de l' analyse est variable. Il faudra un long effort soutenu et motivé pour progresser dans l'application des formats d'échange.

2) Pour assurer la cohérence des rubriques spécifiques, il faudrait harmoniser non seulement leur structure, mais encore leur vocabulaire. Ceci est aisé pour les rubriques concernant un fonds commun d'entités bien définies (dates, noms d'Etats, auteurs) et plus difficiles pour d'autres (vedettes-matière).

3) Un document comprend également, outre les rubriques spécifiques, les rubriques générales décrivant le contenu du document. Or, le vocabulaire documentaire utilisé dans ces rubriques varie non seulement quant à l'ampleur (entre 147 et 35.000 termes) mais aussi en fonction de la langue et du système juridique.

La profondeur d'analyse (donc l'ampleur du vocabulaire) pourrait être normalisée par type de sous-rubrique générale (par exemple: abstract, résumé détaillé, vocabulaire intégral, texte intégral). L'harmonisation ou la systématisation du vocbulaire, même en une seule langue et concernant un seul droit, demanderait des années d'efforts[13].

4) La possibilité d'obtenir la compatibilité totale des données juridiques au niveau international paraît donc utopique. Une certaine «comparabilité» sera déjà une aide appréciable à la communication juridique. La possibilité d'amplifier cette aide est exposée au point D.

C. Réseau informatique européen

a) Le problème

Depuis environ 1965 les performances de l'association «ordinateurs- télécommunications» sont allées croissant. Il existe déjà plusieurs réseaux[14] privés comportant des liaisons internationales. Mais les réseaux privés sous-utilisent les télécommunications. Pour un meilleur emploi de celles-ci, il est nécessaire d'organiser un réseau accessible à un grand nombre d'utilisateurs. Le problème est alors celui des incompatibilités techniques. Pour y remédier, il faut établir des normes pour la communication[15] entre ou avec les ordinateurs.

L'on trouve aux Etats-Unis un précédent pour ce genre d'entreprise: le projet ARPA (Advanced Research Project Agency), établi sous la responsabilité du Ministère de la Défense.

En Europe il existe un certain nombre de projets, qu'il conviendrait d'harmoniser.

En ce qui concerne les seules télécommunications, par exemple, deux comités internationaux ont été créés:

- le CCITT (Comité consultatif international des télégraphes et téléphones) et
- le CEPT (Comité européen des postes et télégraphes).

Mais ces initiatives en matière de télécommunications seules ne suffisent pas. Il reste encore le problème de relier les ordinateurs entre eux, ou les ordinateurs et les terminaux; et cette nécessité a conduit à la décision de construire un réseau informatique expérimental européen.

b) Origine et mise en oeuvre du projet

La Communauté économique européenne a constitué en 1969 un groupe de

---

[13] Expérience des CRIDON, en France, pour le droit des notaires; étude chiffrée du CREDOC (Belgique) sur la restructuration de son vocabulaire.

[14] Le terme «réseau» peut avoir plusieurs sens. Certains auteurs opposent par exemple «centre documentaire» à «réseau documentaire» selon un critère de centralisation ou décentralisation de la décision sur certaines phases du processus documentaire (voir deux communications libres au 1er congrès européen sur les systèmes et réseaux documentaires, Luxembourg 16–18 mai 1973: *L. Delbos* et J. *Gravenstein*, «Réseau européen en Documentation géologique», p. 4, et Dr. *K.-H. Meyer-Uhlenried*, «Ein allgemeiner Datenerhebungskatalog als Voraussetzung für die Herstellung der Kompatibilität zwischen Informationssystemen», p. 1. — Dans le présent contexte, «réseau» est employé au sens plus étroit de réseau informatique comportant des liaisons électroniques entre centres.

[15] Au sens étroit de liaison ou communication électronique, par exemple au moyen d'un réseau de télécommunication.

travail[16] pour étudier les possibilités d'une coopération européenne dans le domaine de la recherche scientifique et technique. Le groupe s'est élargi en avril 1970 pour comprendre les représentants de dix-neuf pays européens.

Parmi les projets proposés par le groupe (dit «Groupe COST»), le projet COST 11[17] porte sur la création d'un réseau informatique européen, permettant la communication avec ou entre les ordinateurs.

Ce projet a été accepté par divers pays en novembre 1971[17a]. Le réseau reliera tout d'abord cinq centres de quatre pays: France, Italie, Suisse et Royaume-Uni. Il sera vraisemblablement étendu ultérieurement à d'autres pays.

L'administration du projet est confiée à un comité international comprenant un représentant de chaque gouvernement concerné. Ce comité d'administration nomme le directeur et un organe exécutif permanent. Un comité consultatif représentant les divers centres de traitement de données établit les programmes. Pour la création du sous-réseau de communication, il est fait appel à un consultant commercial.

La réalisation du projet est prévue pour 1976.

c) Configuration du réseau[18]

Il est nécessaire de distinguer le traitement des données, d'une part, la communication, d'autre part.

La communication doit être, tout d'abord, fiable. Pour assurer cette fiabilité, au moins deux chemins sont à prévoir entre deux centres, ainsi que la possibilité de transfert au cas où un défaut de communication se produirait. La communication doit aussi être souple. En effet, les spécifications des centres de traitement de l'information à relier entre eux sont évolutives.

La meilleure solution est de consacrer un ou plusieurs ordinateurs aux besoins de la communication et d'assurer la liaison avec les centres de traitement au moyen d'«interfaces» dont une partie est normalisée et l'autre, variable de centre à centre.

---

[16] Indépendant, par son objet, sa durée et les personnes qui le composent, des groupes mentionnées ci-dessus, point B b).

[17] Elaboré sous la présidence de *D. L. A. Barber*, National Physical Laboratory (Teddington, Middlesex, England).

[17a] «Accord pour la réalisation d'un réseau informatique européen», conclu le 23 novembre 1971 à Bruxelles par la France, l'Italie, la Yougoslavie, la Norvège, le Portugal, la Suisse, la Suède, le Royaume-Uni et la Communeuté européenne de l'Energie atomique (EURATOM) (doc. CEE/EURATOM/CECA COST/13/72; accord publié au Royaume Uni et en Suisse).

[18] *Cf. D. W. Davies*, «Information Systems in a community — the communications requirements» in Mechanized Information Storage, Retrieval and Dissemination, North-Holland (1968); *D. L. A. Barber*, «The Europeen Computer Network Project», communication présentée à l'I.C.C.C., Washington, octobre 1972.

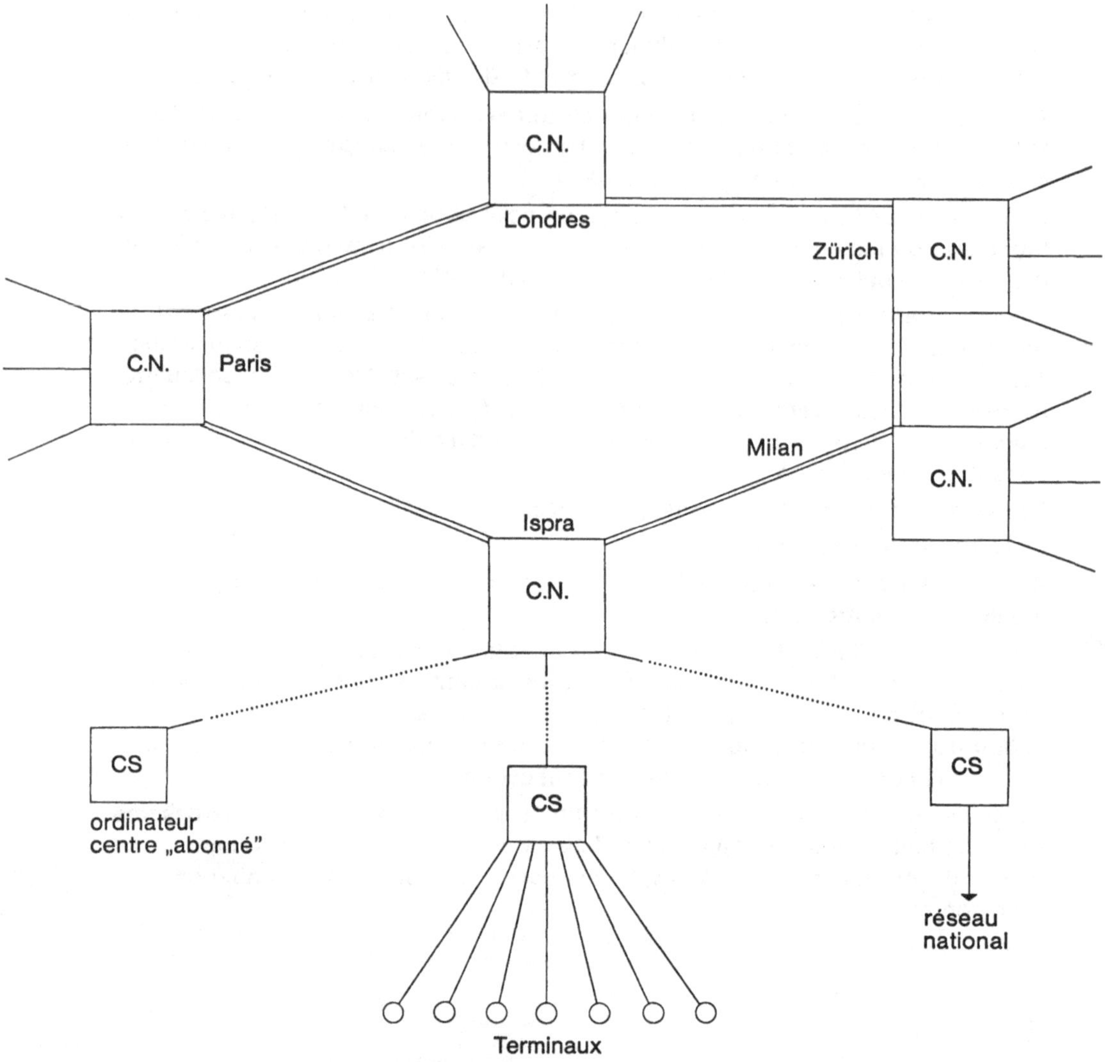

CN = centre nodal
CS = centre secondaire

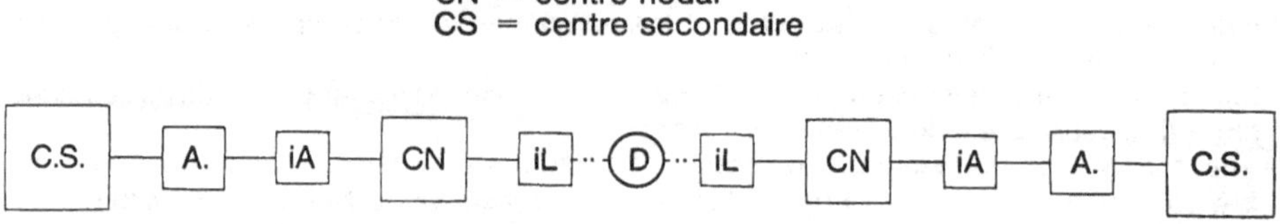

A = unité spécifique d'adaptation

iA = interface standard d'accès

iL = interface de ligne

D = données

Ainsi le réseau européen comprendra-t-il deux types d'éléments:

– les centres de traitement des informations, dits «centres secondaires» ou C.S., dont les performances globales seront accrues par la mise en réseau;

– les moyens de communication, formant un sous-réseau.

Le sous-réseau de communication comprendra des centres nodaux (C.N.) équipés d'ordinateurs et reliés entre eux par des lignes de transmission puissantes.

En une première étape, cinq centres nodaux seront créés: à Ispra, Londres, Milan, Paris, Zürich. De nouveaux centres pourront être créés ultérieurement. Les C.N. assumeront plusieurs fonctions:

1° le contrôle des liens de communication avec les autres C.N.

2° le transfert des données de transit entre C.N.

3° statistique et comptabilité

4° la gestion des transmissions entre centres secondaires (C.S.).

Les C.S. reliés aux C.N. peuvent être, nous l'avons vu, des centres de traitement de données, mais aussi des «processeurs» assurant la liaison soit avec un groupe de terminaux soit avec le réseau national.

Ainsi on peut espérer, dans un avenir relativement proche, rendre «transparente» la distance entre différents centres de traitement et cumuler leurs possibilités au moindre coût, grâce à un réseau de communication technique. Le problème de la communication humaine n'en sera pas résolu pour autant, notamment lorsqu'un «élément d'extranéité» se présente quant à la langue où à l'ordre juridique servant de support ou de cadre de référence.

D. Pluralité des droits et des langues: vers un réseau sémantique

a) Interface sémantique

La cohérence de l'alimentation d'un système documentaire est nécessaire à la cohérence des résultats.

Les documents fournis à un tel système peuvent manquer de cohérence soit parce qu'ils reflètent de manière disparate une même réalité (fiche d'analyse et vocabulaire différents; voir la section précédente), soit parce qu'ils reflètent des réalités disparates (par exemple, droit anglais en anglais et droit français en français). Le processus documentaire ne pourra transformer ce «désordre» en ordre.

Le problème du passage d'une langue et d'un droit à l'autre est très grand et la communication entre centres au niveau humain restera longtemps prépondérante. Un effort doit donc être accompli en ce qui concerne par exemple la formation internationale de documentalistes-comparatistes.

Il peut toutefois être envisagé de créer, par capitalisation du travail de ces comparatistes, une interface sémantique qui permette de faciliter ce passage de frontière linguistique ou juridique en un dialogue homme-machine, tout en laissant aux centres documentaires l'autonomie en matière de vocabulaire et d'analyse.

b) Invariants et homologues

Il n'est pas de comparaison sans «invariant» formant pivot. L'invariant du juriste-comparatiste est le problème socio-économique concret auquel il s'agit de trouver une solution dans différents ordres juridiques (par exemple: conséquences de l'erreur du contractant; protection du locataire commerçant; représentation juridique du mineur d'âge; nationalité de la femme mariée. etc. . . .). Il est évident que plus les milieux socio-culturels qui ont donné naissance aux ordres juridiques considérés sont proches (tels les milieux européens), plus la comparaison sera fine ou affinable.

La recherche de documents relatifs à de tels problèmes en différents ordres juridiques se traduira par des questions documentaires que l'on peut qualifier d'homologues.

c) Fichier phraséologique multilingue

Il pourrait être intéressant de thésauriser les questions homologues (par exemple en accordant un tarif préférentiel aux avocats internationaux qui les communiquent) et de les verser sous forme de documents terminologiques dans un système documentaire «interface langues et droits» (I.L.D.).

Les documents terminologiques seront hétérogènes, non seulement quant aux domaines, aux ordres juridiques et aux langues concernés, mais aussi quant à la structure de l'information: nombre de questions groupées pour un problème donné, formulation des questions («en clair» ou question-machine comportant des facteurs des pondération, des termes normalisés, des relations sémantiques empruntées à un thêsaurus national), etc. . . .

Le système documentaire I.L.D. devra donc être très souple et répondre notamment aux exigences suivantes:

- accepter des documents comportant un nombre variable de rubriques, chacun ayant double drapeau: «langue» et «ordre juridique»;
- reconnaître la morphologie de chaque langue avec assez de précision pour discerner les unités sémantiques, soit par analyse d'un mot composé (par exemple: «Schule» dans «Gemeinschaftsschule»), soit par regroupement des formes grammaticales d'un même sémantème (par exemple: «défini», «définie» «définis», «définies»);
- fonctionner en mode dialogué, car seul un procédé itératif de recherche permettra d'explorer efficacement le fichier I.L.D.

d) Perspectives

Tous les éléments théoriques et techniques nécessaires pour la mise en oeuvre d'un tel système I.L.D. existent ou sont en voie de réalisation. Notamment, des programmes d'analyse morphologique ont déjà été écrits pour diverses langues, dont l'allemand[19]. Le réseau informatique existera à court ou moyen terme. La synthèse des différents éléments demandera encore un certain effort, notam-

---

[19] Programmes DICAUTOM, Bureau de terminologie de la Commission C.E.; programmes TITUS, Institut textile de France, Paris; programmes du Bundeskanzleramt, Vienne; software de différent constructeurs.

ment en programmation. La plus grande difficulté consistera à démarrer la constitution du fichier I.L.D., car un tel fichier doit atteindre un certain volume avant de présenter une utilité suffisante pour motiver à elle seule les contributeurs.

Résumé

La multiplicité des centres d'informatique documentaire juridique en Europe et la croissance des besoins documentaires au niveau national et international conduisent à poser la question de la communication entre centres ou systèmes, même au-delà des frontières linguistiques et juridiques.

La communication entre centres peut se faire selon des moyens traditionnels si son intensité ne justifie pas un effort d'optimisation. Entre centres européens, il semble opportun d'envisager un tel effort pour permettre à tout utilisateur des systèmes d'accéder rapidement, au moindre coût, à tout document mis en machine.

Il s'agirait alors notamment d'organiser une communication technique au plan des systèmes, ce qui, selon les besoins, implique une compatibilité de nature ou degrés divers et conduit à évoquer les travaux européens entrepris en ce sens.

La communication technique au plan des systèmes laisserait toutefois entier le problème de l'tablissement d'une communication intellectuelle qui mettrait en juriste à même de consulter fructueusement des fichiers relatifs à un droit étranger en une largue étrangère. Des aides à la communication peuvent être envisagées sous forme d'interface terminologique.

Le présent exposé, après une introduction (I) et une analyse des connexions possibles entre centres ou systèmes documentaires (II), traite des problèmes de communication juridique internationale, notamment quant aux aspects: compatibilité de l'information juridique, réseau informatique européen et pluralité des droits et des langues (III).

Summary

The existence of many centers for legal data retrieval in Europe as well as the growth of documentary needs at national and international levels lead to the question of communication between centers or systems, even beyond linguistic and juridical frontiers.

Communication between centers can be managed by conventional means if its intensity doesn't justify an effort towards optimisation. Between European centers, it seems worth while to attempt such an opimisation so as to enable any user of any system to acceed rapidly, at the lowest cost, to any document put on computer.

For this public legal purpose it would be necessary to realise a technical communication between systems. Such a connection implies a compatibility of diverse degree or nature according to the needs. Therefore, an account of some European projects or achievements toward compatibility is given.

Technical communication between systems would not solve the problem of establishing "intellectual communication" to help lawyers to a fruitful search of files related to foreign Law in foreign language. Terminological interfaces could be created.

The present contritbution, after an Introduction (I) and an analysis of possible connections between documentation centers or systems (II), deals with problems of international communication in legal matters, especially as to following aspects: compatibility of legal data, European informatics network and plurality of legal orders and languages (III).

Zusammenfassung

Die Vielzahl von Zentren für EDV-Rechtsdokumentation in Europa und der zunehmende nationale und internationale Dokumentationsbedarf führen zu der Frage nach der Kommunikation zwischen Zentren und Systemen, selbst über linguistische und juristische Fronten hinweg.

Die Kommunikation zwischen Zentren kann sich auf herkömmliche Weise abwickeln, soweit ihre Intensität nicht eine Optimierung erfordert. Zwischen mehreren europäischen Zentren scheint eine derartige Optimierung zweckmäßig, um dem Benutzer der Systeme einen schnellen und möglichst billigen Zugang zu jedem gespeicherten Dokument zu ermöglichen.

Soll das geschehen, so müßte vor allem eine technische Kommunikation zwischen den Systemen ermöglicht werden. Je nach den Anforderungen würde dies eine Kompatibilität unterschiedlichen Umfangs oder Charakters voraussetzen, weshalb über einige europäische Planungen oder Entwicklungen auf diesem Gebiet berichtet wird.

Die technische Kommunikation zwischen den Systemen könnte keine intellektuelle Kommunikation in dem Sinne herstellen, daß ein Jurist in die Lage versetzt würde, Dateien über ein ausländisches Recht in einer fremden Sprache sinnvoll abzufragen. Kommunikationshilfen in Form von terminologischem Interface könnten hier ins Auge gefaßt werden.

Die vorliegende Arbeit befaßt sich nach einer Einführung (I) und einer Analyse der Möglichkeiten für eine Verknüpfung zwischen Dokumentationszentren bzw. -systemen (II) mit Problemen der juristischen Kommunikation im internationalen Bereich, und zwar besonders mit den Aspekten der Kompatibilität der juristischen Daten, des Aufbaus eines europäischen Informatiknetzes und der Schaffung eines terminologischen Interface zwischen verschiedenen Rechts- und Sprachgebieten (III).

Paul J. Müller

Funktionen des Datenschutzes aus soziologischer Sicht*

„Privatsphäre" bedeutet aus der Sicht des einzelnen: Aufrechterhaltung der unterschiedlichen Bilder, die übner ihn bei anderen Personen und bei Institutionen existieren.

In unseren verschiedenen Kontakten überschneiden sich die Interaktionspartner nur sehr begrenzt und somit auch die Informationen, die unsere jeweiligen Kontaktpartner über uns haben. Unser totaler Verkehrskreis umfaßt eben nur zum Teil Interaktionspartner, die wir selbst in unterschiedlichen Rollensituationen treffen. Ist das der Fall, so sind dies die sogenannten „intimen" Sozialbeziehungen wie 'Freundschaft', 'Ehe', 'Arbeitskollegen' und manchmal auch 'Nachbarschaft". Doch unser Verkehrskreis ist weitaus größer. Nach ersten empirischen Befunden[1] kennen wir per Namen (je nach unserer Schichtzugehörigkeit) zwischen 240 und 500 Personen. Selbst diese Zahl umfaßt nur begrenzt die vielfältigen Kontakte mit Institutionen, die während unseres Lebens für uns bedeutsam werden und die über unsere Kontakte mit ihnen Buch führen. Nur und gerade dieses Verhältnis 'Bürger – datensammelnde Institution' ist gesetzlich regelungsbedürftig.

Der Charakter der Beziehungen zu diesen Institutionen ist in der Terminologie der strukturell-funktionalen Soziologie spezifisch und funktionsorientiert. Zwar variiert das Ausmaß an Wissen über Klienten je nach der Art der zu erfüllenden Aufgaben und somit auch der Charakter der Kontaktsituationen, aber die einzelnen Verwaltungsbranchen handeln relativ unverbunden und nebeneinander. Solange diese Situation aufrechterhalten bleibt, schützt man Privatsphäre, schützt man die Gleichzeitigkeit der unterschiedlichen Bilder über uns. Aus der Unterschiedlichkeit der Funktionen, die verschiedene Institutionen zu erfüllen haben, resultiert die These: Die Privatsphäre ist das Ergebnis selektiver Informationsweitergabe an verschiedene Instanzen. Diese Aussage ist nicht selbstverständlich. Wir verkehren mit so vielen Personen und Institutionen, daß es nahe lag, Privatsphäre als einen Bereich ungestörten Bei-Sich-Seins, als Erholungspause von eben diesen vielfältigen und anstrengenden Kontakten zu verstehen. Doch dies war ein Mißverständnis mit höchst merkwürdigen Konsequenzen! Ein solches Verständnis von „Privatsphäre" mußte eine Vielfalt von Bedrohungen suggerieren, je mehr die Veränderungen des Charakters des Institutionsgeflechts deutlich wurden. Dies geschah desto mehr

---

* Überarbeitete Fassung einer Stellungnahme für den Innenausschuß des Deutschen Bundestages, Mai 1974.

[1] Vgl. *Gurevitch, M.*, The social structure of acquaintanceship networks, *Ph. D. Thesis*, Massachusetts Institute of Technology, 1961 und *Reuband, K.-H.*, Differentielle Assoziation und Soziale Schichtung, Dissertation, Universität Hamburg, 1974.

1. je mehr die Verwaltungen durch die neue Informationstechnologie ihr „Gedächtnis" wiederfanden, sie als die Informationen über ihre Klienten schnell und vollständig wiederauffinden konnten, und
2. je mehr eine naiv verstandene „Effizienzmaximierung" bzw. „Aufrechterhaltung von Effizienz" die Zusammenführung von vormals an verschiedene Branchen der Verwaltung abgegebener Informationen wünschenswert erscheinen ließ, und
3. je mehr die Verwaltung nicht mehr nur „verwalten" will, sondern sich selbst als Dienstleistungs- und Planungsverwaltung vorstehen will.

Die Wahrung einer „Schneckenhaus-Privatsphäre" ist unter diesen Veränderungen der Wirklichkeit gleichermaßen falsches Bewußtsein wie als Strategie ungeeignet. Sie ist Ideologie, weil sie Existenzbedingungen scheinbar widerspiegelt, die realiter in Industriegesellschaften wohl kaum jemals existiert haben: Sozialstrukturen, die durch eine fehlende Aufzeichnung von „privaten" Aktivitäten der Bürger durch Institutionen gekennzeichnet werden müßten. Wenn dies selbst in „vormodernen" Gesellschaften nicht immer der Fall war, und dies scheinen empirische Forschungen[2] zu belegen, so ist die „Privatsphäre als Schneckenhaus" wohl mehr zu verstehen als eine Fehlleistung des deutschen Liberalismus des 19. Jahrhunderts auf die Oktroyierung von Nationalstaatlichkeit, als ein falsch verstandener Zielkonflikt zwischen den halbherzig konzidierten Minimalforderungen des „Nachtwächterstaats" und möglichst umfassenden individuellen Freiheitsrechten.

Viel wichtiger als dieses ideengeschichtliche Mißverständnis ist die Tatsache, daß die Vorstellung einer „Schneckenhaus-Privatsphäre" als Zielvorstellung – obwohl selbst nur defensiv gedacht – gerade das nicht schützt, was sie zu schützen meint: die Autonomie der Individuen. Die Hauptentspannung von den Belastungen der Interaktionen in „modernen" Gesellschaften scheint nämlich nicht darin zu liegen, daß man sich abkapselt, sondern die sozialen Verpflichtungen generell aufrechterhält, aber einige nur minimal absättigt[3]. Die rollenspezifische Informationsweitergabe als Charakteristikum der datenschutzrelevanten Sozialbeziehungen in hoch differenzierten Gesellschaften ermöglicht eine unterschiedliche Erfüllung der Verpflichtungen, von Rollenerwartungen, ohne daß ein schlechtes Abschneiden in einem Bereich auf andere „abfärbt". Rollenspezifische oder selektive Informationsweitergabe heißt kontrolliertes Nichtwissen über die Dinge, die jeweils „nicht zur Sache gehören". Die Autonomie der Individuen bleibt dadurch erhalten, daß sie jeweils separat bewertet werden und ihre verschiedenen Interaktionspartner Unterschiedliches über sie wissen, also keine generelle Transparenz der individuellen Existenz vorhanden ist. Der private Bereich, der Bereich, der „nicht zur Sache gehört", ist wie das Wissen über einen jeweils unterschiedlich, relativ je nach Interaktionspartner. In dieser Gleichzeitigkeit unterschiedlicher Bilder über einen und nicht im

---

[2] Siehe z. B. *Wrigley, E. A.* (Hrsg.), Nineteenth-century society – Essays in the use of quantitative methods for the study of social data, 1972.

[3] *Scheuch, E. K.* und *Kutsch, Th.*, Grundbegriffe der Soziologie 1, 1972, Kap. 2.2–2.4.

generellen Nichtwissen liegt die Struktur der Privatsphäre in Industriegesellschaften begründet; mehr noch: Privatsphäre ist als qualitativ unterschiedliche Sichtbarkeit der Individuen in verschiedenen Rollensituationen Strukturmerkmal der Sozialbeziehungen selbst[4].

Juristische Modelle, die Privatsphäre nicht aus dem Charakter der Sozialbeziehungen in hochindustrialisierten Gesellschaften ableiten wollten, sondern durch bestimmte Informationsarten ein eindimensionales Kontinuum der Sensitivität der Informationen und gleichtzeitig eine Definition von abgrenzbaren Sphären bestimmen wollten, sind gescheitert[5]. Sie sind so nachhaltig gescheitert, daß der vorliegende Regierungsentwurf[6] nicht einmal mehr definieren kann, was denn das wohl sei, was geschützt werden soll, was „schutzwürdige Belange" seien. Ein entscheidender Grund für die Unhaltbarkeit aller bisherigen juristischen Modelle, nannten sie sich „Sphärentheorie" oder waren sie Impressionen von unterschiedlicher Sensitivität von Informationen per se, war, daß die Stellen der „sozialen Buchführung" (Verwaltungen, Organisationen aller Art) schon jene Informationen hatten und zu ihrer Aufgabenerfüllung haben mußten, die zur „Intimsphäre" gehörten oder die als sehr „sensitiv" galten. Die Formel von der „Relativität der Privatsphäre" war die Reaktion auf diese Einsicht. Konsequent zu Ende gedacht und mit Befunden empirischer Forschung verbunden bedeutet Datenschutz heute: Überlegte Zuweisung von Informationen für das Handeln der Institutionen. Privatsphäre wird dann dadurch garantiert, daß unterschiedliche Institutionen unterschiedliche Informationen zu ihrer Funktionserfüllung benötigen, somit bei einer funktions- und kompetenzorientierten Zuweisung von Informationen zu Verwaltungshandeln[7] sie nur Segmente der individuellen Existenz wissen und wissen müssen. Die Gleichzeitigkeit der unterschiedlichen Bilder über Individuen schafft erst die Autonomie für individuelles Handeln, ist Verhinderung von Normendruck zur generellen Konformität bei gleichzeitiger Beachtung der Einzelverpflichtungen gegenüber z. B. dem Finanzamt, Fürsorgeamt oder der Meldebehörde. Die Grundlagen für

---

[4] Diese Aussagen werden durch Ergebnisse empirischer Untersuchungen erhärtet.

[5] *Kamlah, R.*, „Datenüberwachung und Bundesverfassungsgericht", in: DÖV 1970, S. 361–364; *Mallmann, Chr.*, „Das Problem der Privatsphäre innerhalb des Datenschutzes", in: *Schneider, J.* (Hrsg.), Datenschutz – Datensicherung, Beiträge zur Integrierten Datenverarbeitung in der öffentlichen Verwaltung, Heft 5, Siemens AG, 1971; *Steinmüller W.* et al., Grundfragen des Datenschutzes, BT-Drucksache VI/3826 vom 7. 9. 1972; *Seidel, U.*, Datenbanken und Persönlichkeitsrecht, 1972; *Bing, J.* „Classification of Personal Information with Respect to the Sensitivity Aspect", in: *Selmer, K. S.* (Hrsg.), Data Banks and Society, 1972; *Hasselkuss, A.* und *Kaminski, C.-J.*, „Persönlichkeitsrecht und Datenschutz", in: *Kilian, W.,/Lenk, K./Steinmüller W.* (Hrsg.), Datenschutz – Juristische Grundsatzfragen beim Einsatz elektronischer Datenverarbeitungsanlagen in Wirtschaft und Verwaltung, 1973; *Simitis, S.*, „Datenschutz – Notwendigkeit und Voraussetzungen einer gesetzlichen Regelung", in: DVR 2 (1973), S. 138–189; *Schimmel, W.* und *Steinmüller W.*, „Rechtspolitische Problemstellung des Datenschutzes", Kapitel V in: *Dammann, U./Karlhausen M./Müller, .P/Steinmüller, W.* (Hrsg.) Datenbanken und Datenschutz, 1974.

[6] BT-Drucksache 7/1027 vom 21. 9. 1973.

[7] Dazu *Steinmüller, W.:* Stellenwert der EDV in der Öffentlichen Verwaltung und Prinzipien des Datenschutzrechts, in: ÖVD 1972, S. 461.

eine funktionale Analyse brauchen hier nicht weiter ausgeführt zu werden, sie liegen an anderer Stelle[8] schon vor. Indem Datenschutzregelungen eine funktions- und kompetenzorientierte Informationsversorgung von Institutionen ermöglichen sollen, sind sie mehr als nur Regelungen der Zulässigkeit der Speicherung von personenbezogenen Daten und Regelungen der Transparenz der Datenverarbeitung (Auskunfts- und Berichtigungsrechte sowie bestimmte Publizitätsvorschriften). Sie sind, indem sie Informationsflüsse gestalten, zugleich Regelungen der „Informationshaushalte" von Institutionen oder Sektoren der Gesellschaft, eine Aufgabe, die umfassender ist als die Wahrung des Informationsgleichgewichts zwischen den Gewalten. Sie beeinflussen in einem nicht unerheblichen Maße die Verteilung des Wissens (über Personen) in der Gesellschaft und damit oft auch die Verteilung von Macht. Deshalb ist Datenschutz Gesellschaftspolitik.

Nur teilweise entspricht die Vernachlässigung der gesellschaftlichen Auswirkungen dem Charakter des Regierungsentwurfs als eines „Auffanggesetzes",[9] welches Minimalerfordernissen des Datenschutzes gerecht werden will und spezifische Regelungen in Einzelgesetzen oder Verordnungen anstrebt. Wir werden aber zeigen, daß schon die Differenzierung nach „Datenverarbeitung der Behörden und sonstigen öffentlichen Stellen", „Datenverarbeitung nichtöffentlicher Stellen für eigene Zwecke" und „Geschäftsmäßige Datenverarbeitung nichtöffentlicher Stellen für Dritte" — sie mag juristisch einiges an Klarheit für sich haben[10] — den Charakter der Informationsflüsse in Industriegesellschaften nur unvollkommen erfassen kann. Nun liegen deutsche empirische Untersuchungen über den Fluß von personenbezogenen Daten zwischen Institutionen nicht vor. Es werden deshalb die Befunde der Studien der kanadischen Privacy & Computers Task Force hier kurz berichtet werden. Die Annahme eines paradigmatischen Charakters der Informationsflüsse im Institutionengeflecht Kanadas für alle westlichen Industriegesellschaften ist nicht unproblematisch[11], sie zeigen als Muster dennoch die wahrscheinliche Unangemessenheit des juristischen Modells.

Die empirische Studie der kanadischen Privacy & Computers Task Force: Der Beginn makrosoziologischer Untersuchungen zum Datenschutz. Im Jahre 1971 wurde in Kanada eine großangelegte Studie[12] — auch zur Gesetzesvorbereitung

---

[8] *Müller, P. J.*, „Die Gefährdung der Privatsphäre durch Datenbanken", Kapitel III in: *Dammann, U./Karhausen, M./Müller, P./Steinmüller, W.* (Hrsg.), Datenbanken und Datenschutz, 1974.

[9] *Auernhammer, H.*, „Der Regierungsentwurf eines Bundes-Datenschutzgesetzes", in: ÖVD 1974, S. 55.

[10] Z. B. in Bezug auf die unterschiedliche juristische Struktur der Normadressaten.

[11] So fehlen bestimmte, die deutsche Situation zusätzlich kennzeichnende Bereiche wie Meldewesen und Religionsgemeinschaften.

[12] *Caroll, J. M.* and *Baudot, J./Kirsh, C./Williams, J. I.*, Personal Records: Procedures, Practices and Problems. A Study by the Privacy and Computer Task Force, Kanada: Department of Communications/Department of Justice, 1972. Die Daten, die in dieser Studie erhoben wurden, mußten für diesen Anlaß vom Verfasser zum Teil neu analysiert werden. Auch wurden die Befunde zum Teil zum ersten Mal ausgewertet.

– durchgeführt, die den Charakter der Informationsflüsse ermitteln sollte. Die Ergebnisse dieser Studie, die eine repräsentative Stichprobe der Institutionen benutzte, die personenbezogene Daten speichern, indizieren eine extrem große informationelle „Verflechtung" der gesellschaftlichen Institutionengruppen bzw. Sektoren, die im deutschen Regierungsentwurf eines BDSG noch als getrennt regelungsbedürftig erscheinen.

Die Informationsflüsse im Institutionengeflecht Kanadas können graphisch folgendermaßen dargestellt werden:

Schaubild I

Informationsflüsse in einer Gesellschaft **Beispiel: KANADA**

Ausschnitt: Der Fluß von personenbezogenen Daten in die Institutionen und zwischen den Institutionen

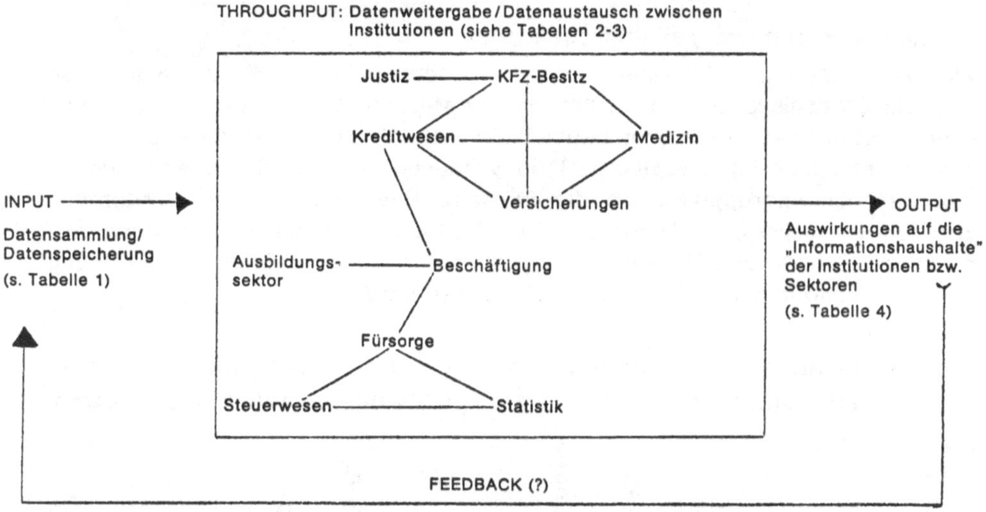

1. Der Input der Institutionen, die personenbezogene Daten speichern

Das Muster der Datensammlung (INPUT) wird aus Tabelle 1 ersichtlich.

Tabelle 1

Prozent der Institutionen, die ihre personenbezogenen Daten von . . .erhalten. (Mehrfachnennungen möglich)

Person selbst	91 %
Referenzpersonen, die von der Person angegeben wurden	65 %
ehemalige Arbeitgeber	55 %
Ärzte und Krankenhäuser	53 %
KFZ-Registratur, Kreditbüros, Massenmedien, Adressenverlage	52 %
Arbeitgeber	50 %
Ausbildungsstätten (Schule etc.)	48 %
Familienmitglieder	47 %
Nachbarn oder Freunde	29 %
Detekteien	28 %

Polizei, Justizbehörden	28 %
Publikationen	27 %
Banken, Versicherungen, Geschäfte	21 %

Basis: N = 1.215 Institutionen, Sample repräsentativ für die Institutionen, die personenbezogene Daten erheben/speichern, Kanada 1971, eigene Berechnungen aus Fragen 13A und 13C.

Die Daten zeigen, daß zwar fast alle Institutionen ihre personenbezogenen Daten auch von der betroffenen Person erheben, andererseits auch, daß ein enorm hoher Prozentsatz von Institutionen personenbezogene Daten aus anderen Quellen als den den Individuen bekannten erhält. Diese Befunde machen deutlich, wie wichtig individuelle Auskunfts- und Berichtigungsrechte in allen Sektoren der Gesellschaft sind. Oftmals kennt der betroffene Bürger nicht die Informationen, die über ihn gespeichert sind.

2. Datenweitergabe im Institutionsgeflecht

War dieser Befund trotz seiner enormen Bedeutsamkeit noch zu erwarten, so sind die Ergebnisse der Untersuchung des Musters der Datenweitergabe zwischen Insitutionen unerwartet deutlich. In Bereich der Datenweitergabe bzw. des Datenaustauschs (TROUGHPUT) in Schaubild I deuten die Linien zwischen den Institutionengruppierungen die Existenz einer bedeutsamen Weitergabe von personenbezogenen Daten an. Die Zeichnung gibt die Korrelationen zwischen den einzelnen Sektoren graphisch wieder. Eine detaillierte Betrachtung der „informationellen Verflechtung" erlaubt Tabelle 2.

TABELLE 2

Zusammenhang (Korrelationen) zwischen den verschiedenen gesellschaftlichen Institutionen in Bezug auf Datenweitergabe/Datenaustausch:

	Kreditwesen	Steuerwesen	Versicherungen	Justiz	Fürsorge	Beschäftigung	KFZ-Besitz	Statistik	Medizin	Ausbildung
Kreditwesen	1.00									
Steuerwesen	–.26	1.00								
Versicherungen	.69	–.03	1.00							
Justiz	–.05	–.02	–.06	1.00						
Fürsorge	.19	.58	.43	–.50	1.00					
Beschäftigung	.53	.21	.20	–.50	.50	1.00				
KFZ-Besitz	.75	–.29	.60	.47	–.07	.03	1.00			
Statistik	–.32	.68	–.36	.31	–.01	–.15	–.33	1.00		
Medizin	.40	–.51	.64	–.02	–.05	–.05	.40	–.50	1.00	
Ausbildungssektor	.14	–.22	–.32	–.57	–.05	.69	–.17	–.29	–.28	1.00

Hohe positive Werte (z. B. zwischen KFZ-Besitz und Kreditwesen beträgt der Korrelationskoeffizient .75) indizieren ein großes Ausmaß an Datenweitergabe/Datenaustausch zwischen diesen beiden Sektoren. Hohe negatioe Werte (z. B. zwischen Ausbildungssektor und Justiz = –.57) indizieren enorm wenig Datenweitergabe. Die statistische Kennzahl „Korrelationskoeffizient" hat einen Schwankungsbereich von + 1.00 bis – 1.00.

Schon die Befunde in Tabelle 2 lassen die Angemessenheit einer Unterscheidung in drei Bereiche, so wie es der deutsche Entwurf vorsieht, fragwürdig erscheinen. Nicht die Zugehörigkeit zur öffentlichen Verwaltung oder zum nichtöffentlichen Bereich ist entscheidend, sondern die Zugehörigkeit von Institutionen zu gesellschaftlichen Sektoren, zu Gruppierungen nach funktionalen Kriterien ist relevant.

Die Unangemessenheit dieser Unterscheidung im Hinblick auf die Regelung der Informationshaushalte der Institutionen in der Gesellschaft wird besonders deutlich, wenn man sich die Ergebnisse des Datenaustauschs bzw. der Datenweitergabe zwischen den Institutionen anschaut.

In Tabelle 3 wird auf der Basis der ca. 1,2 Millionen personenbezogenen Daten, die weitergegeben wurden, die Verteilung der Institutionen, die personenbezogene Daten weitergeben bzw. personenbezogen Daten erhalten, dargestellt.

Aus diesen Befunden wird ersichtlich, wie asymmetrisch Institutionen am Datenaustausch partizipieren. So gaben die Institutionen des Gesundheitswesens insgesamt 27,42% aller Informationen an die anderen Institutionen ab, erhielten selbst aber nur 5,42%.

Ähnliches gilt für die Institutionen im Bildungssektor, sie gaben 16,10% aller personenbezogenen Daten, die weitergegeben wurden, ab, erhielten selbst jedoch nur 5,12%. Umgekehrt verhält es sich bei den Institutionen der Kreditvergabe und der Fürsorge, sie gaben 26,60% ab und erhielten 37,05%. Gleiches gilt für die Sektoren „Suppliers", „Instanzen sozialer Kontrolle" und „Detekteien". Sie erhielten viel mehr Informationen, als sie an andere Institutionen gaben. Die Verhältniszahlen sind: 15,45/8,41, 15,74/4,19 und 5,96/2,70%.

Aus diesen Befunden wird schon ersichtlich, wie sich die Verteilung des Wissens (über Personen) durch Datenweitergabe verändert. Sehr viele Institutionen erhalten Informationen nicht durch eigene Datensammlung, sondern aufgrund von Datenweitergabe durch andere Institutionen. Das Ausmaß an Datenweitergabe im Institutionengeflecht ist größer als erwartet. Die Unterscheidung zwischen öffentlichem und nicht-öffentlichem Bereich ist der realen informationellen Verflechtung nicht mehr adäquat.

Tabelle 3

Informationen geben: / Informationen erhalten:	Recipients	Suppliers	Arbeitsmarkt	Instanzen sozialer Kontrolle	Gesundheitswesen	Bildungssektor	Detekteien	Total
Recipients								
Kreditgeber	8.95	2.43	4.34	0.65	6.21	3.47	0.78	26.83
Fürsorge	1.16	0.82	1.14	0.32	4.80	1.71	0.27	10.22
Suppliers	6.15	0.86	2.30	0.95	3.31	1.66	0.22	15.45
Arbeitsmarkt	2.95	1.21	3.02	0.55	3.99	3.25	0.29	15.26
Instanzen sozialer Kontrolle	3.00	1.91	2.10	1.08	3.70	3.22	0.73	15.74
Gesundheitswesen	0.55	0.39	0.50	0.20	3.18	0.48	0.12	5.42
Bildungssektor	0.95	0.38	0.43	0.08	1.42	1.83	0.03	5.12
Detekteien	2.89	0.41	0.75	0.36	0.81	0.48	0.26	5.96
Total	26.60	8.41	14.58	4.19	27.42	16.10	2.70	100.00%

Basis: 1.166.000 Anfragen zwischen diesen Sektoren pro Jahr, erhoben durch ein Sample: N = 1.215 Institutionen, repräsentativ für alle Institutionen mit personenbezogenen Daten in Kanada 1971.

Legende:

Definitionen der Institutionengruppen/Sektoren

Recipients:	Banken, Versicherungen, Kaufhäuser, Kreditkarten, Fürsorge
Suppliers:	Verleger, Massenmedien, Kreditbüros, Adressenverlage, KFZ-Registratur
Arbeitsmarkt:	Arbeitgeber, Arbeitsvermittlung, Gewerkschaften
Instanzen sozialer Kontrolle:	Polizei, Justiz, Steuerwesen
Gesundheitswesen:	Gesundheitswesen
Bildungssektor:	Bildungssektor
Detekteien:	Detekteien, Auskunfteien

Die Effekte der Informationsflüsse zwischen den Institutionen, die als ständig wiederkehrende Prozesse aufgefaßt werden müssen, sind in Tabelle 4 dargestellt.

Tabelle 4

Von allen personenbezogenen Daten, die weitergegben werden,

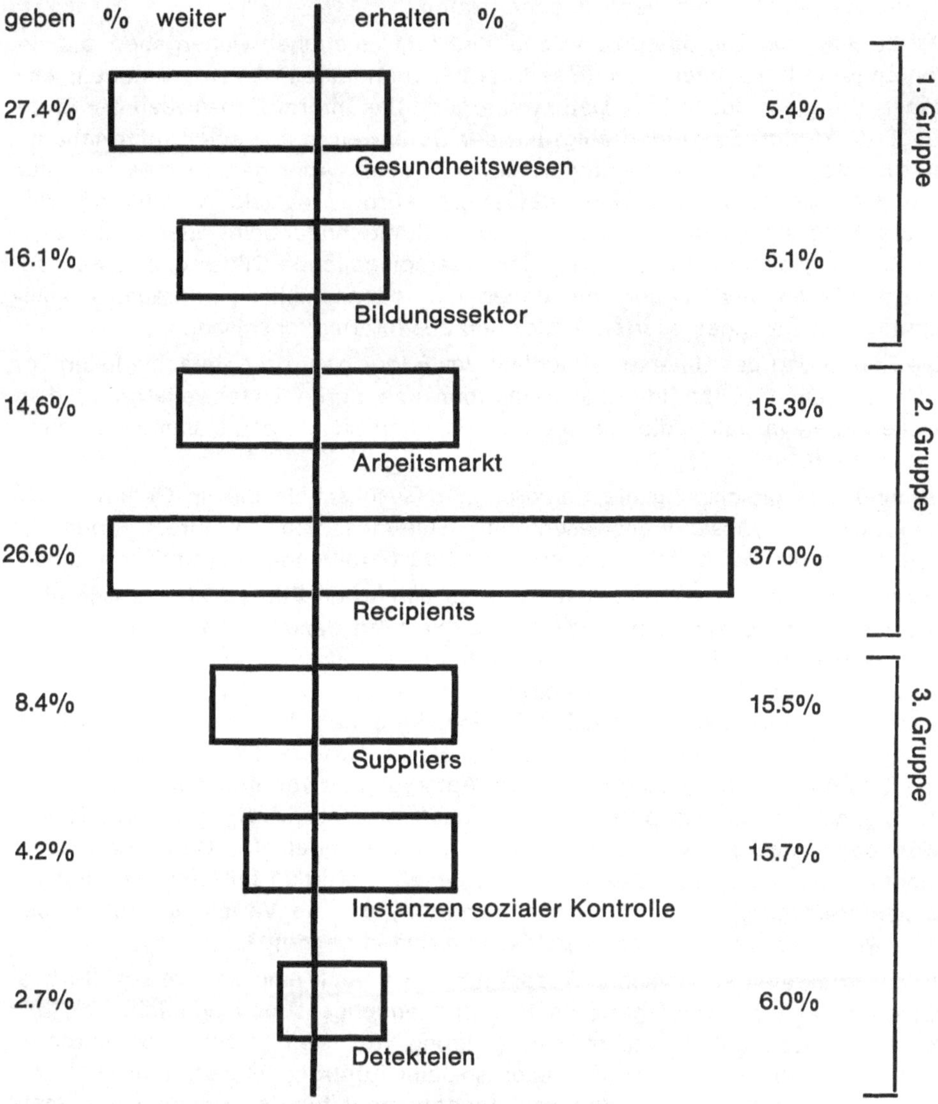

3. Die Auswirkungen der Datenweitergabe

Tabelle 4 zeigt deutlich, welche Auswirkungen die Informationsflüsse auf die „Informationshaushalte" der Sekoren haben. Es lassen sich drei Gruppen von Sektoren unterscheiden:

1. Sektoren, die mehr Informationen weitergeben als sie bekommen (Gesundheitswesen, Bildungssektor)
2. Sektoren, die etwa gleichviel Informationen weitergeben, wie sie bekommen (Arbeitsmarkt, Resipients)

3. Sektoren, die weit mehr Informationen erhalten, als sie weitergeben (Suppliers, Instanzen sozialer Kontrolle, Detekteien). Sie sind die „Nutznießer" der Weitergabe personenbezogener Daten.

Da die Sektoren, die überproportional mehr Informationen weitergeben, als sie von anderen bekommen, nun diese Informationen immer auch noch haben, verändert Datenaustausch bzw. Datenweitergabe das Informationsniveau der Empfänger-Sektoren. Es werden aufgrund der Datenweitergabe somit Informationsniveauunterschiede eher verringert als vergrößert. Aber gerade dies ist unter dem Datenschutz-Aspekt eine äußerst fragwürdige soziale Auswirkung: Bewußte Zuweisung von Informationen zu Institutionenhandeln, oder vom Individuum aus gesehen: Beibehaltung der unterschiedlichen Bilder über einen bei verschiedenen Institutionen, mit denen ich rollenspezifisch interagiere, kollidiert mit einem ungesteuerten Angleichen des Informationsniveaus.

Die Zerstörung der Unterschiedlichkeit der Bilder geht dort am schnellsten vor sich, wo am meisten Informationen über uns durch Datenweitergabe, d. h. Weitergabe von Daten, die aus unterschiedlichen Situationen stammen, empfangen werden.

Es sind dies gleichzeitig die Sektoren der Gesellschaft, die im Gegensatz zu den Sektoren ‚Gesundheitswesen' und ‚Bildungssektor' in ihrem Input nur sehr wenig die Persönlichkeit ausreichend beschreibende Informationen haben.

Datenweitergabe bzw. Datenaustausch hat somit den Effekt, daß das Bild über die Bürger tendenziell synthetisiert wird, sie führt dazu, daß das Ergebnis der rollenspezifischen Exklusivität unserer Informationsweitergabe an einzelne Institutionen zerstört wird. Zum anderen erhöht die zusätzlich zur eigenen Erhebung existierende Datenquelle „Datenweitergabe" die Autonomie von Institutionen höchst differentiell. Ein großes Ausmaß an Datenempfang von anderen Institutionen erhöht gleichermaßen die Abhängigkeit von ihnen wie sie die Abhängigkeit von der Kooperationsbereitschaft der Individuen verringert. Hieran wird dann wieder deutlich, daß die Problemstellungen des Datenschutzes in einem weitaus umfassenderen Rahmen gesehen werden müssen. Sie sind zugleich Bestandteil einer „Informationspolitik", die die Verteilung von Wissen über Personen als gesellschaftspoltische Aufgabe begreift[13].

In der konkreten kanadischen Ausprägung wird auch eine weitere soziale Auswirkung der Datenweitergabe im Institutionengeflecht sehr deutlich: Von den Sektoren ‚Gesundheitswesen' und ‚Bildung' geht ein nicht unbedeutender Informationsfluß hin zu den Instanzen sozialer Kontrolle. Gerade hier sind spezifische Auswirkungen (feedbacks) auf den Input für das Handeln von Institutionen zu erwarten, obwohl generell schon allein durch die Tatsache, daß „Buch geführt wird", soziale Kontrolle ausgeübt wird. Für diese Fragestellun-

---

[13] Unter Informationspolitik wird hier also eine „Verteilungspolitik" verstanden, deren „Verteilungsmasse" Informationen bzw. Wissen über Personen ist und deren Ziele die (Um)-Verteilung des bisherigen und Verteilung des zusätzlich erforderlichen Aufkommens an Informationen aufgrund von „information needs" i. S. einer gewollten Zuweisung von Informationen zu Institutionen sind.

gen nach den sozialen Auswirkungen der Informationsflüsse zwischen Institutionen liegen so gut wie keine deutschen Befunde vor, und es können somit auch noch keine verläßlichen Aussagen über die Auswirkungen von Datenschutzregelungen gemacht worden.

Die Regelungen des Datenschutzes sollten, wenn sie Datenweitergabe steuern wollen[14] und nicht nur die bisherigen Systeme „geschlossener (nicht transparenter) Buchführung" durch Auskunfts- und Berichtigungsrechte „offener" machen bzw. Zulässigkeitsvoraussetzungen für die Sammlung/Speicherung von Informationen definieren wollen, um ihrer Effizienz willen sektorenspezifsch gestaltet werden. Dies würde dann auch die exzessive Verwendung von Generalklauseln unnötig werden lassen. Bei den oben benannten Sektoren müßte dann jeweils auf der Grundlage einer Ist-Analyse geprüft werden, welche Abschnitte im Informationsfluß einer spezifischen Regelung bedürfen. Im Rahmen solcher empirischen Studien kann auch die Frage angegangen werden, inwieweit die bestehenden Informationskanäle zwischen Institutionen/Sektoren vornehmlich Ausdruck von nur technisch und nicht sachlich begründeten Barrieren sind und deshalb grundsätzlich zur Disposition stehen könnten[15].

Summary

1. Privacy means, from the viewpoint of the individual: Maintenance of the different images and impressions existing about him with third persons and institutions.
2. Protection of privacy against misuse of data means: Considered assignment of information to the acting of institutions in society.

   Statutory rules on protection, by structuring flows of information, at the same time regulate the "information budgets" of institutions or sectors of society.

   The function and competence-oriented providing of institutions with information means controlled knowledge for institutions and, thereby, protection of privacy.
3. According to initial empirical findings, which appear to be applicable to conditions in Germany, there exists an enormous "informational interlocking" of the individual institutions and sectors of society. The distinction between two sectors (public, non-public), as it is provided for in the Government draft of a Federal Act Concerning Protection of Privacy Against Misuse of Data, is no longer commensurate with this "informational interlocking". Sector-specific solutions must be found at least for the regulation of passing on information.
4. The empirical findings reveal that statutory rules on protection, by influencing the "information budgets" of the institutions of society, must be viewed in a much broader context of social policy. Statutory rules on protection are at the same time elements of an "information policy" which sees as a task the distribution of knowledge about persons.

Zusammenfassung

1. Privatsphäre bedeutet aus der Sicht des einzelnen: Aufrechterhaltung der unterschiedlichen Bilder, die über ihn bei anderen Personen und bei Institutionen existieren.
2. Datenschutz heißt: Überlegte Zuweisung von Informationen für das Handeln der Institutionen in der Gesellschaft.

---

[14] und somit die Verwendung von personenbezogenen Daten beeinflussen wollen.

[15] Vgl. *Lenk, K.*, „Information Protection Problems Facing Broadband Communications", Seminar on Policy Issues in Data Protection – Concepts and Perspectives (24th–26th June, 1974), OECD document DAS/CUG/74.9.

Datenschutzregelungen sind, indem sie Informationsflüsse gestalten, zugleich Regelungen der „Informationshaushalte" von Institutionen oder Sektoren der Gesellschaft. Die funktions- und kompetenzorientierte Versorgung von Institutionen mit Informationen bedeutet kontrolliertes Wissen bzw. Nichtwissen für Institutionen. Dadurch wird die Privatsphäre geschützt.

3. Nach ersten empirischen Befunden, die auf deutsche Verhältnisse übertragbar erscheinen, existiert eine enorme „informationelle Verflechtung" der einzelnen Institutionen bzw. Sektoren der Gesellschaft. Die Unterscheidung in zwei Bereiche (öffentlich, nichtöffentlich), so wie es der Regierungsentwurf eines BDSG vorsieht, ist dieser „informationellen Verflechtung" nicht mehr angemessen. Zumindest für die Regelung der Datenweitergabe müssen sektorenspezifische Lösungen gefunden werden.
4. Die empirischen Befunde machen deutlich, daß Datenschutzregelungen, indem sie die Informationshaushalte der Institutionen der Gesellschaft beeinflussen, in einem weitaus umfassenderen, gesellschaftspolitischen Rahmen geehen werden müssen. Datenschutzregelungen sind zugleich Bestandteil einer „Informationspolitik", die die Verteilung von Wissen über Personen als Aufgabe begreift.

Leo Reisinger

Über die Anwendungsmöglichkeiten der Theorie unscharfer Mengen (Fuzzy Sets Theory) im Recht

Übersicht

1 Vorbemerkung
2 Die Grundagen der Theorie unscharfer Mengen
2.1 Grundlegende Definitionen
2.2 Der Distanzbegriff in der Theorie unscharfer Mengen
2.3 Unscharfe Relationen und Graphen
3 Die Theorie unscharfer Mengen und die juristische Begriffstheorie
3.1 Typus und Allgemeinbegriff in der Rechtswissenschaft
3.2 Einige Punkte der Kritik an der juristischen Begriffstheorie
3.3 Unscharfe Mengen und Begriffe
3.4 Zur Operationalisierung juristischer Begriffe
4 Die Theorie unscharfer Mengen und Thesauri
4.1 Der Thesaurus als relationales System
4.2 Unscharfe Thesauri
4.3 Zur Operationalisierung unscharfer Thesaurusrelationen
5 Abschließende Bemerkung
Zusammenfassung
Summary

1. Vorbemerkung

Die Schwierigkeiten, denen sich die Anwendung formaler Methoden im Recht gegenübersieht, werden von verschiedenen Wissenschaftlern entsprechend ihrer Ausbildung in unterschiedlichen Disziplinen und entsprechend ihrer verschiedenen erkenntnistheoretischen Positionen unterschiedlich erklärt. Vereinfacht formuliert, lassen sich hierbei ua die folgenden Positionen unterscheiden.[1])

1. Wissenschaftler, welche von einer naturwissenschaftlichen Disziplin herkommen und/oder die analytische Wissenschaftstheorie vertreten, sehen die zu lösenden Schwierigkeiten vor allem in Recht und Rechtswissenschaft. Indem die Aussagen der Rechtswissenschaft an dem Exaktheitsideal der Naturwissenschaften gemessen werden, wird die Jurisprudenz zu einer Art „minderer" Disziplin erklärt, welche noch nicht jenen Grad der Ausgereiftheit erlangt hat, der den Naturwissenschaften, insbesondere der regelmäßig als Paradebeispiel verstandenen theoretischen Physik, eigen ist. Nach dieser Ansicht setzt eine erfolgreiche Anwendung formaler Methoden eine Annäherung an dieses Exaktheitsideal voraus. Recht und Rechtswissenschaft haben sich daher an den Naturwissenschaften zu orientieren.

Deskriptoren:
Formalisierung, Mengenkalkül, Fuzzy Set, unscharfe Menge, Typus, Begriffshof, Operationalisierung, Informationssystem, Datenbank, Thesaurus, Assoziationsrelation.

[1] Vgl. dazu *Adorno Th. W.* et al., Der Positivismusstreit in der deutschen Soziologie. Neuwied/Berlin 1969. Für Recht und Rechtswissenschaft vgl. insbesondere *Kaufmann, A./W. Hassemer*, Grundprobleme der zeitgenössischen Rechtsphilosophie und Rechtstheorie. Frankfurt/M. 1971.

2. Wissenschaftler, welche von einer geisteswissenschaftlichen Disziplin herkommen und/oder eine hermeneutische oder dialektische Wissenschaftstheorie vertreten, lehnen in der Regel die Orientierung an den Naturwissenschaften ab. Aus dem behaupteten fundamentalen Unterschied zwischen naturwissenschaftlichem und geisteswissenschaftlichem Erkenntisgegenstand wird die Unmöglichkeit einer dem Recht angemessenen Anwendung formaler Methoden gefolgert. Entsprechend dieser Auffassung werden die Formalwissenschaften regelmäßig den Naturwissenschaften zugerechnet.
Wir glauben jedoch, daß aus einer Unterscheidung zwischen naturwissenschaftlichem und geisteswissenschaftlichem Erkenntnisgegenstand nicht unbedingt eine prinzipielle Ablehnung der Anwendung formaler Methoden gefolgert zu werden braucht. Allerdings bleibt in diesem Fall die Notwendigkeit bestehen, die nur sehr zögernde Rezeption formalwissenschaftlicher Verfahren in Rechtstheorie und Rechtsanwendung auf eine andere Weise zu erklären. Die allgemein festzustellende Ablehnung formaler Methoden durch Juristen scheint neben der Bedingung durch den traditionellen Ausbildungsgang den folgenden objektiven Grund zu haben. Untersucht man die historische Entwicklung der Formalwissenschaften, insbesondere der Mathematik, so läßt sich feststellen, daß diese regelmäßig anhand substanzwissenschaftlicher, und zwar naturwissenschaftlicher, Problemstellungen erfolgt ist. Ein berühmtes Beispiel stellt hier etwa die Entwicklung der Differential- und Integralrechnung durch *Isaac Newton* zur Lösung der Probleme der Himmelsmechanik dar. Bejaht man diesen Erklärungsversuch, so verschieben sich die zu lösenden Schwierigkeiten von Recht und Rechtswissenschaft zu den Formalwissenschaften. Nicht das Recht hat sich den Erfordernissen der Formalwissenschaften anzupassen, sondern umgekehrt sind formalwissenschaftliche Methoden zu entwickeln, welche dem Gegenstand des Rechts angemessen sind.[2])
Eine gewisse Entwicklung in diese Richtung ist seit geraumer Zeit festzustellen. So zeigen etwa der Mengenkalkül und die Kalküle der Aussagen- und Prädikatenlogik, daß „Formalisierung" keineswegs mit „Quantifizierung" gleichzusetzen ist, wie dies noch immer von vielen Juristen behauptet wird.[3]) Dennoch bleibt auch bei den genannten Methoden die Schwierigkeit bestehen, daß regelmäßig die Möglichkeit einer klaren Dichotomie (eine Aussage kann nur wahr oder falsch sein; ein Objekt ist Element einer Menge oder ist es nicht) vorausgesetzt wird. Gerade in Recht und Rechtswissenschaft ist diese Möglichkeit jedoch nicht immer gegeben. Aus diesem Grund müssen auch diese formalen Methoden bezüglich ihrer Anwendbarkeit im Recht nur als bedingt geeignet angesehen werden. Ein Ausweg aus dem Dilemma der Dichotomie wurde durch die Konstruktion mehrwertiger Logikkalküle durch *E. L. Post* (1921), *H. Reichenbach* (1935), *J. Lukasiewicz* (1937) und *G. C. Moisil*

---

[2] Selbstverständlich ist eine gewisse Interdependenz nicht auszuschließen. Sollen insbesondere Rechtsvorschriften, etwa im Bereich der Verwaltung, mit Hilfe der EDV vollzogen werden, so sind die Erfordernisse der automationsgerechten Normsetzung zu berücksichtigen. Vgl. dazu zusammenfassend *Fiedler H.*, Wandlungen der Automationsgerechten Rechtssetzung. In: DVR 1 (1972).

[3] Vgl. dazu *Reisinger L.*, Überlegung zur Formalisierung im Recht. In: DSWR 2, 3 (1974).

(1940) gesucht.[4]) Diese Ansätze haben sich bisher jedoch nicht allgemein durchsetzen können.

Seit 1965 wurde jedoch, vor allem von *L. A. Zadeh*, die Fuzzy Sets Theory (Theorie unscharfer Mengen[5])) entwickelt, welche zahlreiche Anwendungen auch in traditionell geisteswissenschaftlichen Domänen gefunden hat.[6]) Mit den

---

[4] *Post E. L.*, Introduction to a General Theory of Elementary Propositions. In: Amer. Jour. Math. 43 (1921), S. 163 ff.; *Reichenbach H.*,Wahrscheinlichkeitslehre, Leiden 1935; *Moisil G. C.*, Recherches sur les logiques non chrysippiennes. In: Ann. Sci. Univ. Jassy 26 (1940), S. 431 ff.; *Moisil G. C.*, Lukasiewiczian Algebras. Centre de Calcul de l'Université de Bucarest 1968. Vgl. dazu auch *Sinowjew A. A.*, Über mehrwertige Logik. Ein Abriß. Berlin/Braunschweig/Basel 1968.

[5] „fuzzy" bedeutet „faserig", „verschwommen", „trübe", „unscharf". Bisher hat sich im Deutschen keine Übersetzung für „Fuzzy Sets Theory" durchgesetzt. In Anlehnung an die in der Rechtstheorie behandelten „unscharfen" oder „vagen" Begriffe wird hier als Übersetzung „Theorie unscharfer Mengen" vorgeschlagen. Dies entspricht in etwa der französischen Übersetzung „flou". Nicht geeignet erscheint die Übersetzung von „fuzzy sets" ins Deutsche durch „ungenaue Abfolgen", wie sie *R. Jungk* vornimmt. (Vgl. *Jungk R.*, Der Jahrtausend-Mensch. Bericht aus den Werkstätten der neuen Gesellschaft. München 1973, S. 135). Einerseits hat „fuzzy" einen etwas spezifischeren Begriffsinhalt als „ungenau", andererseits bedeuten „Menge" und „Folge" („Abfolge") in der Mathematik Verschiedenes.

[6] Das einzige Lehrbuch der Fuzzy Sets Theory" ist bisher *Kaufmann A.*, Introduction à la théorie des sous-ensembles flous. 1. Eléments théoriques de base. Paris 1973. Die Literatur zur Fuzzy Sets Theory nimmt außerordentlich rasch zu. Unter Verwendung der genannten Einführung ergibt sich der folgende Versuch einer Bibliographie:

Bellmann R. E./Kalaba R./Zadeh L. A. – Abstraction and Pattern Classification. In: Jour Math. Analysis and Appl. Vol. 13 (1967), S. 1 ff.

Bellmann R. E./Zadeh L. A. – Decision-Making in a Fuzzy Environment. In: Manag. Science Vol. 17. No. 4. Dec. 1970.

Brown J. G. – Fuzzy sets and Boolean Lattices – Report No. 1957 – Ballistic Research Lab. – Aberdum – Maryland. 1969.

Chang C. L. – Fuzzy Topological Spaces. In: Jour. Math. Analysis and Appl. – Vol. 24. (1968) S. 182 ff.

Chang S. K. – Picture Processing Grammar and its Applications. In: Inform. Sciences – Vol. 3 (1971) S. 121 ff.

Chang S. K. – Fuzzy Programs. Theory and Applications. In: P.I.B. Proc. Comput. Automata. – Vol. 21 (1971).

Chang S. K. – Automated Interpretation and Editing of Fuzzy Line Drawing. In: 1971 Spring Joint Comput. Conf. AFIPS Conf. Proc. – 1971, S. 393 ff.

Chang S. S. L. – Fuzzy Dynamic Programming and the Decision Making Process. In: Proc. 3rd Princeton Conf. Inform .Sci. Syst. – 1969, S. 200 ff.

Chang S. S. L./Zadeh L. A. – Fuzzy Mapping and Control. In: I.E.E.E. Trans. on Systems Man and Cybernetics. – Vol. SMC 2 (1972), S. 30 ff.

Gitman I. – Organization of Data. A Model and Computational Algorithm that uses the Notion of Fuzzy Sets. Ph. D. Thesis McGill Univ. Montreal. – Canada. Sept. 1970.

Goghen J. – L-Fuzzy Sets. In: Jour. Math. Anal. and Applic. – Vol. 18. (1967), S. 145 ff.

Lee R. C. T. – Fuzzy Logic and the Resolution Principle. In: Proc. 2nd Inf. Joint Artificial Intel. Conf. – London, England, 1971.

Lee E. T./Zadeh L. A. – Note on the Fuzzy Languages. In: Inform. Sciences. – Vol. 1 (1969), S. 421 ff.

Marinos P. N. – Fuzzy Logic and its Applications to Switching Systems. In: J.E.E.E. Trans. on Computers – Vol. C 18 (1969), S. 343 ff.

Marinos P. N. – Fuzzy Logic. – Bell Teleph. Lab. – Holmdel – N. G. – Tech. Memo 66-2344-1. 1966.

Mizumoto M./Toyoka K./ Tanaka K. – Some Considerations on Fuyyz Algorithms – In: J. Comp. Syst. – Vol. 3 – (1969) S. 409 ff.
Nazu M./Honda N. – Fuzzy Events realized by Finite Probabilistic Automata. In: Information and Control. Vol. 12 (1968), S. 248 ff.
Reisinger L., Probleme der Symbolisierung und Formalisierung im Recht. In: Winkler G. (Hrsg.), Rechtstheorie und Rechtsinformatik, Wien/New York 1975. – *Reisinger L.*, The Applications oaf General Systems Theory to Legal Research. Proc. of the Second European Meeting on Cybernetics and Systems Research, Vienna 1974. – *Reisinger L.*, On Fuzzy Thesauri. In: Proc. of COMPSTAT (Symposium on Computational Statistics), Vienna 1974.
Ruspini H. R. – Numerical Methods for Fuzzy Clustering. In: Information Science 2 (1970) S. 319 ff.
Santos, E. S. – Fuzzy Algorithms. In: Inform. and Control. – Vol. 17 (1970), S. 326 ff.
Santos E. S./Wee N. G. – General Formulation of Sequential Machines. In: Inform. and Control. – Vol. 12 (1970), S. 5 ff.
Shi-Kuo-Chang – On the Execution of Fuzzy Algorithms using Finite State Machine. I.E.E.E. Trans. – Vol. C 21, (1972).
Tamura, S./Higuchi, S./Tanaka K. – Pattern classification based on Fuzzy Relations. I.E.E.E. Trans. on Systems, Man and Cybernetics – Vol. SMC-1 – No. 1 – 1971.
Tsichritzis D. – Fuzzy Properties and Almost solvable Problems. Tech. Report 70. Dept. of Electr. Eng. – Princeton Univ. – N. J. – 1968.
Wee W. G. – On Generalization of Adaptive Algorithms and Applications of the Fuzzy Sets concept to Pattern Classification. Tech. Report TREE 67.7 – Depart. of Elech. Eng. Purdue Univ. Lafayette – Indiana – 1967.
Zadeh L. A. – Fuzzy sets – In: Information and Control. Vol. 8 (1965) S. 338 ff.
Zadeh L. A. – Fuzzy sets and Systems. In: Proc. of the Symposium on System Theory. Polytech. Brooklyn. N. Y. 1965, S. 29 ff.
Zadeh L. A. – Shadows of Fuzzy Sets In: Problems in Transmission of Information. Vol. 2 (1966), S. 37 ff.
Zadeh L. A. – Fuzzy Algorithms. In: Information and Control – Vol. 12 (1968), S. 99 ff.
Zadeh L. A. – Probability Measures of Fuzzy Events. In: Jour. Math. Anal. and Appl. – Vol. 10 – (1968), S. 421 ff.
Zadeh L. A. – Biological Applications of the Theory of Fuzzy Sets and Systems in Biocybernetics of the Central Nervous Systems. Ed. L. C. Proctor. L. C. Tille, Boston. (1969), S. 199 ff.
Zadeh L. A. – Toward a Theory of Fuzzy Systems – ERL Report. No. 69-2. Electronic Research Laboratories – Univ. of California – Berkeley. 1969.
Zadeh L. A. – Toward Fuzziness in Computers Systems. Fuzzy Algorithms and Languages. Dept. of Electr. Eng. and Computer Sciences. Univ. of California. Berkeley – 1969.
Zadeh L. A. – Quantitative Fuzzy semantics. In: Information Sciences. 3 (1971), S. 159 ff.
Zadeh L. A. Similarity Relations and Fuzzy ordering – E.R.L. Report No. M 277 – Electr. Res. Lab. Univ. of California – Berkeley – 1970.
Zadeh L. A. – Fuzzy Languages and their Relation to Human and Machine Intelligence. Proc. of Conference on Man and Computer. Institut de la Vie. Bordeaux. France. 1970. E.R.L. Memorandum M 302. Univ. of Calif. Berkeley. 1971.
Zadeh L. A. – Machine Intelligence versus Human Intelligence. Proc. Conf. on Science and Society. Herceg Novi. Yugoslavia – 1969, S. 127 ff.
Zadeh L. A. – A System-Theoretic View of Behaviour Modification. Proc. Conf. on the Social and Philosophical Implications of Behaviour Modifications. Center for the Study of Democratic Institutions. Santa Barbara. Cal. 1972. E.R.L. Memo. M 320. Univ. of California, Berkeley, 1972.
Zadeh L. A. – On Fuzzy Algorithms. E.R.L. Memo M 325. Univ. of California. Berkeley, 1972.
Zadeh L. A. – A Rationale for Fuzzy Control. In: Measurement and Control. – Vol. 3, (1972), S. 3 ff.

Worten von *L. A. Zadeh* läßt sich das Ziel dieser Theorie wie folgt angeben[7]):
"The theory of fuzzy sets is, in effect, a step toward a rapprochement between the precision of classical mathematics and the pervasive imprecision of the real world –a rapprochement born of the incessant human quest for a better understanding of mental processes and cognition.
At present, we are unable to design machines that can compete with humans in the performance of such tasks as recognition of speech, translation of languages, comprehension of meaning, abstraction and generalization, decision-making under uncertainty and, above all, summarization of information.
In large measure, our inability to design such machines stems from a fundamental difference between human intelligence, on the one hand, and machine intelligence, on the other. The difference in question lies in the ability of the human brain –an ability which present-day digital computers do not possess– to think and reason in imprecise, non-quantitative, fuzzy terms. It is this ability that makes it possible for humans to decipher sloppy handwriting, understand distorted speech and focus on that information which is relevant to a decision. And it is the lack of this ability that makes even the most sophisticated large-scale computers incapable of communicating with humans in natural –rather than artificially-constructed– languages.
The fundamental concept in mathematics is that of a set – a collection of objects. We have been slow in coming to the realization that much, perhaps most, of human cognition and interaction with the outside world involves constructs which are not sets in the classical sense, but rather 'fuzzy sets' (or subsets), that is, classes with unsharp boundaries in which the transition from membership to non-membership is gradual rather than abrupt. Indeed, it may be argued that much of the logic of human reasoning is not the classical two-valued or even multivalued logic, but a logic with fuzzy truths, fuzzy connectives, and fuzzy rules of inference."
Die „Theorie unscharfer Mengen" scheint insbesondere auch zur formalen Darstellung und – in manchen Fällen – Lösung juristischer Probleme geeignet. Im folgenden sollen daher die Grundlagen dieser Theorie kurz dargestellt werden (Abschnitt 2)[8]). Daran anschließend werden einige mögliche Anwendungen in Rechtstheorie und Rechtsinformatik aufgezeigt (Abschnitte 3 und 4).

2. Die Grundlagen der Theorie unscharfer Mengen

Da die Fuzzy Sets Theory eine Erweiterung und Verallgemeinerung des traditionellen Mengenkalküls darstellt, erscheint es zweckmäßig, durch Gegenüberstellung der grundlegenden Definitionen die unterschiedlichen Positionen zur verdeutlichen. Zur verwendeten Nomenklatur bemerken wir, daß im folgenden

---

Zadeh L. A. – A Fuzzy Set Theoretic Interpretation of Linguistic Hedges. E.R.L. Memo M 335. Univ. of California, Berkeley, 1972.
Zadeh L. A. – Outline of a New Approach to the Analysis of Complex Systems and Decision Processes. E.R.L. Memo M 342. – Univ. of California, Berkeley, 1972.

[7] *Zadeh L. A.*, Vorwort zu *Kaufmann A.*, Introduction à la théorie des sous-ensembles flous, a.a.O., S. V f.

[8] In Abschnitt 2 werden nur jene Bereiche der Fuzzy Sets Theory skizziert, welche für die Abschnitte 3 und 4 benötigt werden. Für weitere Bereiche (insbesondere „Fuzzy Logics") vgl. *Kaufmann A.*, Introduction à la théorie des sous-ensembles flous, a.a.O.

„Menge" (ohne nähere Bestimmung) stets eine Menge im Sinn des traditionellen Mengenkalküls bedeutet. Um die Eindeutigkeit der Symbolik zu erreichen, werden als Symbole für unscharfe Mengen kursive Buchstaben verwendet.

2.1 Grundlegende Definitionen

Für den traditionellen Mengenkalkül wie für die Theorie unscharfer Mengen sind „Menge" und „Element" in gleicher Weise Grundbegriffe.[9])

Sei U die betrachtete Universalmenge (das „universe of discourse") und A eine Teilmenge von U, so besteht im traditionellen Mengenkalkül bekanntlich nur eine der folgenden Möglichkeiten: ein Objekt x ist entweder Element von A oder ist nicht Element von A. Im ersteren Fall wird hierfür $x \in A$, im letzteren $x \notin A$ geschrieben.

Dieser Sachverhalt läßt sich auch mit Hilfe einer „charakteristischen Funktion" $f_A(x)$ beschreiben. Für $f_A(x)$ gilt:

$$\begin{aligned} f_A(x) &= 1 \quad \text{wenn } x \in A \\ &= 0 \quad \text{wenn } x \notin A. \end{aligned}$$

Ist U eine endliche Menge, so läßt sich A daher definieren, indem für jedes $x \in U$ die zugehörige charakteristische Funktion $f_A(x)$ angegeben wird.

$$A = \{(x, f_A(x))\} \quad \forall x \in U, \quad f_A(x) \in \{0,1\}.$$

Mit Hilfe des Begriffs der charakteristischen Funktion läßt sich eine unscharfe Menge in der folgenden Weise definieren:

Definition 2.1. Sei U die betrachtete Universalmenge, so wird eine unscharfe Menge (fuzzy set) A in U definiert durch eine charakteristische Funktion $f_{\mathit{A}}(x)$, welche jedem Element $x \in U$ einen Wert aus dem Intervall $[0,1]$ zuordnet. $f_{\mathit{A}}(x)$ gibt den Grad der „Zugehörigkeit" („Mitgliedschaft") von x zu A an. Je näher der Wert von $f_{\mathit{A}}(x)$ bei 1 liegt, um so größer ist der Grad der Mitgliedschaft von x zu A. $f_{\mathit{A}}(x)$ wird daher auch als „Funktion der Mitgliedschaft" („membership function") bezeichnet.

Ist U eine endliche Menge, so läßt sich A daher definieren durch

$$\mathit{A} = \{(x, f_{\mathit{A}}(x))\} \quad \forall x \in U, \quad f_{\mathit{A}}(x) \in [0,1].$$

Man erkennt unmittelbar, daß eine Menge im Sinn des traditionellen Mengenkalküls jenen Spezialfall einer unscharfen Menge bildet, bei dem $f_{\mathit{A}}(x)$ nur 0 oder 1 als Funktionswerte annehmen kann.

Auch für die folgenden Definitionen gilt, daß sie unmittelbar als Verallgemeinerungen der analogen Definitionen im traditionellen Mengenkalkül erkennbar sind.

Definition 2.2. Für die leere Menge $\varnothing$ gilt

$$f_{\varnothing}(x) = 0 \quad \forall x \in U$$

---

[9] Die Mengendefinition Georg Cantors, des Begründers des traditionellen Mengenkalküls, lautet (1896): „Unter einer ‚Menge' verstehen wir jede Zusammenfassung M von bestehenden wohlunterschiedenen Objekten unserer Anschauung oder unseres Denkens welche die „Elemente" von M genannt werden) zu einem Ganzen." Bekanntlich führt, wie von *B. Russell* und anderen gezeigt wurde, die Cantorsche Definition zu in sich widersprüchlichen Mengen. Vgl. dazu z. B. *Essler W. K.*, Analytische Philosophie I, Stuttgart 1972, S. 177 ff.; *Menne A.*, Einführung in die Logik, 2. Aufl., München 1973, S. 69 f. Heute werden „Menge" und „Element" meist als undefinierte Grundbegriffe eingeführt.

Definition 2.3. Zwei unscharfe Mengen A und B sind gleich, $A = B$, wenn gilt

$$f_A(x) = f_B(x) \quad \forall x \in U$$

Definition 2.4. Die Komplementärmenge (das Komplement) A einer unscharfen Menge A ist definiert durch

$$f_A(x) = 1 - f_A(x) \quad \forall x \in U$$

Definition 2.5. Eine unscharfe Menge A ist eine Teilmenge einer unscharfen Menge B, d. h. $A \subset B$, wenn gilt

$$f_A(x) \leqq f_B(x) \quad \forall x \in U$$

Definition 2.6. Die Vereinigung zweier unscharfer Mengen A und B ist eine unscharfe Menge $C = A \cup B$, definiert durch

$$f_C(x) = \max(f_A(x), f_B(x)) \quad \forall x \in U$$

Definition 2.7. Der Durchschnitt zweier unscharfer Mengen A und B ist eine unscharfe Menge $C = A \cap B$, definiert durch

$$f_C(x) = \min(f_A(x), f_B(x)) \quad \forall x \in U$$

Das folgende Beispiel möge diese Definitionen verdeutlichen.

Beispiel 2.1. Sei $U = \{x_1, x_2, x_3, x_4, x_5, x_6\}$,

$A = \{(x_1, 0.1), (x_2, 0.8), (x_3, 0.6), (x_4, 0), (x_5, 1)\}$ und

$B = \{(x_1, 0), (x_2, 1), (x_3, 0.6), (x_4, 0.7), (x_5, 0.3)\}$ so erhält man z. B.

$A = \{(x_1, 0.9), (x_2, 0.2), (x_3, 0.4), (x_4, 1), (x_5, 0)\}$,

$A \cup B = \{(x_1, 0.1), (x_2, 1), (x_3, 0.6), (x_4, 0.7), (x_5, 1)\}$,

$A \cap B = \{(x_1, 0), (x_2, 0.8), (x_3, 0.6), (x_4, 0), (x_5, 0.3)\}$.

Für die Theorie unscharfer Mengen gilt ein Großteil der Gesetze des traditionellen Mengenkalküls. Es gelten:

1. Kommutativität der Vereinigung und des Durchschnitts

   $A \cup B = B \cup A \qquad A \cap B = B \cap A$

2. Assoziativität der Vereinigung und des Durchschnitts

   $(A \cup B) \cup C = A \cup (B \cup C) \qquad (A \cap B) \cap C = A \cap (B \cap C)$

3. Distributivität der Vereinigung bezüglich des Durchschnitts und des Durchschnitts bezüglich der Vereinigung

   $A \cup (B \cap C) = (A \cup B) \cap (A \cup C)$

   $A \cap (B \cup C) = (A \cap B) \cup (A \cap C)$

4. Idempotenz der Vereinigung und des Durchschnitts

   $A \cup A = A \qquad A \cap A = A$

5. $A \cup \varnothing = A \qquad A \cap \varnothing = \varnothing$

   $A \cup U = U \qquad A \cap U = A$

6. Involution des Komplements

   $A = A$

7. Die Theoreme de Morgans

   $A \cup B = A \cap B \qquad A \cap B = A \cup B$

Keine Gegenstücke in der Theorie unscharfer Mengen haben die folgenden Gesetze des traditionellen Mengenkalküls:

$$A \cap A = \varnothing \qquad A \cup A = U$$

2.2 Der Distanzbegriff in der Theorie unscharfer Mengen

Vorbemerkung: Der Begriff der „Distanz" wird in der Mathematik in der folgenden Weise präzisiert: Seien X, Y und Z beliebige Objekte und $\circ$ eine Operation, so ist d (X, Y) eine Distanz zwischen X und Y, wenn sie die folgenden Eigenschaften aufweist:

1. Nichtnegativität d (X, Y) $\geqq 0$
2. Symmetrie d (X, Y) = d (Y, X)
3. Transitivität bezüglich der Operation $\circ$.

$$d(X, Z) \leqq d(X, Y) \circ d(Y, Z)$$

Weiters gilt:

4. d (X, X) = 0

Im Bereich des traditionellen Mengenkalküls sind die wichtigsten Spezialfälle des Distanzbegriffes die „Hamming-Distanz" und die „euklidische Distanz". Diese lassen sich für die Theorie unscharfer Mengen wie folgt verallgemeinern (hierbei wird $U = \{x_1, x_2, \ldots, x_n\}$ und $A \subset U$, $B \subset U$ vorausgesetzt):

Definition 2.8. Seien A und B zwei unscharfe Mengen, so ist ihre „Hamming-Distanz" d (A, B) definiert durch

$$d(A, B) = \sum_{i=1}^{n} |f_A(x_i) - f_B(x_i)|$$

Es gilt $0 \leqq d(A, B) \leqq n$

Definition 2.9. Seien A und B zwei unscharfe Mengen, so ist ihre „euklidische Distanz" („quadratische Distanz") e (A, B) definiert durch

$$e(A, B) = \left(\sum_{i=1}^{n} (f_A(x_i) - f_B(x_i))^2\right)^{\frac{1}{2}}$$

Es gilt $0 \leqq e(A, B) \leqq \sqrt{n}$

d (A, B) und e (A, B) erfüllen die oben angeführten Eigenschaften des allgemeinen Distanzbegriffes. Als Operation $\circ$ wird hierbei die gewöhnliche Addition + verwendet.

Benötigt man eine Normierung der Distanzen auf das Intervall [0,1], so erhält man relative Distanzen, und zwar
die „relative Hamming-Distanz"

$$d^*(A, B) = \frac{d(A, B)}{n}$$

bzw. die „relative euklidische Distanz"

$$e^*(A, B) = \frac{e(A, B)}{\sqrt{n}}$$

Zum folgenden benötigen wir den Begriff der „einer unscharfen Menge benachbarten (gewöhnlichen) Menge". Gesucht wird jene Menge des traditionellen Mengenkalküls, die zu einer gegebenen unscharfen Menge A die kleinste Distanz aufweist. Diese Menge bezeichnen wir mit $A°$. Wie man sich leicht überlegt, erhält man $A°$ durch die folgende

Definition 2.10. Sei A eine unscharfe Menge, so ist die ihr benachbarte (gewöhnliche) Menge $A°$ definiert durch

$$f_{A°}(x) = \begin{cases} 0 & \text{wenn } f_A(x) < 0.5 \\ 1 & \text{wenn } f_A(x) > 0.5 \\ 0 \text{ oder } 1 & \text{wenn } f_A(x) = 0.5 \end{cases}$$

Im folgenden setzen wir $f_{A°}(x) = 0$, wenn $f_A(x) = 0.5$.

Mit Hilfe der Definition von $A°$ und des Begriffes der „relativen Distanz" lassen sich „Unschärfe-Indizes" für A in der folgenden Weise bestimmen.

Definition 2.11. Sei A eine unscharfe Menge, A° die ihr benachbarte gewöhnliche Menge, so erhält man als „Unschärfe-Indizes" $\mathrm{In}_1(A)$ und $\mathrm{In}_2(A)$ die folgenden Maßzahlen:

$$\mathrm{In}_1(A) = \frac{2}{n} d(A, A°) = 2d^*(A, A°)$$

$$\mathrm{In}_2(A) = \frac{2}{\sqrt{n}} e(A, A°) = 2e^*(A, A°)$$

Die Zahl 2 im Zähler von $\mathrm{In}_1(A)$ und $\mathrm{In}_2(A)$ gewährleistet die Normierung $0 \leqq \mathrm{In}_1(A) \leqq 1$ und $0 \leqq \mathrm{In}_2(A) \leqq 1$.

2.3 Unscharfe Relationen und Graphen

Wir beschränken uns im folgenden auf zweistellige Relationen mit den folgenden Eigenschaften: Jedes Element (x, y) einer betrachteten Relation besteht aus einem geordneten Paar von Objekten, welche Elemente derselben Universalmenge U sind, dh $x \in U$, $y \in U$. Damit ist (x, y) Element des kartesischen Produkts U × U; es gilt also $(x, y) \in U \times U$. Wird weiters U als endlich vorausgesetzt, so läßt sich in diesem Fall jede Relation in Form eines Graphen darstellen.

Definition 2.12. Sei U × U ein kartesisches Produkt, so ist eine unscharfe Relation R definiert durch die unscharfe Menge

$$R = \{((x, y), f_R(x, y))\} \quad \forall (x, y) \in U \times U, \; f_R(x, y) \in [0,1]$$

Man schreibt dafür auch $R \subset U \times U$.

Seien R und S zwei unscharfe Relationen, so erhalten wir die Definitionen der Vereinigung $R \cup S$ und des Durchschnitts $R \cap S$ analog zu Abschnitt 2.1 (vgl. Definition 2.6., Definition 2.7.). Gleiches gilt für das Komplement R einer unscharfen Relation R und die ihr benachbarte (gewöhnliche) Relation R° (vgl. Definition 2.4., Definition 2.10.).

Ist U endlich, so stellt man R zweckmäßig durch die Adjazenzmatrix bzw. ihren Graphen dar.

Beispiel 2.2. Sei $U = \{x_1, x_2, x_3\}$ und $R = \{((x_1, x_1), 1), ((x_1, x_2), 0.5), ((x_1, x_3), 0.3), ((x_2, x_1), 0.2), ((x_2, x_2), 0), ((x_2, x_3), 0.8), ((x_3, x_1), 0.1), ((x_3, x_2), 1), ((x_3, x_3), 0.6)\}$, so erhält man als

Adjazenzmatrix

	x1	x2	x3
x1	1	0.5	0.3
x2	0.2	0	0.8
x3	0.1	1	0.6

und als Graphen

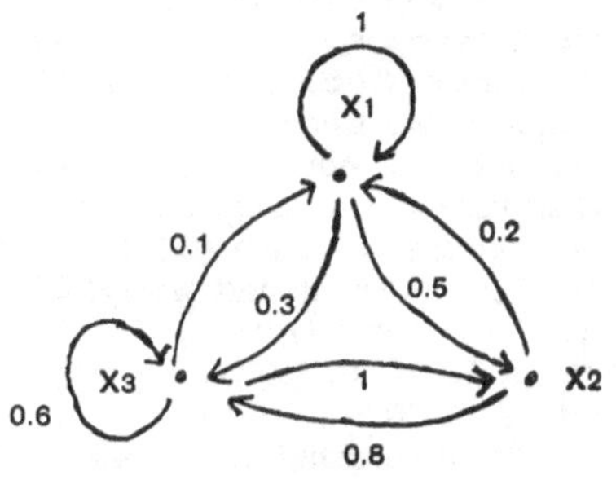

Analog zur Theorie der gewöhnlichen Relationen interessieren auch hier spezielle Eigenschaften der unscharfen Relationen.

Definition 2.13.1. Eine unscharfe Relation *R* ist reflexiv, wenn gilt

$$f_R(x, x) = 1 \quad \forall (x, x) \in U \times U$$

2. Eine unscharfe Relation *R* ist antireflexiv, wenn gilt

$$f_R(x, x) = 0 \quad \forall (x, x) \in U \times U$$

3. Eine unscharfe Relation *R* ist symmetrisch, wenn gilt

$$f_R(x, y) = f_R(y, x) \quad \forall (x, y) \in U \times U$$

4. Eine unscharfe Relation *R* ist antisymmetrisch, wenn gilt

$$f_R(x, y) \neq f_R(y, x) \text{ oder } f_R(x, y) = f_R(y, x) = 0$$
$$\forall (x, y) \in U \times U \text{ mit } x \neq y$$

5. Eine unscharfe Relation *R* ist asymmetrisch, wenn gilt

$$\text{aus } x \neq y \text{ und } f_R(x, y) > 0 \text{ folgt } f_R(y, x) = 0 \quad \forall (x, y) \in U \times U$$

6. Eine unscharfe Relation *R* ist transitiv, wenn gilt

$$f_R(x, z) \geqq \max_y (\min (f_R(x, y), f_R(y, z))$$
$$\forall (x, y), (y, z), (x, z) \in U \times U$$

Definition 2.14.1. Eine unscharfe Relation *R* ist eine „unscharfe Präordnung", wenn *R* reflexiv und transitiv ist.

2. Eine unscharfe Relation *R* ist eine „unscharfe Ähnlichkeit", wenn *R* reflexiv und symmetrisch ist.

3. Eine unscharfe Relation *R* ist eine „unscharfe Äquivalenzrelation"[10]), wenn *R* reflexiv, symmetrisch und transitiv ist.

4. Eine unscharfe Relation *R* ist eine „unscharfe schwache Ordnung", wenn *R* reflexiv, antisymmetrisch und transitiv ist.

5. Eine unscharfe Relation *R* ist eine „unscharfe starke Ordnung", wenn *R* antireflexiv, asymmetrisch und transitiv ist.

3. Die Theorie unscharfer Mengen und die juristische Begriffstheorie

In diesem Abschnitt wird der Versuch unternommen, die Fuzzy Sets Theory auf die juristische Begriffstheorie anzuwenden. Hierfür wird in Abschnitt 3.1 eine kurze Zusammenfassung einiger Theorien der juristischen Begriffe gegeben. Insbesondere wird die Unterscheidung zwischen Allgemeinbegriff, deutungsbedürftigem Begriff und Typus untersucht.[11]) In Abschnitt 3.2 werden vom

---

[10] Im Englischen und Französischen wird eine „unscharfe Äquivalenzrelation" auch als „similitude" bezeichnet, eine „Ähnlichkeit" heißt „ressemblance". Auf Grund der Schwierigkeit einer adäquaten Übersetzung verwenden wir im ersteren Fall lediglich die Bezeichnung „unscharfe Äquivalenzrelation".

[11] Die Zeitschrift „Studium Generale" hat in den Jahren 1951 und 1952 zwei Hefte der Verwendung der Denkform „Typus" in den einzelnen Wissenschaften gewidmet. Hier finden sich u. a. neben einem Aufsatz von *J. E. Heyde* über den Begriff „Typus" als solchen (Bd. V, S. 235 ff.) und einem von *E. Kretschmer* über den Typus als erkenntnistheoretisches Problem (Bd. IV, S. 399 ff.) Aufsätze über die Verwendung des Typus in der Rechtswissenschaft (von *H. J. Wolff*, Bd. V, S. 195 ff.), in den Sozialwissenschaften (von *J. v. Kempski*, Bd. V, S. 205 ff.), in der Biologie (von *Troll*, Bd. IV, S. 376 ff., *Remane*, Bd. IV, S. 390 ff., und von *Brock*, Bd. V, S. 247 ff), der Psychologie (von *Strunz*, Bd. IV, S. 402 ff.), der Sprachwissenschaft (von *Lewy*, Bd. IV, S. 415 ff.) und der Geschichtswissenschaft (von *Schieder*, Bd. V, S. 228 ff. und von *Zittel*, Bd. V, S. 378 ff.).

Standpunkt der Semiotik einige Punkte der Kritik an der juristischen Begriffstheorie vorgebracht. Abschnitt 3.3 definiert mit Hilfe der Fuzzy Sets Theory unscharfe Begriffe, wobei extensionale und intensionale Unschärfe unterschieden werden. Abschnitt 3.4 bringt schließlich einige Beispiele der Operationalisierung unscharfer Begriffe.

3.1 Typus und Allgemeinbegriff in der Rechtswissenschaft

Der aus der klassischen Logik und der analytischen Wissenschaftstheorie stammenden Lehre vom abstrakt-allgemeinen Begriff stellt die juristische Literatur häufig ein der Rechtswissenschaft eigentümliches „Denken in Typen" gegenüber.[12])

In Abgrenzung zum Allgemeinbegriff wird der Typus als eine (zwar auch) allgemeine Denkform bezeichnet, die sich jedoch der Sinnfülle und Anschaulichkeit der individuellen Gestaltung nähert. In diesem Sinn führt *Karl Engisch* aus[13]): „Der Typus ist auf die eine oder die andere Weise, aber auch: auf die eine und die andere Weise, konkreter als der Begriff." Da jedoch die Bezeichnung „Typus" in der juristischen Literatur mit unterschiedlichen Bedeutungen verwendet wird[14]), erweist es sich als zweckmäßig, zur Abgrenzung von „Allgemeinbegriff" und „Typus" die charakteristischen Eigenschaften der beiden

---

[12] Vgl. insbesondere *Canaris C. W.*, Systemdenken und Systembegriff in der Jurisprudenz, entwickelt am Beispiel des deutschen Privatrechts. Berlin 1969; *Engisch K.*, Die Idee der Konkretisierung in Recht und Rechtswissenschaft unserer Zeit, 2. Aufl., Heidelberg 1968; *Esser J.*, Grundsatz und Norm in der richterlichen Fortbildung des Privatrechts, 2. Aufl., Tübingen 1964; *Hassemer W.*, Tatbestand und Typus. Untersuchungen zur strafrechtlichen Hermeneutik. Köln 1968; *Larenz K.*, Methodenlehre der Rechtswissenschaft, 2. Aufl. Berlin/Heidelberg/New York 1969; *Leenen D.*, Typus und Rechtsfindung, Berlin 1971; *Strache K. H.*, Das Denken in Standards. Zugleich ein Beitrag zur Typologik. Berlin 1968; *Zippelius R.*, Die Verwendung von Typen in Normen und Prognosen. In: Festschrift für Karl *Engisch* zum 70. Geburtstag. Frankfurt/M. 1969, S. 224 ff.

[13] *Engisch, K.*, Die Idee der Konkretisierung in Recht und Rechtswissenschaft unserer Zeit, a.a.O., S. 262. Vgl. dazu auch *Seiterich E.*, Die logische Struktur des Typusbegriffes bei *William Stern*, *Eduard Spranger* und *Max Weber*. Freiburg i. Br. 1930, S. 32. *Mengiardi P.*, Strukturprobleme des Gesellschaftsrechts. Zur Bedeutung der Typuslehre für das Recht der Personengesellschaften und juristischen Personen. In: ZSR, NF 87 (1968).

[14] So unterscheidet z. B. *K. Larenz*, Methodenlehre der Rechtswissenschaft, a.a.O., S. 424 ff.:

1. Durchschnitts- oder Häufigkeitstypus und Ganzheits- oder Gestalttypus. Der erstere liegt vor, wenn wir z. B. von den „typischen Reaktionen" einer Menschenmasse in bestimmten Situationen sprechen. Dabei meint „typisch" soviel wie „gewöhnlich", „regelmäßig zu erwarten", „kennzeichnend", „charakterisierend". Der Ganzheits- oder Gestalttypus liegt vor, wenn wir z. B. von einem „typischen Mittelgebirge" sprechen (Beispiel von *Heyde*). Hier haben wir ein (aus der Anschauung gewonnenes) Bild vor Augen, das ein Mannigfaches ineinander verwobener, durch „Zwischenglieder" miteinander zusammenhängender Einzelzüge darstellt. Diese konstituieren gerade in ihrer so gearteten Verbindung den betreffenden Typus als „Gestalt" oder „strukturiertes Ganzes".
2. Der nur „angeschaute" (vorgestellte) und der gedanklich erfaßte, in seiner Sonderheit „erkannte" Typus. Der lediglich „angeschaute" Typus erfaßt nur Gegebenes, muß jedoch zur Erkenntnis des Sinnvollen einer Verknüpfung zum „gedachten" Typus fortschreiten.
3. Der normative Idealtypus und der empirische Typus. Ersterer erscheint als „Vorbild", letzterer als Abbild eines den Dingen zugrundeliegenden Urbilds.

Begriffsformen herauszuarbeiten.[15])
Der Gegensatz von Typus und Allgemeinbegriff kann vorläufig einmal wie folgt charakterisiert werden[16]): Überall dort, wo die Rechtstheorie Unterschiede des Allgemeinbegriffs zum Typus herausarbeitet, wird dem Allgemeinbegriff Eindeutigkeit, Exaktheit, Sicherheit in der Anwendung nachgesagt. Der Allgemeinbegriff wird hier also im Sinn der formalen Logik und dem Usus der Naturwissenschaften folgend als mit „scharfen Grenzen" gedacht.[17])
In der Rechtswissenschaft stellt sich jedoch sofort das Problem, daß die juristische Begriffsbildung in der Regel nicht zu dieser Eindeutigkeit des Begriffsumfanges führt. Dies hat zu der Aufteilung des Begriffs im weiteren Sinn in „Begriffskern" und „Begriffshof" geführt.[18]) Nach dieser Lehre besteht nur im Begriffskern Sicherheit der Zuordnung, im Begriffshof ist keine Sicherheit gegeben.[19])
Aus dieser Erkenntnis, daß Begriffe in dem in der Logik verwendeten Sinn im Recht nur eine geringe Bedeutung haben, lassen sich zwei Konsequenzen für die juristische Methodenlehre ziehen:
1. Man spricht den Rechtsbegriffen i. w. S. die Qualität logischer Begriffe ab und sucht nach Denkformen, die das Wesen der durch Sprachlichkeit, Wirklichkeitsbezug und Werthaftigkeit stets „unscharfen" juristischen Begriffe besser zu erfassen vermögen. Nach dieser Lehre werden Tatbestand und Tatbestandsmerkmale als Typen aufgefaßt und den logischen Begriffen gegenübergestellt.[20]) Hier wird also der durch Begriffskern und Begriffshof gekennzeichnete Begriff mit Typus gleichgesetzt.
2. Neben den „eindeutigen" Begriffen der Logik unterscheidet man eine eigene Kategorie „deutungsbedürftiger" juristischer Begriffe im engeren Sinn und stellt diese den Typusbegriffen gegenüber.
„Alle Rechtsbegriffe i. w. S. sind infolge von Sprachlichkeit, Wirklichkeitsbezug und Werthaftigkeit ‚deutungsbedürftig'; innerhalb der deutungsbedürftigen Rechtsbegriffe kann jedoch nach ‚offenen' (wertausfüllungsbedürftigen und Typusbegriffen) und ‚geschlossenen' (Rechtsbegriffen i. e. S.) unterschieden

---

[15] Da in der wissenschaftlichen Literatur kein allgemein verwendeter Terminus für das Hyperonym von „Typus" und „Allgemeinbegriff" existiert. verwenden wir in Anlehnung an *Leenen D.*, Typus und Rechtsfindung, a.a.O., S. 31, hierfür „Begriff (Rechtsbegriff) im weiteren Sinn". Als Hyponyme dazu verwenden wir „Typus" (synonym dazu „Typusbegriff") und „Allgemeinbegriff" (synonym dazu „Begriff)".

[16] Vgl. *Jorgensen, S.*, Norm und Wirklichkeit. In: Rechtstheorie 1 (1971), S. 9 f.; *Leenen D.*, Typus und Rechtsfindung, a.a.O., S. 28 ff.

[17] Vgl. *Larenz K.*, Methodenlehre der Rechtswissenschaft, a.a.O., S. 440, 442. Der Allgemeinbegriff ist „fest begrenzt", „scharf definiert".

[18] Vgl. *Heck P.*, Gesetzesauslegung und Interessenjurisprudenz. In: AcP 112 (1914), S. 173. *Heck P.*, Begriffsbildung und Interessenjurisprudenz. Tübingen 1932, S. 52, 60; *Jesch D.*, Unbestimmter Rechtsbegriff und Ermessen in rechtstheoretischer und verfassungsrechtlicher Sicht. In: AöR 82 (1957), S. 172 ff.

[19] Vgl. *Zippelius R.*, Das Wesen des Rechts, 2. Aufl., München 1969, S. 13: „Vom wievielten Baum ab ist ein Baumbestand ein ‚Wald', von welchem Helligkeitsgrad an endet die ‚Nachtzeit', welche Wettbewerbshandlungen verstoßen gegen die ‚guten Sitten'?"

[20] Z. B. *Hassemer W.*, Tatbestand und Typus, a.a.O., S. 111.

werden. Die Unterscheidung von Begriff i. e. S. und Typus betrifft dann nicht den Gegensatz von ‚Eindeutigkeit' und ‚Deutungsbedürftigkeit', sondern von ‚Geschlossenheit' und ‚Offenheit' deutungsbedürftiger Begriffe i. w. S. Dies kann der Sache nach als die im rechtswissenschaftlichen Schrifttum heute herrschende Meinung bezeichnet werden."[21])

Die Denkform des Typus wird in diesem Fall vom deutungsbedürftigen Begriff i. e. S. gewöhnlich durch die Merkmale der Offenheit (Abstufbarkeit), Sinnhaftigkeit, Strukturiertheit und Anschaulichkeit abgegrenzt. Es erweist sich als zweckmäßig, auf diese Merkmale kurz einzugehen.

1. Offenheit

Als eines der wichtigsten Kennzeichen des Typus wird allgemein seine Offenheit bezeichnet. Darunter versteht man im wesentlichen die Abstufbarkeit der typischen Züge. „Die Offenheit normativer Typen wird dadurch geradezu herausgefordert, daß das Recht immer wieder qualitativen und graduellen Abstufungen und Abwandlungen der zu beurteilenden Fälle Rechnung tragen muß."[22]). Als Folge davon ergibt sich die Möglichkeit variabler Ausprägungskombinationen bis hin zum gänzlichen Fehlen eines typischen Zuges. Der Typus stellt ein „elastisches Merkmalsgefüge" dar.[23]) Die dem Typus zugehörigen Objekte sind sowohl untereinander wie mit „atypischen" Erscheinungen durch „fließende Übergänge" verbunden. Die Konstruktion des Typus geschieht daher durch ein Zuordnungsverfahren, das sprachlich durch die Verwendung des Komparativs („in höherem Maße") ausgedrückt wird.

Ein Beispiel dafür bietet die „Entgeltlichkeit eines Rechtsgeschäftes": Zwischen den Polen der „rein unentgeltlichen Zuwendung" (zB Schenkung) und des „rein entgeltlichen Geschäfts mit vollem Austauschcharakter" liegen zahlreiche Zwischenstufen abgestufter Entgeltlichkeit.

Bestimmt man die Abstufbarkeit als die für den Typusbegriff charakteristische Eigenschaft, so gelangt man zu jener von *Hempel* und *Oppenheim* vorgenommenen Gleichsetzung von Typus und komparativem Begriff.[24]) "If the term 'T' represents an extreme type, an individual a cannot be said either to be T or to be non-T, rather a may be, so to speak 'more or less' T."[25])

Betrachten wir nun im Gegensatz zur Abstufbarkeit des Typus den durch die Unterscheidung von Begriffskern und Begriffshof gekennzeichneten deutungsbedürftigen Begriff.

Die Lehre vom Begriffskern und -hof umfaßt wieder eine Mehrzahl unterschiedlicher Fälle:

a) Die Unbestimmtheit von „wertausfüllungsbedürftigen Begriffen" wie Treu

---

[21] *Leenen D.*, Typus und Rechtsfindung, a.a.O., S. 33. Auch in der folgenden Erörterung der Eigenschaften von Typus und deutungsbedürftigem Begriff i. e. S. folgen wir der vorzüglichen Darstellung bei Leenen.

[22] *Zippelius R.*, Das Wesen des Rechts, a.a.O., S. 137.

[23] *Larenz K.*, Typologisches Rechtsdenken. Bemerkungen zu *v. Tuka*, Die Rechtssysteme. In: ARSP (1940/41), S. 20.

[24] *Hempel C. G./Oppenheim P.*, Der Typusbegriff im Lichte der neuen Logik. Leiden 1936.

[25] *Hempel C. G.*, Typological Methods in the Social Sciences. In: *Albert H.*, (Hrsg.), Theorie und Realität. Ausgewählte Aufsätze zur Wissenschaftslehre der Sozialwissenschaften. Tübingen 1964, S. 194.

und Glauben, gute Sitten, Unzucht, öffentliche Sicherheit und Ordnung, etc.[26]) In diesem Fall geht die Kritik mancher Autoren[27]) dahin, daß hier überhaupt nicht von Begriffen gesprochen werden könne. Es handle sich vielmehr um formelhafte Verweisungen auf grundlegende Wertmaßstäbe, welche Richtlinien für die begriffliche Konkretisierung in Rechtswissenschaft und Praxis darstellen.

b) Die Unbestimmtheit von abstufbaren Typenbegriffen, wie „Dunkelheit", „Nachtzeit", „Lärm", „Waldung", etc.[28]). Will man jedoch den deutungsbedürftigen Begriff i. e. S. und Typus einander gegenüberstellen, sind diese Fälle wegen der Abstufbarkeit dem Typus zuzuzählen.

c) Die mangelnde Eindeutigkeit juristischer Begriffe, die eine mehr oder minder große unscharfe „Randzone" aufweisen. In diesem Fall handelt es sich logisch gesehen um einstellige Prädikate, welche jedoch nicht genau abgegrenzt sind. So kann „Unterschrift" nicht „mehr oder weniger" vorliegen. Dennoch muß hier durch Auslegung der Norm geklärt werden, daß etwa Handzeichen, Faksimili, Stempel als „Unterschrift" nicht genügen.

Die bisherigen Erörterungen haben sich im wesentlichen auf den eindimensionalen Typusbegriff beschränkt. Nun ist aber gerade für die „Offenheit" des Typus die Mehrdimensionalität eine charakteristische Eigenschaft. Man spricht von „typischen Merkmalskombinationen", die „häufig innerhalb der betreffenden Gattung und nur in ihr in dieser Häufigkeit festzustellen sind".[29])

Dieser Gegensatz zwischen Begriff und Typus sei am Beispiel „Beamter" verdeutlicht. Dem staatsrechtlichen Beamtenbegriff, der durch notwendige (unverzichtbare) Merkmale eine Klasse von Beamten definiert, kann der Typus des Beamten gegenübergestellt werden, der durch Züge wie „Pflichtbewußtsein", „Loyalität", „geringe Risikobereitschaft" beschreiben werden kann.

Für den mehrdimensionalen Typus gilt nun, daß nicht alle Dimensionen (Merkmale) des Typus erfüllt sein müssen (unverzichtbar sind), sondern daß nur regelmäßig eine besonders häufige Kombination herausgestellt wird. Dies ist etwa dann der Fall, wenn das Gesetz zur Erfüllung eines Tatbestandes das „überwiegende" Vorliegen einer Anzahl von Merkmalen verlangt. Wird hingegen die Unverzichtbarkeit der Merkmale festgelegt, die den Objektbereich bestimmen, haben wir nach dieser Unterscheidung keinen Typus, sondern einen Allgemeinbegriff vor uns.

2. Sinnhaftigkeit

Die als „Sinnhaftigkeit des Typus" angegebene Eigenschaft bezieht sich auf die Frage, wie ein Typus konstituiert wird.

Dieses Problem ist deshalb wichtig, da ja der Typus nicht durch unabdingbare Merkmale charakterisiert ist. Was also ist das den Typus als Merkmalsinbegriff

---

[26] *Jesch D.*, Unbestimmter Rechtsbegriff und Ermessen in rechtstheoretischer und verfassungsrechtlicher Sicht, a.a.O., S. 195 f. *Heck P.*, Gesetzesauslegung und Interessenjurisprudenz, a.a.O., S. 173.

[27] Vgl. *Larenz K.*, Methodenlehre der Rechtswissenschaft, a.a.O., S. 213, 263. *Henkel H.*, Recht und Individualität, Berlin 1958.

[28] Vgl. *Engisch K.*, Einführung in das juristische Denken, 4. Aufl., Stuttgart 1968, S. 108.

[29] *Haller H.*, Typus und Gesetz in der Nationalökonomie. Versuch zur Klärung einiger Methodenfragen der Wirtschaftswissenschaften, Stuttgart/Köln 1950, S. 26 ff.

„zusammenhaltende" Moment? Häufig gibt die Literatur hierauf die Antwort, das „Gesamtbild" sei maßgeblich.[30])
Eine nähere Untersuchung zeigt nun, daß die gedankliche Zusammenfassung einiger Züge zur Begriffsform des Typus und die Absetzung von anderen, „atypischen" Erscheinungen regelmäßig durch einen bestimmten Blickwinkel, Aspekt der empirischen Phänomene, bestimmt wird. Dies bedeutet aber, daß letztlich Bedeutungsgesichtspunkte typenkonstituierend sind: „Typen können ohne ihren Bedeutungs- oder Wertgesichtspunkt nicht gedacht werden."[31])
Aus diesem Grund stellt *Larenz* den abstrakt-allgemeinen Rechtsbegriff, der durch die „Tendenz zur Sinnentleerung gekennzeichnet" ist, dem „sinnhaften Typus" gegenüber.[32])

3. Strukturiertheit

Die „Ganzheitlichkeit" (Strukturiertheit) des Typus wird in der juristischen Literatur etwa mit folgenden Worten beschrieben[33]):
„Ein Typus ... ist ein ‚Gefüge', ein sinnvoll strukturiertes Ganzes, in dem jedes ‚Moment' auf ein ‚Sinnzentrum', einen ‚geistigen Kern' bezogen und dadurch in seiner Funktion, in seiner Bedeutung vom Ganzen her bestimmt ist."
Der Typus stellt also nach dieser Meinung ein interdependentes Merkmalsgefüge dar, wobei gerade die Art der Verknüpfung der gegenseitigen Ergänzung zur Erkenntnis des Ganzen beiträgt. „Jeder neue Zug, der ins Blickfeld tritt, wird daher nicht einfach zu den anderen Zügen summiert, sondern läßt den Typus in völlig neuem Licht und von anderer Seite sehen."[34])

4. Anschaulichkeit

Als weitere Eigenschaft des Typus wird die „Anschaulichkeit" oder „Bildhaftigkeit" angeführt.[35]) Damit ist folgendes gemeint: Der Begriff enthält nur wenige und „abstrakte", d. h. aus ihrer Verbindung gelöste Merkmale und kann grundsätzlich nicht durch ein klassenzugehöriges Objekt „repräsentiert" werden.[36]) Der Typus hingegen weist eine wesentlich größere Merkmalsfülle auf.
„Selbst der merkmalsreichste Begriff der untersten Abstraktionsstufe enthält stets weniger Merkmale als die Beschreibung eines Typus derselben Abstraktionshöhe."[37]) Die Vorstellung „typischer Fälle" trägt daher durchaus zur Veranschaulichung des Typus bei.
Bejaht man den durch Offenheit, Sinnhaftigkeit, Strukturiertheit und Anschaulichkeit gekennzeichneten Typus als eigene Denkform, so stellt sich die Frage nach der logischen Qualität der Unterscheidung von Typus und Begriff. Die

---

[30] Vgl. z. B. *Koller A.*, Grundfragen einer Typuslehre im Gesellschaftsrecht. Freiburg (Schweiz) 1967, S. 22, 25, 27.
[31] *Strache K. H.*, Das Denken in Standards, a.a.O. S. 46.
[32] *Larenz K.*, Methodenlehre der Rechtswissenschaft, a.a.O. S. 421 ff.
[33] *Larenz K.*, Typologisches Rechtsdenken, a.a.O., S. 20.
[34] *Bergfeld W.*, Der Begriff des Typus, Bonn 1933, S. 17.
[35] *Engisch, K.*, Die Idee der Konkretisierung in Recht und Rechtswissenschaft unserer Zeit, a.a.O., S. 82 ff., 247 f.; *Strache K. H.*, Das Denken in Standards, a.a.O., S. 28; *Zippelius R.*, Die Verwendung von Typen in Normen und Prognosen, a.a.O.
[36] *Heyde J. S.*, Typus. Ein Beitrag zur Typologik. In: Studium Generale 5 (1952), S. 237; *Strache K. H.*, Das Denken in tSandards, a.a.O. S. 39.
[37] *Leenen D.*, Typus und Rechtsfindung, a.a.O., S. 48, Anmerkung 89.

herrschende Lehrmeinung ist dazu die folgende[38]): Die angegebenen Eigenschaften konstituieren keinen Begriff des Typus, vielmehr ist diese Kennzeichnung der Denkform des Typus selbst nur als Typus zu erfassen. Damit entfällt die Möglichkeit einer begriffslogischen Unterscheidung zwischen Typus und juristischem Begriff i. e. S., der Unterschied ist selbst ein abgestuft-typologischer.

Allgemein nimmt der Typus eine „Mittelstellung" zwischen Individuum und Begriff ein. „Von dem normalen Individuum führt der Weg zum natürlichen Typus, von diesem zum konstruktiven und vom konstruktiven Typus endlich zum Allgemeinbegriff. Dieser Übergang ist die beste Illustration und Bestätigung für die Art, in der der Typus sich in die Mitte zwischen Individuum und Allgemeinbegriff stellt."[39])

Man spricht in diesem Zusammenhang auch von der „Verfestigung" des Typus. „Wir haben ... gesehen, daß das relative Gewichtsverhältnis der einzelnen Züge des Typus nicht gleichförmig festgelegt ist, da vom konstitutiven Wertgesichtspunkt her ein bestimmter Zug ‚wichtiger' als andere sein kann. Mit zunehmender Bedeutung eines solchen Zuges wächst dessen Kennzeichnungskraft für den von der Wertung erfaßten Objektsbereich; in der Möglichkeit des Dominierens eines Zuges ist die Möglichkeit der ‚Verfestigung' des Typus und damit seiner Annäherung an den Begriff angelegt. Kommt es – als Grenzfall – nur mehr auf ein einziges Merkmal an, liegt ein Begriff vor."[40])

3.2 Einige Punkte der Kritik an der juristischen Begriffstheorie

Die Versuche der Abgrenzung des Typus vom Allgemeinbegriff, wie sie von der juristischen Begriffstheorie unternommen werden, können in manchen Punkten nicht überzeugen. Neben dem Mangel einer einheitlichen Terminologie erscheint vor allem die völlige Mißachtung der Erkenntnisse der Semiotik[41]) sowie der modernen analytischen Begriffstheorie bedauerlich. Die Kritik, welche sich gegen den „Allgemeinbegriff" richtet, unterschiebt der Logik regelmäßig einen Erkenntnisstand, wie er um die Jahrhundertwende bestanden haben mag.

Um dies zu belegen, erscheint eine skizzenhafte Darstellung einiger grundlegender Begriffe der Semiotik und analytischen Begriffstheorie zweckmäßig.[42])

Auszugehen ist vom Zentralbegriff der Semiotik, dem Zeichen (genauer: der Zeichenform). Dieses ist Bestandteil eines Sprachsystems nur dann, wenn es Regeln (Wortgebrauchsregeln) gibt, die es gestatten, den richtigen Gebrauch vom falschen Gebrauch zu unterscheiden. Solche Regeln sind für natürliche Sprachen in erster Linie die semantischen und grammatikalischen Regeln, gemäß denen ein idealer Sprecher-Hörer ein Zeichen verwendet.

Ein Zeichen x ist anwendbar auf Gegenstände oder Sachverhalte (Individuen im logischen Sinn) $y_1, y_2, \ldots, y_n$, die Denotata des Zeichens x. Durch x wird

---

[38] Nachweise bei *Hassemer W.*, Tatbestand und Typus, a.a.O., S. 113, FN 131.

[39] *Maier H.*, Philosophie der Wirklichkeit, Tübingen 1926, Bd. 2, S. 574.

[40] *Leenen D.*, Typus und Rechtsfindung, a.a. O., S. 59.

[41] Grundlegend hierfür *Morris C. W.*, Foundations of the Theory of Signs, Chicago 1938.

[42] Wir folgen hier im wesentlichen *Brekle H. E.*, Semantik. München 1972, S. 30 ff.;; *Bunge M.*, Syientific Research I. The Search for Systems. Berlin/Heidelberg/New York 1967, S. 66 ff.

also eine Menge (Klasse) der Denotata, das Designatum $\{y_1, y_2, \ldots, y_n\}$ bestimmt. Die Denotata eines Zeichens erfüllen eine bestimmte strukturierte Merkmalsmenge oder Menge von Bedingungen $\{b_1, b_2, \ldots, b_m\}$. Die Menge $\{b_1, b_2, \ldots, b_m\}$ beschreibt oder, wie man auch sagt, konstituiert das Designatum von x. In etwas anderer Sprechweise stellt sich dieser Zusammenhang wie folgt dar: Ein Zeichen x steht für einen bestimmten „Begriff". Der durch x repräsentierte Begriff ist hierbei in doppelter Weise zu sehen[43]):

1. als Begriffsumfang (Extension) $E(x) = \{y_1, y_2, \ldots, y_n\}$
2. als Begriffseinheit (Intension) $I(x) = \{b_1, b_2, \ldots, b_m\}$.

Die Zuordnung von x zu E (x) heißt häufig auch „Bezeichnung", die Zuordnung von x zu I (x) „Bedeutung".[44]) „Bezeichnung" und „Bedeutung" können daher als Abbildungen im mathematischen Sinn aufgefaßt werden. Erstere wird häufig auch sigmatische, letztere semantische Dimension des Zeichens genannt. Entsprechend dem Sprachgebrauch in den Formalwissenschaften werden manchmal die Ausdrücke „Bezeichnung" und „Bedeutung" nicht nur für die Abbildungen selbst, sondern auch für die einem Zeichen zugeordneten Mengen E (x) bzw. I (x) verwendet. Die „Bezeichnung" von x entspricht dann gerade dem Begriffsumfang, die „Bedeutung" von x dem Begriffsinhalt.

Dieser Zusammenhang zwischen Bedeutung und Bezeichnung, Begriffsinhalt und Begriffsumfang sei an einem Beispiel verdeutlicht.

Die Zeichenform (Buchstabenfolge) „Student" bezeichnet eine Menge von Individuen, das Designatum E („Student") = $\{y_1, y_2, \ldots, y_n\}$, nämlich die Menge der Studenten, und bedeutet eine Merkmalsmenge I („Student") = {an einer Hochschule immatrikuliert, ...}. Die Extension des Begriffs „Student" ist also gleich $\{y_1, y_2, \ldots, y_n\}$, die Intension des Begriffs „Student" gleich {an einer Hochschule immatrikuliert, ...}.

Zwischen Extension und Intension von Begriffen besteht bekanntlich im allgemeinen die folgende Beziehung: Seien x und z zwei Zeichen mit $E(x) \subset E(z)$, so gilt $I(x) \supset I(z)$, und umgekehrt. z heißt in diesem Fall Oberbegriff (broader

---

[43] Unter Vewendung der marxistischen Widerspiegelungsthenorie kann der Zusammenhang von Begriff, Extension und Intension wie folgt definiert werden (*Segeth W.*, Elementare Logik, 6. Aufl., Berlin 1971, S. 123, 126): „Der Begriff ist die gedankliche Widerspiegelung einer Klasse von Individuen oder einer Klasse von Klassen auf der Grundlage invarianter Merkmale ... Die Intension eines Begriffs ist die gedankliche Widerspiegelung von Merkmalen, die innerhalb der durch die Extension dieses Begriffs widergespiegelten Klasse von Individuen oder von Klassen invariant sind. Die Extension eines Begriffs ist die gedankliche Widerspiegelung derjenigen Klasse von Individuen oder von Klassen, von der invariante Merkmale durch die Intension dieses Begriffs widergespiegelt werden." Zu der hier postulierten Invarianz der Merkmale vgl. die folgenden Ausführungen zum unscharfen Begriff.

[44] Bedauerlicherweise wird „Bedeutung" in der linguistischen und semiotischen Literatur nicht eindeutig verwendet. Dies ist historisch zu erklären. *Frege G.*, Sinn und Bedeutung. In: Zeitschrift für Philosophie und philosophische Kritik NF 100 (1892), auch in: *Frege G.*, Funktion, Begriff, Bedeutung (herausgegeben von *G. Patzig*), Göttingen 1962, verwendet nämlich in dieser für die Semiotik grundlegenden Schrift die Ausdrücke „Sinn" und „Bedeutung" in einer Weise, der in der heute üblichen Terminologie „Bedeutung" und „Bezeichnung" entsprechen. *Frege*s Sprachgebrauch folgt auch heute noch eine Minderheit der Autoren. Vgl. *Breke H. E.*, Semantik, a.a.O., S. 63.

term) zu x, x Unterbegriff (narrower term) zu z. Allerdings ist zu beachten, daß die Teilmengenrelation nicht immer streng ist, dh daß in manchen Fällen auch Gleichheit auftreten kann. Ein Beispiel hierfür bildet das „accidens proprium" (die „Eigentümlichkeit") in der traditionellen Logik. Unter „Eigentümlichkeit" wird eine Eigenschaft verstanden, die Gegenständen notwendig zukommt, ohne ihnen „wesentlich" zu sein.[45]) So sind beispielsweise Geldscheine aus Papier, Sachen unterliegen der Schwerkraft, etc. Juristisch sind diese Eigenschaften jedoch im allgemeinen belanglos, daher werden sie als accidentia propria aufgefaßt. Eine Hinzufügung von Eigentümlichkeiten zur Intension eines Begriffes verkleinert daher nicht seine Extension.

Bisher wurde in diesem Abschnitt stillschweigend vorausgesetzt, daß Intension und Extension eines Begriffes klar bestimmt sind, dh als Mengen im Sinn des traditionellen Mengenkalküls aufgefaßt werden können. Dies ist in der Praxis jedoch fast nie der Fall. Da Bedeutung und Bezeichnung eines Zeichens durch seinen Gebrauch festgelegt werden, hängt die Eindeutigkeit eines durch ein Zeichen repräsentierten Begriffs von der Eindeutigkeit dieser Regeln ab. Für natürliche Sprachen sind insbesondere die semantischen Regeln fast niemals eindeutig, der richtige Gebrauch wird häufig durch deiktische Handlungen („dies ist ein Haus") eingeübt.[46])

Daraus folgt aber, daß die Bedeutung eines Zeichens in der Regel nur implizit gegeben ist. Dies gilt auch für die in juristischen Texten verwendeten Zeichen (Wörter, Buchstabenfolgen). Als Regelfall ist daher von einer gewissen Unbestimmtheit der Extension und Intension von Begriffen auszugehen. *Karl Engisch* formuliert dies wie folgt[47]): „Unter einem unbestimmten Begriff verstehen wir einen Begriff, dessen Inhalt und Umfang weitgehend ungewiß ist. Absolut bestimmte Begriffe sind innerhalb des Rechts selten. Immerhin dürfen hierher die auch im Recht verwendeten Zahlbegriffe (insbesondere in Verbindung mit Maß- und Zeit- und Geldbegriffen) gerechnet werden. Überwiegend sind die Rechtsbegriffe wenigstens teilweise unbestimmt. Dies gilt zB schon von solchen in das Recht übernommenen natürlichen Begriffen, wie ‚Dunkelheit', ‚Nachtruhe', ‚Lärm', ‚Gefahr', ‚Sache'. Es gilt noch mehr von den eigentlichen Rechtsbegriffen, wie ‚Mord', ‚Rechtswidrigkeit', ‚Verbrechen', ‚Verwaltungsakt', ‚Rechtsgeschäft' usw."

Die Unbestimmtheit eines Begriffs kann nun Intension und/oder Extension betreffen. Eine extensionale Unbestimmtheit liegt dann vor, wenn zwar der Begriffsinhalt feststeht, aber Individuen existieren, bei denen eine Subsumtion unter den Begriff zweifelhaft erscheint. Die extensionale Unbestimmtheit wird also gerade von der Lehre von Begriffskern und Begriffshof erfaßt. *Adalbert Podlech* spricht in diesem Zusammenhang von „vagen Ausdrücken" und präzisiert dies wie folgt[48]): Alle Individuen (im logischen Sinn), von denen aufgrund von Wortgebrauchsregeln eines gegebenen Ausdrucks entschieden wer-

---

[45] Vgl. z. B. *Schneider E.*, Logik für Juristen, Berlin-Frankfurt/M. 1965, S. 37.

[46] Vgl. *Kamlah W./P. Lorenzen*, Logische Propädeutik. Vorschule des vernünftigen Redens. Mannheim 1967, S. 27 ff.

[47] *Engisch K.*, Einführung in das juristische Denken, a.a.O., S. 108.

[48] *Podlech A.*, Wertungen und Werte im Recht. In: AöR 895, S. 187 f.

den soll, ob sie von dem Ausdruck bezeichnet werden oder nicht, seien „mögliche Kandidaten" des Ausdrucks genannt. Jeder Kandidat, von dem aufgrund der Wortgebrauchsregeln entschieden werden kann, daß ihn der betreffende Ausdruck bezeichnet, heiße ein „positiver Kandidat", und jener, von dem entschieden werden kann, daß ihn der betreffende Ausdruck nicht bezeichnet, heiße ein „negativer Kandidat" des Ausdrucks. Jeder Kandidat, von dem aufgrund der Wortgebrauchsregeln nicht entschieden werden kann, ob er positiv oder negativ ist, heiße „neutraler Kandidat". Vage Ausdrücke sind dann diejenigen Ausdrücke, für die neutrale Kandidaten existieren. Die Klasse aller positiven Kandidaten eines Ausdrucks ist der Bedeutungskern des Ausdrucks, die Klasse aller neutralen Kandidaten der Bedeutungshof des Ausdrucks, die Klasse aller möglichen negativen Kandidaten die Kontradiktion des Ausdrucks.

Von der extensionalen Unbestimmtheit ist, wie *Rudolf Carnap* gezeigt hat, die intensionale Unbestimmtheit von Begriffen zu unterscheiden.[49]) Letztere liegt vor, wenn kein Konsens über die invarianten Merkmale des Begriffsinhalts hergestellt werden kann. Diese Unterscheidung ist deshalb wichtig, da extensionale und intensionale Unbestimmtheit keineswegs stets gemeinsam auftreten müssen. Ein Beispiel hierfür sei das Zeichen „Mensch". Die extensionale Unbestimmtheit (der Begriffshof) von „Mensch" ist sehr gering, wenigstens im alltäglichen Bereich. Hingegen ist die intensionale Unbestimmtheit groß, da über die invarianten Merkmale des Begriffsinhalts von „Mensch" nur zum Teil Einigkeit besteht.

In der juristischen Begriffstheorie werden nun Intension und Extension häufig nicht unterschieden. Dies scheint einer der Gründe für den Mangel an Konsens in der Lehre vom juristischen Typus zu sein. Wenn nämlich der Typus als „elastisches Merkmalsgefüge" bezeichnet wird, das die Möglichkeit variabler Ausprägungskombinationen bis hin zum gänzlichen Fehlen eines typischen Zuges einschließt, so ist damit offenbar gerade die intensionale Unbestimmtheit gemeint. Wird hingegen die Abstufbarkeit eines oder mehrerer Merkmale hervorgehoben (Beispiele: „Dunkelheit", „Nachtzeit", „Lärm"), so betrifft dies die extensionale Unbestimmtheit.

An dieser Stelle ist ein zweiter Punkt der Kritik an der juristischen Begriffstheorie anzumerken. In der Regel wird nämlich unter einem „Allgemeinbegriff" lediglich eine Eigenschaft (ein einstelliges Prädikat, ein klassifikatorischer Begriff) verstanden. Die analytische Begriffstheorie hat darüber hinaus jedoch auch die Theorie der komparativen und metrischen Begriffe entwickelt.[50])

Ein Hauptmangel der klassifikatorischen (qualitativen) Begriffe liegt in dem geringen durch sie vermittelten Informationsgehalt. (Aufgrund einer Klasseneinteilung kann weder eine eindeutige Ordnung der Begriffe noch ein Maß für die Distanz zwischen ihnen definiert werden.) Metrische (quantitative) Begriffe

---

[49] *Carnap R.*, Meaning and Synonymy in Natural Languages. In: Philosophical Studies 6 (1955), deutsch in: *Sinnreich J.* (Hrsg.), Zur Philosophie der idealen Sprache, München 1972, S. 145 ff.

[50] Vgl. zum folgenden *Stegmüller W.*, Theorie und Erfahrung. Probleme und Resultate der Wissenschaftstheorie und der Analytischen Philosophie Bd. II, Berlin/Heidelberg/New York 1970, S. 27 ff.

liefern zwar ein wesentlich höheres Maß an Information, haben aber den Nachteil, daß zu ihrer Einführung eine Meßtechnik benötigt wird. Diese steht jedoch häufig nicht zur Verfügung. Aus diesem Grund wird dann von der Rechtstheorie die Konsequenz einer Alternative „qualitative oder quantitative Begriffe" gezogen und der Rechtswissenschaftler begnügt sich mit klassifikatorischen Begriffen. Diese Konsequenz ist insofern voreilig, als es häufig möglich ist, nichtqualitative Begriffe einzuführen, die mehr Information als klassifikatorische Begriffe liefern. Dies sind die komparativen oder topologischen Begriffe.
Grob gesprochen handelt es sich hierbei um Relationsbegriffe, die Vergleichsfeststellungen im Sinn eines „mehr oder weniger" ermöglichen. Sei A die Menge jener Individuen, für die ein komparativer Begriff eingeführt werden soll, so besteht die Aufgabe darin, die Elemente von A in eine Präordnung zu bringen. Hierfür werden die beiden folgenden Relationen definiert ($\forall$ (x, y) $\in$ A $\times$ A):

1. eine zweistellige Vorgängerrelation V. Wir schreiben (x, y) $\in$ V, wenn „x steht vor y" gilt;
2. eine zweistellige Koinzidenzrelation K. Wir schreiben (x, y) $\in$ K, wenn „x ist gleichstellig mit y" gilt.

K und V müssen die folgenden Bedingungen erfüllen, um eine Präordnung zu bilden:

a) K muß eine Äquivalenzrelation sein.
b) K und V müssen einander ausschließen.
c) V muß transitiv sein.
d) Für zwei beliebige Elemente x und y von A muß genau einer der folgenden Fälle eintreten: (x, y) $\in$ K oder (x, y) $\in$ V oder (y, x) $\in$ V.

Durch K und V wird eine Präordnung (ein komparativer Begriff) konstituiert. Das folgende Beispiel möge dies verdeutlichen: Soll der komparative Begriff „Fahrlässigkeit" konstituiert werden, so müssen hierfür die Relationen K und V auf A, der Menge der zu beurteilenden Verhalten, definiert werden. (x, y) $\in$ K bedeutet dann „die Verhalten x und y sind gleich fahrlässig". (x, y) $\in$ V bedeutet „das Verhalten x ist fahrlässiger als das Verhalten y".
Als Vorteile komparativer Begriffe sind vor allem zu nennen:

1. Komparative Begriffe ermöglichen eine gedankliche Differenzierung gegenüber klassifikatorischen Begriffen. Parallel mit dieser Informationsverschärfung geht eine Reduktion der Merkmale, die zur Begriffsbestimmung erforderlich sind, da bei komparativen Begriffen nur zwei Definitionen (K und V) erforderlich sind.
2. Komparative Begriffe bilden ein wichtiges Zwischenglied zwischen qualitativen und quantitativen Begriffen. Durch sie wird in den untersuchten Individuenbereich eine bestimmte Art von Ordnung eingeführt. Dies bedeutet eine außerordentliche Erleichterung für die Einführung metrischer Begriffe, da in diesem Fall die Ordnung nur mehr metrisiert werden muß.

Diesen Vorteilen steht insbesondere im Recht der Nachteil gegenüber, daß die Definition von K und V häufig Schwierigkeiten bereitet. Eine interpersonelle Nachvollziehbarkeit der Definitionen setzt ja eine Operationalisierung voraus, dh es müssen Prozeduren angegeben werden, wie auf (x,y) $\in$ K oder (x,y) $\in$ V entschieden werden soll. Solche Handlungsanweisungen sind im Recht jedoch häufig nicht verfügbar. (Vgl. zu diesem Problem Abschnitt 3.4.)

Zusammenfassend lassen sich die folgenden Punkte der Kritik an der juristischen Begriffstheorie anführen:

a) Die juristische Begriffstheorie unterscheidet häufig nicht zwischen Extension und Intension von Begriffen.

b) Die juristische Begriffstheorie versteht gewöhnlich unter Allgemeinbegriffen nur klassifikatorische Begriffe.

3.3. Unscharfe Mengen und Begriffe

Die extensionale und/oder intensionale Unbestimmtheit juristischer Begriffe legt es nahe, diese nicht mit Hilfe des traditionellen Mengenkalküls, sondern unter Verwendung der Theorie unscharfer Mengen zu beschreiben. Dies soll im vorliegenden Abschnitt geschehen.

Wir beginnen mit der Untersuchung der Bezeichnung.[51])

Definition 3.1. Eine extensional unscharfe Sprache („fuzzy language") L_E ist ein Tripel $L_E = (A, T, \mathcal{N})$,

wobei A eine Menge von logischen Individuen darstellt (das „universe of discourse"), T eine Menge von Zeichen („terms") und $\mathcal{N}$ eine unscharfe Relation $\mathcal{N} \subset T \times A$ mit

$$f_N: (x, y) \rightarrow f(x, y) \in [0,1], \quad \forall x \in T, \; y \in A.$$

$\mathcal{N}$ heißt Bezeichnungsrelation.

Durch $\mathcal{N}$ wird die Beziehung zwischen einem Zeichen x und der durch x bezeichneten Individuen von A hergestellt. Je höher f_N für ein bestimmtes Individuum y, um so eindeutiger ist y durch das zugehörige x bezeichnet.

Definition 3.1 stellt insofern eine Vereinfachung dar, als ein Zeichen x, das für eine Relation steht, Paare, Tripel, etc von Elementen aus A bezeichnet. Dieser Fall wird in Abschnitt 3 aus Gründen der Einfachheit nicht explizit berücksichtigt. Vgl dazu jedoch Abschnitt 4.2.

Definition 3.2. Die Extension eines durch ein Zeichen x repräsentierten Begriffs (das Designatum von x) ist eine unscharfe Menge $E(x) \subset A$, definiert durch

$$f_{E(x)}(y) = f_N(x, y) \quad \forall y \in A$$

Durch $\mathcal{N}$ wird also jedem $x \in T$ eine unscharfe Menge $E(x) \subset A$ zugeordnet. In Anlehnung an die Nomenklatur *Podlechs* (vgl. Abschnitt 3.2) erhält man:

Sei $0 \leqq a < b \leqq 1$, so gilt:

Die Menge $\{y \mid f_N(x, y) \leqq a\}$ heißt die „extensionale Kontradiktion von x" (bezüglich des Niveaus a);

die Menge $\{y \mid a < f_N(x, y) < b\}$ heißt der „extensionale Begriffshof von x" (bezüglich der Niveaus a und b);

die Menge $\{y \mid f_N(x, y) \geqq b\}$ heißt der „extensionale Begriffskern von x" (bezüglich des Niveaus b).

Ist der extensionale Begriffshof von x leer, so nennen wir den durch x repräsentierten Begriff einen „extensional scharfen Begriff" (bezüglich der Niveaus a

---

[51] Vgl. *Zadeh L. A.*, Quantitative Fuzzy Semantics, a.a.O., S. 164 ff.; *Zadeh L. A.*, Fuzzy Languages and Their Relation to Human and Machine Intelligence, a.a.O. S. 6 ff. Die im folgenden verwendeten Definitionen sind etwas einfacher als jene *Zadehs*, da im gegebenen Zusammenhang nur die Unschärfe der sigmatischen und semantischen Regeln, nicht aber jene der grammatikalischen Regeln interessiert.

und b). Setzten wir a = 0 und b = 1 und ist der extensionale Begriffshof von x leer, so ist *E* (x) eine Menge im Sinn des traditionellen Mengenkalküls, die Extension von x hat also „scharfe Grenzen" im üblichen Sinn.

Aus den Definitionen von Abschnitt 2.3 folgt nun sofort:

Definition 3.3. Sei ein x und z zwei Zeichen, *E* (x) und *E* (z) die ihnen entsprechenden Extensionen, so ist die sigmatische Distanz[52]) zwischen *E* (x) und *E* (z) gegeben durch

$d(E(x), E(z))$ oder $e(E(x), E(z))$ (vgl Definition 2.8. und 2.9.).

Ihre relative sigmatische Distanz ist gegeben durch

$d^*(E(x), E(z))$ oder $e^*(E(x), E(z))$.

Definition 3.4. Sei x ein Zeichen, *E* (x) die ihm entsprechende Extension, so ist die „extensionale Unschärfe" des durch x repräsentierten Begriffs gegeben durch

$In_1(E(x))$ oder $In_2(E(x))$ (vgl Definition 2.11.).

Nach der Darstellung der Bezeichnungsrelation wenden wir uns nun der Untersuchung der Bedeutung zu. In erster Näherung läßt sich eine intensional unscharfe Sprache analog zu L_E wie folgt darstellen:

Definition 3.5. Eine intensional unscharfe Sprache L_I ist ein Tripel

$L_I = (B, T, N^*)$,

wobei B eine Menge von Merkmalen darstellt, T eine Menge von Zeichen („terms") und N^* eine unscharfe Relation $N^* \subset T \times B$ mit

$f_{N^*}: (x, y) \rightarrow f(x, y) \in [0,1] \quad \forall x \in T, \; y \in B$.

N^* heißt Bedeutungsrelation.

Durch N^* wird die Beziehung eines Zeichens x und der durch x „bedeuteten" Merkmale von B hergestellt. Je höher f_{N^*} für ein bestimmtes Merkmal y, um so eindeutiger gehört y zur Intention des durch x repräsentierten Begriffs.

Definition 3.6. Die Intension eines durch ein Zeichen x repräsentierten Begriffs ist eine unscharfe Menge $I(x) \subset B$, definiert durch

$f_{I(x)}(y) = f_{N^*}(x, y) \quad \forall y \in B$.

Analog zu oben ergibt sich für $0 \leqq a < b \leqq 1$ die intensionale Kontradiktion, der intensionale Begriffshof und der intensionale Begriffskern von x. Ist der intensionale Begriffshof von x leer, nennen wir den durch x repräsentierten Begriff einen „intensional scharfen Begriff". Setzen wir a = 0 und b = 1, so erhalten wir in diesem Fall als Intension des Begriffs eine Menge invarianter Merkmale, also gerade den durch die Invarianz der Merkmale charakterisierten logischen Allgemeinbegriff. Ist der intensionale Begriffshof nicht leer, bedeutet dies, daß Merkmale existieren, die einem Begriff nicht zweifelsfrei zugeschrieben werden können. Dieser Fall scheint daher dem juristischen Typus zu entsprechen.

Die bisherige Darstellung einer intensional unscharfen Sprache kann jedoch nur teilweise befriedigen. Als wichtigste Einwände können angeführt werden:

1. Definition 3.5. postuliert die Existenz einer Menge B von Merkmalen. Diese ist in der Regel jedoch nicht gegeben. Die Versuche der Konstruktion von B

[52] Da manche Autoren die Sigmatik der Semantik (i. w. S.) zurechnen, kann statt von „sigmatischer Distanz" auch von „extensional semantischer Distanz" gesprochen werden.

haben in der Rechtswissenschaft zu den unbefriedigenden Ergebnissen der Begriffsjurisprudenz *(Puchta, Jhering, Windscheid)*, insbesondere der Begriffspyramide mit der Tendenz zur Ausbildung von kontradiktorischen Gegensätzen geführt.[53]) Unabhängig vom Recht sind die Versuche der Informationswissenschaften, „Primzahlen der Sprache" zu konstruieren (vgl insbesondere das Uniterm-Verfahren)[54]) im allgemeinen ebenfalls gescheitert.

2. Definition 3.6. bestimmt die Intension eines durch ein Zeichen x repräsentierten Begriffs durch eine unscharfe Menge I (x). Auch wenn man die Existenz von B voraussetzt, stellt I (x) eine in vielen Fällen unzulässige Abstraktion dar, da I (x) die zwischen den Merkmalen bestehenden Relationen nicht berücksichtigt. Im allgemeinen müßte daher die Intension eines Begriffs als relationales System, nicht als (scharfe oder unscharfe) Menge aufgefaßt werden. Gerade für den juristischen Typus wird die Variabilität der Merkmale als charakteristisch angesehen, das Fehlen eines Merkmals kann durch das Auftreten anderer Merkmale kompensiert werden. Eine mögliche Form der Formalisierung ist dann die folgende. Für einen durch ein Zeichen x repräsentierten Typus erhält man als Intension nicht eine einzige unscharfe Menge I (x), sondern eine Menge $\{I_1 (x), I_2 (x), \ldots, I_k (x)\}$. Jedes I_j (x) stellt hierbei eine mögliche Form der Merkmalsausprägungen dar, die durch x „bedeutet" werden. Im folgenden wird dieser (zu Recht bestehende) Einwand aus Gründen der Einfachheit jedoch nicht weiter berücksichtigt. Wir setzen voraus, daß jeder Term x genau eine unscharfe Menge I (x) bedeutet.

3. Die Elemente von B werden selbst wieder durch sprachliche Zeichen (Terme) repräsentiert, welche daher einen gewissen Grad an Unschärfe aufweisen. Jede intensional unscharfe Sprache weist daher eine doppelte Unschärfe auf:

a) die Unschärfe, welche daraus resultiert, daß die Merkmale eines Begriffs durch unscharfe sprachliche Zeichen repräsentiert werden;
b) die Unschärfe, welche daraus resultiert, daß die Merkmale einem Begriff nicht zweifelsfrei zugeordnet werden können.

Aus dieser doppelten Unschärfe ist natürlich nicht zu folgern, daß eine intensional unscharfe Sprache einen größeren Grad an Unschärfe aufweisen muß als eine extensional unscharfe Sprache.

Wir gehen nun von der Hypothese aus, daß die Gebrauchsregeln einer Sprache primär die Bezeichnungsrelation festlegen (zB durch deiktische Handlung). Dies gilt zumindest für die Umgangssprache. Die Definition der Bedeutungsrelation erfolgt demgegenüber sekundär (typischerweise in „Fachsprachen") und entspricht dem Bedürfnis nach einer Verringerung der Unschärfe durch

---

[53] Vgl. die Darstellung bei *Larenz K.*, Methodenlehre der Rechtswissenschaft, a.a.O., S. 17 ff.

[54] Vgl. *Laisiepen K./E. Lutterbeck/K. H. Meyer-Uhlenried*, Grundlagen der praktischen Information und Dokumentation. München/Pullach-Berlin 1972, S. 214 ff. Ein interessanter Ansatz in diese Richtung ist jedoch das am Obersten Kassationsgerichtshof in Rom eingerichtete Informationssystem. Vgl. *Borruso R./Novelli V.*, Relazione sul primo esperimento di ricerca elettronica della giurisprudenza. In: La scienza e la technica della pubblica amministrazione 16 (1969), S. 189 ff. *Laporta E./R. Borruso/A. Falcone/V. Novelli*, Sistema di ricerca elettronica della giurisprudenza, Roma 1969. *Frosini V.*, Der Bürger und der Computer in der italienischen Rechtspraxis. In: DVR 2/3 (1973), S. 198 f.

Verfestigung des Sprachgebrauchs (vgl die Definitionslehre der klassischen Logik; eine korrekte Definition erfolgt hier durch Angabe des genus proximum und der differentia specifica, ist also rein intensional aufgebaut).

Definition 3.7. Sei L_E eine extensional unscharfe Sprache gemäß Definition 3.1., x ein Zeichen und *E* (x) seine Extension, so erhält man eine „extensionale Ableitung der Intension *I* (x)CT" durch

$$f_{I(x)}(z) = \min_y f_N(z, y) \quad \text{für } f_{E(x)}(y) > 0 \text{ und } E(x) \subset E(z)$$
$$0 \text{ sonst}$$

Die Bedeutungsrelation N^* ist in diesem Fall gegeben durch

$$N^* \subset T \times T \text{ mit } f_{N^*}(x,z) = f_{I(x)}(z) \quad \forall (x, z) \in T \times T$$

Definition 3.7. besagt also, daß die Intension eines Zeichens x gleich der unscharfen Menge von Zeichen ist, welche durch die Bezeichnungsrelation mit sämtlichen Elementen der Extension von x verknüpft sind.[55])

Definition 3.8. Jedes Zeichen x, dessen Intension *I* (x) (mit positiver charakteristischer Funktion) als einziges Element x selbst enthält, ist ein (undefiniertes) „Grundzeichen". Die Menge der Grundzeichen $G \subset T$ ist bestimmt durch

$$f_G(x) = f_{I(x)}(x) \quad \text{falls } I(x) = \{x\}$$
$$0 \text{ sonst}$$

Definition 3.9. Sei x ein Zeichen, so erhält man *D* (x), die „Definition von x" durch

$$D(x) = I(x) \cap G$$

Eine „Definition von x" besteht also gerade in der Angabe jener Elemente der Intension von x, welche Grundzeichen sind. Diese nennt man zweckmäßig „Merkmale von x". Hierbei ist jedoch zu beachten, daß diese Merkmale insoferne nicht unabdingbar sind, als die charakteristische Funktion, welche den Grad der Bedeutung der einzelnen Merkmale für die Intension von x angibt, beliebige Zwischenwerte zwischen 0 und 1 annehmen kann. Die Definition eines Grundzeichens enthält lediglich sich selbst, dh Grundzeichen bleiben undefiniert.

Das folgende Beispiel möge die Definitionen 3.7. bis 3.9. verdeutlichen.

Beispiel 3.1. Sei $A = \{y_1, y_2, y_3, y_4, y_5\}$, $T = \{x_1, x_2, x_3, x_4\}$ mit x_1 = „Pferd", x_2 = „Schimmel", x_3 = „weiß", x_4 = „Vertrag" und $N \subset T \times A$ gegeben durch

T \ A	y_1	y_2	y_3	y_4	y_5
x_1	1	0.9	1	0	0
x_2	1	0.7	0	0	0
x_3	1	0.8	0	1	0
x_4	0	0	0	0	0.9

so erhält man (aus Gründen der Übersichtlichkeit werden nur Elemente mit positiver charakteristischer Funktion angeführt)

$$E(x_1) = \{(y_1, 1), (y_2, 0.9), (y_3, 1)\},$$
$$E(x_2) = \{(y_1, 1), (y_2, 0.7)\},$$

[55] Bei Anwendung der Definition 3.7 erhält man stets $x \in I(x)$. Will man dies vermeiden, muß man als zusätzliche Vorschrift in Definition 3.7 $x \notin I(x)$ verlangen. Allerdings besteht in diesem Fall der Nachteil, daß die Intensionen der Grundzeichen (vgl. Definition 3.8.) leer sind.

$E(x_3) = \{(y_1, 1), (y_2, 0.8), (y_4, 1)\}$,
$E(x_4) = \{(y_5, 0.9)\}$,
$I(x_1) = \{(x_1, 0.9)\}$,
$I(x_2) = \{(x_1, 0.9), (x_2, 0.7), x_3, 0.8)\}$,
$I(x_3) = \{(x_3, 0.8)\}$,
$I(x_4) = \{(x_4, 0.9)\}$,
$G = \{(x_1, 0.9), (x_3, 0.8), (x_4, 0.9)\}$,
$D(x_2) = \{(x_1, 0.9), (x_3, 0.8)\}$.

Analog zur extensional unscharfen Sprache erhält man

Definition 3.10. Seien x und z zwei Zeichen, $I(x)$ und $I(z)$ die ihnen entsprechenden extensional abgeleiteten Intensionen, so ist die semantische Distanz[56]) zwischen $I(x)$ und $I(z)$ gegeben durch

$$d(I(x), I(z)) \text{ oder } e(I(x), I(z)).$$

Ihre relative semantische Distanz ist gegeben durch

$$d^*(I(x), I(z)) \text{ oder } e^*(I(x), I(z)).$$

Definition 3.11. Sei x ein Zeichen, $I(x)$ die ihm entsprechende extensional abgeleitete Intension, so ist die „intensionale Unschärfe" des durch x repräsentierten Begriffs gegeben durch

$$In_1(I(x)) \text{ oder } In_2(I(x)).$$

Auch bezüglich der mit Hilfe der Theorie unscharfer Mengen formalisierten Begriffe gilt im allgemeinen: Sind x und z zwei Zeichen mit $E(x) \subset E(z)$, so gilt $I(x) \supset I(z)$ und umgekehrt. Zwischen extensionaler und intensionaler Unschärfe eines durch ein Zeichen x repräsentierten Begriffs besteht, wie in Abschnitt 3.2 gezeigt wurde, kein direkter Zusammenhang. Diese Tatsache ist in Definition 3.7. berücksichtigt, da hier die Bedeutungsrelation zwischen einem Zeichen x und den Elementen seiner Intension nicht unmittelbar durch die Bezeichnungsrelation zwischen x und seinen Denotata bestimmt wird.

Zur Bestimmung des Verhältnisses zwischen der extensionalen und intensionalen Unschärfe eines Begriffs geben wir

Definition 3.12. Sei x ein Zeichen mit $E(x)$ und $I(x)$, so ist der „Unschärfe-Quotient von x" gegeben durch

$$Un_1(x) = \frac{In_1(I(x))}{In_1(E(x))} \text{ oder } Un_2(x) = \frac{In_2(I(x))}{In_2(E(x))}.$$

Zusammenfassend läßt sich zu Abschnitt 3.3 feststellen:

1. Die Theorie unscharfer Mengen bildet ein aus theoretischer Sicht hervorragendes Instrument zur Formalisierung der Begriffe. Sowohl Extension als auch Intension der Begriffe können in adäquater Weise erfaßt werden.
2. Im Zusammenhang mit der juristischen Begriffstheorie gilt im besonderen: Die den Allgemeinbegriffen nachgesagte Eindeutigkeit stellt nur einen Spezialfall des allgemeinen Begriffsschemas dar. Die Lehre von Begriffskern und Begriffshof wird durch den extensional unscharfen Begriff abgedeckt, jene des juristischen Typus durch den intensional unscharfen Begriff erfaßt.

---

[56] Verwendet man statt „sigmatischer Distanz" den Ausdruck „extensional semantische Distanz (vgl. Anm. 5)2), so empfiehlt es sich aus Gründen der Eindeutigkeit, statt von „semantischer Distanz" von „intensional semantischer Distanz" zu sprechen.

3.4 Zur Operationalisierung juristischer Begriffe

In Abschnitt 3.3 wurde die Existenz einer Bezeichnungsrelation N postuliert und damit stillschweigend die Möglichkeit der Bestimmung der charakteristischen Funktion im konkreten Fall vorausgesetzt. Für die praktische Anwendung der Theorie unscharfer Mengen auf juristische Begriffe stellt sich jedoch das Problem der Angabe von (nach Möglichkeit) interpersonell nachvollziehbaren Regeln, mit deren Hilfe die Bezeichnungsrelation bestimmt werden kann. Dies bedeutet, daß die Anwendung unscharfer Mengen eine gewisse Operationalisierung juristischer Begriffe erfordert.

Dazu ist prinzipiell festzustellen, daß eine derartige Operationalisierung nicht in allen Fällen sinnvollerweise gegeben werden kann. Gerade die sachgerechte Entscheidung des Einzelfalles erfordert häufig ein „Abwägen aller Sinnzusammenhänge", welches sich einer Operationalisierung entzieht.[57]) Diese Einschränkung schließt jedoch die Anwendbarkeit der Theorie unscharfer Mengen nicht generell aus. Auch eine Einbeziehung normativer Gesichtspunkte bei der Subsumtion eines Einzelfalls unter einen juristischen Begriff ist möglich, da die Fuzzy Sets Theory die Definition der Bezeichnungsrelation prinzipiell offenläßt. Gerade das Prinzip der Rechtssicherheit und der Gleichheitssatz setzen voraus, daß auch die Anwendung normativer Gesichtspunkte prinzipiell interpersonell begründbar ist.

Zur Bestimmung der charakteristischen Funktion auf empirischem Weg seien die folgenden Beispiele gegeben:

1. Die Bestimmung der charakteristischen Funktion beim extensional unscharfen Begriff (allgemeiner Fall) mit Hilfe dichotomer Entscheidungen.
   Gegeben sei eine Menge logischer Individuen (zB gleichartiger Sachverhaltselemente) $A = \{y_1, y_2, \ldots, y_n\}$. Diese werden m urteilenden Personen (zB Richtern) zur Entscheidung der Frage vorgelegt, ob sie durch ein Zeichen x (zB ein Tatbestandselement) bezeichnet werden. Die urteilenden Personen entscheiden dichotom (ja/nein). Sei k_i die Zahl der bejahenden Urteile bezüglich des Sachverhaltselements y_i, so erhalten wir zB
   $$f_N(x, y_i) = \frac{k_i}{m}$$
2. Die Bestimmung der charakteristischen Funktion beim eindimensional komparativem Begriff.
   Repräsentiert das Zeichen x einen komparativen Begriff im Sinn des Abschnitts 3.2, so werden die Elemente von A durch die Koinzidenzrelation K in einander ausschließende Äquivalenzklassen $A_1, A_2, \ldots, A_r$ zerlegt. Zwischen diesen ist durch V eine vollständige starke Ordnung definiert.[58]) Setzen wir
   $$f_N(x, y) = 1 \quad \forall y \in A_1$$

[57] Vgl. dazu *Reisinger L.*, Überlegungen zur Formalisierung im Recht, a.a.O.

[58] Sind *K* und *V* selbst unscharfe Relationen, so werden die Formeln für f_N entsprechend komplizierter. Vgl. dazu *Reisinger L.*, Die automatisierte Messung juristischer Begriffe, Berlin 1973, S. 79 ff. In dieser Veröffentlichung wird statt von „charakteristischer Funktion" von „Entscheidungsfunktion" gesprochen. Beide Begriffe stimmen jedoch ihrer Bedeutung nach überein.

(dies entspricht der Vorstellung vom „extremen Typus"), so erhalten wir zB

$$f_N(x, y) = \frac{1}{i} \quad \forall y \in A_i \quad i \in \{1, 2, \ldots, r\}$$

3. Die Bestimmung der charakteristischen Funktion beim eindimensional metrischen Begriff.

Repräsentiert x einen metrischen Begriff, so sind die $y \in A$ Meßwerte[59]) und $f_N(x, y)$ wird durch eine reelle Funktion $f_x(y)$ definiert.

$$f_N(x, y) = f_x(y) \in [0,1] \quad \forall y \in A$$

Besonders interessant ist hier der folgende Fall: Man geht von der Hypothese aus, daß alle y auf einem Kontinuum liegen und $f_x(y)$ eine monoton wachsende Funktion ist. Diese Annahme bedeutet, daß der Grad der Mitgliedschaft von y zu z um so höher ist, je größer y. Wählt man speziell als charakteristische Funktion die Verteilungsfunktion der Normalverteilung, erhält man das im Bereich der Skalierungsverfahren als „Normal Ogive Model" bekannte Modell.[60])

Die charakteristische Funktion eines Zeichens x_i hat in diesem Fall die Gestalt

$$f_i(y) = f_i(y, a_i, b_i) = \int_{-\infty}^{a_i(y-b_i)} g(t)\, dt$$

und g (t) Dichte der Normalverteilung $\forall y \in A$.

$f_i(y)$ hat die folgenden Eigenschaften:

1. $f_i(y)$ ist eine monoton wachsende stetige Funktion von y.
2. $f_i(-\infty) = 0, \; f_i(+\infty) = 1$.
3. $f_i(b_i) = 0.5$.

Durch geeignete Wahl der Parameter a_i und b_i kann $f_i(y)$ sehr unterschiedliche Formen annehmen. Dies sei am folgenden Beispiel illustriert[61]):

Beispiel 3.2. Von sechs Zeichen $x_1, x_2, \ldots, x_6$ seien die charakteristischen Funktionen durch die folgenden Parameter gegeben:

i	a_i	b_i
1	0	–0.25
2	0.01	18
3	100	1
4	100	2
5	1	1
6	1	2

[59] Einen Überblick über verschiedene charakteristische Funktionen in diesem Fall gibt *Kaufmann A.*, Introduction à la théorie des sous-ensembles flous, a.a.O., S. 168 ff.

[60] Vgl. *Tucker L. R.*, Maximum Validity of a Test with Equivalent Items. In: Psychometrica, Vol. 11 (1946), S. 1 ff.; *Lord F. M.*, A Theory of Test Scores. Psychometric Monographs No. 7, 1952; *Lord F. M./Novick M. R.*, Statistical Theories of Mental Test Scores. Reading Mass. 1968, S. 365 ff.; *Lazarsfeld P. F./Heny N. W.*, Latent Structure Analysis, New York 1968, S. 217 ff.; *Reisinger L.*, Die automatisierte Messung juristischer Begriffe, a.a.O., S. 114 ff.

[61] Das Beispiel folgt *Lord F. M./Novick M. R.*, Statistical Theories of Mental Test Scores, a.a.O. S. 366 f.

Man erhält dann die folgende graphische Darstellung.

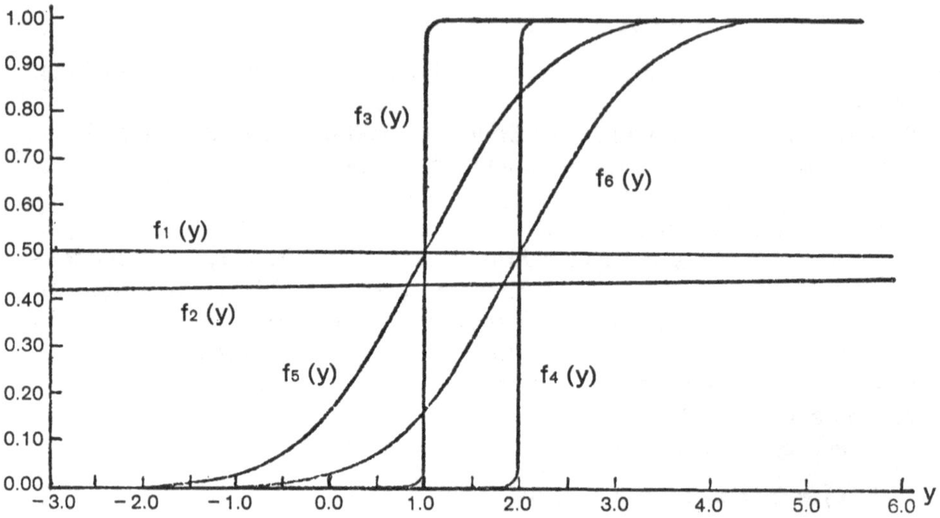

f_1 (y) f_2 (y) f_3 (y) f_4 (y) f_5 (y) f_6 (y)

x_1 hat als charakteristische Funktion $f_1 = 0.5$, eine von y unabhängige Konstante. Alle $y \in A$ werden daher in diesem Fall von x_1 im selben Grad bezeichnet. Für jedes $a_i > 0$ ist f_i eine streng monoton wachsende Funktion von y.

x_2 hat im betrachteten Bereich ungefähr dieselbe Eigenschaft wie x_1. Für x_3 erhält man aus dem hohen Wert von a_3 ein f_3 (y) < 0.01 für alle $y < 0.9$ und ein f_3 (y) > 0.99 für alle $y > 1.1$, dh die „Trennschärfe" von x_3 ist außerordentlich hoch. x_4 hat dieselben Eigenschaften wie x_3, mit dem Unterschied, daß die Region der Trennschärfe sich um 1 nach rechts verschoben hat. Für x_5 und x_6 weisen die zugehörigen charakteristischen Funktionen eine langsamere Steigung auf, da a_i kleiner als bei f_3 und f_4 ist.

Aus Beispiel 3.2. läßt sich folgendes Ergebnis ablesen: Je größer a_i, um so größer die Trennschärfe einer charakteristischen Funktion. Dies bedeutet, daß bei hohem a_i f_i (y) sehr wirksam zwischen Werten knapp unter b_i und knapp über b_i unterscheiden kann. Für Wertepaare y_1 und y_2, die beide auf derselben Seite von b_i liegen, bietet f_i (y) jedoch in diesem Fall praktisch keine Information, die zur Unterscheidung von y_1 und y_2 verwendet werden kann. Charakteristische Funktionen mit einem a_i von durchschnittlicher Größe (f_5 und f_6 in Beispiel 3.2.) haben zwar eine geringere Trennschärfe, sind dafür aber auch in einem größeren Intervall brauchbar.[62])

---

[62] Für die praktische Anwendung bleibt natürlich die Aufgabe, die Parameter a_i und b_i aus den empirischen Daten zu bestimmen. Dies ist unter bestimmten Annahmen mit Hilfe einer Maximum-Likelihood-Schätzung möglich. Vgl. *Lord F. M.*, An Application of Confidence Intervals and of Maximum Likelihood to the Estimation of an Examinee's Ability. In: Psychometrica 18 (1953), S. 57 ff.; *Torgerson W. S.*, Theory and Methods of Scaling. New York 1958, S. 388 ff.; *Lazarsfeld P. F./Henry N. W.*, Latent Structure Analysis, a.a.O., S. 221 f.

Mit Hilfe des Normal Ogive Model läßt sich daher eine wichtige Klasse extensional unscharfer Begriffe beschreiben. Durch den Parameter a_i wird die extensionale Unschärfe und damit der „Begriffshof" bestimmt. Ist a_i sehr groß, so hat der durch x_i repräsentierte Begriff praktisch extensional „scharfe Grenzen", dh die unscharfe Menge nähert sich der traditionellen Menge und das universe of discourse wird in komplementäre Klassen zerlegt (zB „fahrlässig", „nicht fahrlässig"). Ein großes a_i führt daher zur Ausbildung kontradiktorischer Gegensätze und zu einer zweiwertigen Logik.

Die Bestimmung des Trennschärfeparameters a_i stellt daher eine wichtige Aufgabe einer empirisch arbeitenden juristischen Semantik dar. Die Erarbeitung einer Typologie von Zeichenklassen entsprechend der Größe von a_i kann die Theorie juristischer Begriffe bereichern und für Legistik und Rechtsanwendung wertvolle Hinweise liefern.

Abschließend sei zum Problem der Bestimmung der charakteristischen Funktion noch darauf hingewiesen, daß aus wenigen Annahmen zahlreiche weitere mit Hilfe der Definitionen aus Abschnitt 2 ableitbar sind. Das folgende Beispiel möge dies illustrieren.[63])

Beispiel 3.3. Sei $A = \{1, 2, \ldots, 100\}$, wobei jedes $y \in A$ das Alter von Menschen, gemessen in Jahren, darstellt, weiters $T = \{$„jung", „alt"$\}$ und gelte aufgrund einer bestimmten Regel

f_N („jung", 57) = 0.024
f_N („alt", 57) = 0.66, so erhält man daraus
f_N („nicht alt", 57) = 1 – 0.66 = 0.34
f_N („jung oder alt", 57) = max (0.66, 0.024) = 0.66
f_N („nicht jung und nicht alt", 57) = min ((1 – 0.024), (1 – 0.66))
= min (0.976, 0.34) = 0.34.

4. Die Theorie unscharfer Mengen und Thesauri

In diesem Abschnitt soll eine weitere Anwendungsmöglichkeit der Fuzzy Sets Theory im Recht dargestellt werden, nämlich der Aufbau „unscharfer Thesauri". Hierfür werden in Abschnitt 4.1 die wichtigsten in Thesauri verwendeten semantischen Relationen angegeben. Daran anknüpfend bringt Abschnitt 4.2 die Definition des unscharfen Thesaurus und einige sich daraus ergebende Folgerungen. In Abschnitt 4.3 werden schließlich die Möglichkeiten einer operationalen Definition unscharfer Thesaurusrelationen mit Hilfe der Assoziationsmaße diskutiert.

4.1 Der Thesaurus als relationales System

Bei jedem Informationssystem besteht das Problem, daß die vom Nachrichtensender verwendete Zeichenmenge wegen der Unschärfe der natürlichen Sprache mit jener des Nachrichtenempfängers nur teilweise übereinstimmt. Dies führt zu der bekannten Tatsache, daß die für eine bestimmte Fragestellung relevanten Dokumente einer Datenbank bei der Anfrage nur teilweise nachgewiesen werden.

---

[63] Nach *Zadeh L. A.*, Quantitative Furry Semantics, a. a. O., S. 166.

Jedes Informationssystem steht daher vor der Aufgabe, Suchstrategien zu entwickeln, welche „Silence" (Menge der relevanten, aber nicht nachgewiesenen Dokumente) und „Noise" (Menge der nachgewiesenen, aber nicht relevanten Dokumente) minimieren.[64]) Das wichtigste Mittel für diese Erhöhung der Selektionsgüte ist der Aufbau eines Thesaurus.

Die Intension des Begriffes „Thesaurus" läßt sich wie folgt definieren[65]): „Ein Thesaurus im Bereich der Dokumentation ist eine geordnete Menge von Bezeichnungen, die ein offenes System zur fach- und/oder problemorientierten Klassifizierung und Ordnung von Begriffen bilden; als Klassifizierungssystem strebt er die umkehrbar eindeutige Zuordnung von Bezeichnungen zu Begriffen an und als Ordnungssystem die Kennzeichnung von Relationen zwischen Begriffen, jeweils durch Darstellung von Relationen zwischen den Bezeichnungen."

Gemäß der in Abschnitt 3 vereinbarten Terminologie bedeutet dies also, daß ein Thesaurus aus einer Menge von Zeichen (den „Deskriptoren") und einer Menge von Relationen zwischen diesen Zeichen besteht. Die Relationen zwischen den Deskriptoren sind hierbei derart definiert, daß eine nach Möglichkeit umkehrbar eindeutige Zuordnung zwischen den Zeichen und ihren Extensionen bzw. Intensionen erreicht wird.

Dem Sprachgebrauch der Formalwissenschaften folgend kann ein Thesaurus daher als ein „relationales System" aufgefaßt werden. Die Definition der Relationen dieses Systems hängt natürlich vom spezifischen Gegenstandsbereich des betreffenden Informationssystems ab, regelmäßig finden sich darunter jedoch einige der folgenden zweistelligen Relationen, die deshalb auch als „allgemeine semantische Relationen" bezeichnet werden.[66])

Zu ihrer Darstellung empfiehlt es sich, entsprechend der oben gegebenen Definition zwischen Klassifizierungs- und Ordnungssystemen zu unterscheiden.

1. Thesaurus als Klassifizierungssystem

Um die umkehrbar eindeutige Zuordnung zwischen Zeichen und Intension zu erreichen, müssen Homographien ausgeschaltet und Synonymien definiert werden. Zur Beseitigung von Homographien werden Deskriptoren gewöhnlich besonders gekennzeichnet (Beispiel: „Schloß–Gebäude", „Schloß–Verschluß"). Bei der Definition der Synonymierelation muß zwischen vollkommener Syn-

---

[64] Vgl. dazu Bundesministerium der Justiz (Hrsg.), Das Juristische Informationssystem. Analyse, Planung, Vorschläge. Karlsruhe 1972, S. 97 ff.; *Reisinger L.*, Rechtsinformatik. Die Probleme einer jungen Wissenschaft. In: Mitteilungsblatt der Österreichischen Gesellschaft für Statistik und Informatik 7/8 ((1972); *Reisinger L.*, Probleme der Bewertung und des Vergleiches automatisierter juristischer Informationssysteme. In: DVR 1 (1974).

[65] Komitee Terminologie und Sprachfragen in der DGD, Fachwörterbuch der Dokumentation (Thesaurus). In: NFD 1968, S. 268 ff. Vgl. auch *Laisiepen K./Lutterbeck E./Meyer-Uhlenried K. H.*, Grundlagen der praktischen Information und Dokumentation, a.a.O., S. 273.

[66] Vgl. DIN 1463, Richtlinien für die Erstellung und Weiterentwicklung deutschsprachiger Thesauri. *Lyons J.*, Introduction to Theoretical Linguistics, Cambridge 1968, S. 456 ff.; *Lang F. H.*, Dokumentation und Information. Probleme der Bildungsorganisation. In: IBB Bulletin 7 (1971); *Reisinger L.*, Automatisierte Normanalyse und Normanwendung, Berlin 1972, S. 39 ff.; *Reisinger L.*, Thesaurusstrukturen juristischer Datenbanken I. In: DSWR 14 (1972).

onymie (Synonymie i. e. S.) und unvollkommener Synonymie (Synonymie i. w. S., Quasisynonymie) unterschieden werden. Erstere liegt dann vor, wenn zwei Zeichen (Wörter) in jedem Kontext austauschbar sind (Beispiel: „Schornstein", „Rauchfang"). Die meisten Linguisten vertreten die Ansicht, daß vollkommene Synonymie in natürlichen Sprachen selten auftritt. Unvollkommene Synonymie ist kontextabhängig (Beispiel: Zu „schnell" sind synonym i. w. S. „rasch", „eilig", „geschwind", „hurtig", „flott", „zügig", „flink", „behend", „lebhaft", „stürmisch"). Die Unterscheidung von vollkommener und unvolllkommener Synonymie ist fließend und hängt vom Gegenstandsbereich der spezifischen Datenbank ab. Die meisten Thesauri lösen die vollkommene Synonymie, indem Vorzugs- und Nachrangsynonyme unterschieden und diese durch entsprechende Vermerke (USE für Vorzugssynonyme und UF – used for – für Nachrangsynonyme) gekennzeichnet werden (Beispiel: „Rauchfang" USE „Schornstein", „Schornstein" UF „Rauchfang"). Wird die unvollkommene Synonymie von der Synonymie i. e. S. unterschieden, so geschieht dies häufig durch die Definition einer Assoziationsrelation.

2. Thesaurus als Ordnungssystem

Um eine umkehrbar eindeutige Zuordnung von Relationen zwischen Begriffen und Relationen zwischen Zeichen zu erreichen, werden in der Regel hierarchische Relationen und (seltener) Gegensatzrelationen definiert.

Die wichtigste hierarchische Relation ist die Abstraktionsrelation (generische Relation) zwischen Oberbegriff (Hyperonym, broader term) und Unterbegriff (Hyponym, narrower term). Diese Relation wird üblicherweise durch BTG (broader term generic) bzw NTG (narrower term generic) gekennzeichnet. Zwei Unterbegriffe desselben Oberbegriffes stehen in der Relation der Cohyponymie, sie sind Verwandte Begriffe (related terms). Ihre Kennzeichnung ist in diesem Fall RT oder RTG. (Beispiel: Gilt „KFZ" NTG „PKW", „KFZ" NTG „LKW", so folgt daraus „PKW" BTG „KFZ", „LKW" BTG „KFZ", „PKW" RTG „LKW", „LKW" RTG „PKW".)

In manchen Thesauri wird von der Abstraktionsrelation die Bestandsrelation (partitive Relation) unterschieden.[67]) Letztere besteht zwischen Verbandsbegriff und Teilbegriff und wird üblicherweise durch BTP (broader term partitive) bzw NTP (narrower term partitive) gekennzeichnet. Zwei Teilbegriffe desselben Verbandsbegriffes sind Nachbarbegriffe (RTP). (Beispiel: Gilt „BRD" NTP „Bayern", „BRD" NTP „Hessen", so folgt daraus „Bayern" BTP „BRD", „Hessen" BTP „BRD", „Bayern" RTP „Hessen", „Hessen" RTP „Bayern".) Unterscheidet ein Thesaurus nicht zwischen Abstraktions- und Bestandsrelation, werden in der Regel die Kennzeichnungen BT, NT, RT verwendet.

Seltener werden in Thesauri Gegensatz-Relationen definiert. Hier sind Inkompatibilität, Komplementarität und Antonymie zu unterscheiden. Zwei Begriffe sind inkompatibel, wenn aus dem ersten Begriff implizit die Verneinung des zweiten folgt. Die Logik spricht in diesem Fall vom konträren Gegensatz.

---

[67] Vgl. als Beispiel für den EDV-unterstützten Aufbau von Thesauri die IBM-Programme GENTHES (Generative Thesaurus) und REGEN (Remote GENTHES). Bezüglich der Bestandsrelation verwendet GENTHES die Kennzeichnungen TT (total term) statt BTP, PT (part term) statt NTG und CT (contiguous term) statt RTP.

Existiert zu zwei inkompatiblen Begriffen ein gemeinsamer unmittelbarer Oberbegriff, so kann Inkompatibilität als Beziehung zwischen Cohyponymen aufgefaßt werden (Beispiel: „rot"/„schwarz").

Zwei Begriffe sind komplementär, wenn der erste synonym zur Verneinung des zweiten ist, dh wenn der gemeinsame Oberbegriff nur in zwei Unterbegriffe zerfällt. Die Logik spricht in diesem Fall vom kontradiktorischen Gegensatz (Beispiel: „männlich"/„weiblich"). Zwei Begriffe sind antonym, wenn sie an den Enden einer Skala derart zu finden sind, daß es einen kontinuierlichen Übergang von einem Ende zum andern gibt. Die Logik spricht hier vom polarkonträren Gegensatz (Beispiele: „klein"/„groß", „hell"/„dunkel", „jung"/„alt").

Da der Thesaurus als Ordnungssystem die Ersetzung der Relationen zwischen Begriffen durch jene zwischen Zeichen anstrebt, werden die genannten Relationen zwischen den die Begriffe repräsentierenden Zeichen (Deskriptoren) definiert.

Zur genaueren Bestimmung der allgemeinen semantischen Relationen eines Thesaurus erweist es sich als zweckmäßig, kurz ihre formalen Eigenschaften zu diskutieren:

1. Die Synonymie i. e. S. ist eine Äquivalenzrelation (reflexiv, symmetrisch, transitiv). Wird die Synonymie aufgespalten in eine Vorzugssynonymie USE und eine Nachrangsynonymie UF, so sind diese beiden Relationen konvers (dh gilt x USE y, so gilt y UF x und umgekehrt). Beide Relationen sind asymmetrisch (gilt zB x USE y, so gilt nicht y USE x).
2. Die Quasisynonymie ist eine Ähnlichkeit (reflexiv, symmetrisch).
3. Abstraktionsrelation und Bestandsrelation sind antireflexiv und asymmetrisch. Wird darüber hinaus mit BT/BTG/BTP (bzw NT/NTG/NTP) nicht nur der unmittelbare Oberbegriff (bzw Unterbegriff) bezeichnet, so sind die Relationen auch transitiv und damit starke Ordnungsrelationen. Die durch die hierarchischen Relationen generierten Relationen RT/RTG/RTP sind (bezüglich desselben Oberbegriffes und derselben Abstraktions- bzw Bestandsstufe) symmetrisch und transitiv.
4. Gegensatzrelationen sind antireflexiv und symmetrisch. Weiters gilt:
   Sind x und z zwei Zeichen, E (x) und E (z) ihre Extensionen und y ein Individuum im logischen Sinn, so erhält man
   a) im Fall der Inkompatibilität und Antonymie:
      aus $y \in E(x)$ folgt $y \notin E(z)$; nicht aber: aus $y \notin E(z)$ folgt $y \in E(x)$.
   b) im Fall der Komplementarität:
      aus $y \in E(x)$ folgt $y \notin E(z)$; aus $y \notin E(z)$ folgt $y \in E(x)$.

Da Inkompatibilität und Antonymie insoweit dieselben formalen Eigenschaften aufweisen, kann eine Unterscheidung im traditionellen Mengenkalkül nur mit Hilfe einer zusätzlich auf der Menge der Individuen definierten Vorzugsrelation getroffen werden. Im Fall der Antonymie stehen die Individuen in dieser Ordnung, im Fall der Inkompatibilität nicht. Die Antonymie entspricht damit jenem Fall des komparativen Begriffs, bei dem die Enden der durch die Vorzugsrelation geschaffenen Ordinalskala mit sprachlichen Zeichen belegt sind. Im Gegensatz dazu ist die Inkompatibilität eine Relation zwischen klassifikatorischen Begriffen.

4.2 Unscharfe Thesauri

Die Beschreibung semantischer Relationen mit Hilfe des traditionellen Mengenkalküls führt zu Schwierigkeiten, welche den bei Extension und Intension von Begriffen auftretenden analog sind. Auch Thesaurusrelationen müssen gemäß dem traditionellen Mengenkalkül „scharfe Grenzen" aufweisen, dh für zwei Deskriptoren x und y gilt

$$\text{entweder } (x, y) \in R \text{ oder } (x, y) \notin R.$$

Diese Forderung ist jedoch bei zahlreichen Relationen eine unzulässige Vereinfachung (zB Quasisynonymie, Assoziation). Es liegt daher nahe, die Theorie unscharfer Mengen für den Aufbau von Thesauri zu verwenden. Wir geben hierzu im vorliegenden Abschnitt einige grundlegende Definitionen.

Definition 4.1. Sei T eine Menge von Zeichen, $T_1 = \{r_1, r_2, \ldots, r_k\}$ und T_2 zwei nichtleere Teilmengen von T mit $T_1 \cap T_2 = \varnothing$, so ist ein unscharfer Thesaurus TH_U gegeben durch

$$TH_U = (T_1, T_2; \mathcal{R}_1, \mathcal{R}_2, \ldots, \mathcal{R}_k).$$

Hierbei ist T_1 die Menge der Relatoren (Namen für Relationen), T_2 die Menge der Deskriptoren. $\mathcal{R}_i \subset T_2 \times T_2$ ist eine unscharfe Relation mit

$$f_{\mathcal{R}_i}: (x, y) \rightarrow f(x, y) \in [0,1] \quad \forall (x, y) \in T_2 \times T_2, \; i \in \{1, 2, \ldots, k\}.$$

Je eindeutiger ein Deskriptorenpaar (x, y) durch eine Relation $\mathcal{R}_i$ bezeichnet wird, um so höher ist $f_{\mathcal{R}_i}(x, y)$.

Definition 4.2. Die Extension eines Relators ist gleich der durch ihn bezeichneten Relation, dh

$$E(r_i) = \mathcal{R}_i \text{ mit } f_{E(r_i)}(x, y) = f_{\mathcal{R}_i}(x, y)$$
$$\forall r_i \in T_1, \; \forall (x, y) \in T_2 \times T_2, \; i \in \{1, 2, \ldots, k\}.$$

Analog zu Abschnitt 3.3 erhält man:

Sei $0 \leqq a < b \leqq 1$, so gilt:

die Menge $\{(x, y) \mid f_{\mathcal{R}_i}(x, y) \leqq a\}$ heißt die „extensionale Kontradiktion von r_i" (bezüglich des Niveaus a);

die Menge $\{(x, y) \mid a < f_{\mathcal{R}_i}(x, y) < b\}$ heißt der „extensionale Begriffshof von r_i" (bezüglich der Niveaus a und b);

die Menge $\{(x, y) \mid f_{\mathcal{R}_i}(x, y) \geqq b\}$ heißt der „extensionale Begriffskern von r_i" (bezüglich des Niveaus b).

Ist $a = 0$, $b = 1$ und der extensionale Begriffshof von r_i leer, so ist $\mathcal{R}_i$ eine Relation mit „scharfen Grenzen", wie sie in traditionellen Thesauri auftritt.

Definition 4.3. Seien r_i und r_j zwei Relatoren, $\mathcal{R}_i$ und $\mathcal{R}_j$ die ihnen entsprechenden Extensionen, so ist die sigmatische Distanz zwischen $\mathcal{R}_i$ und $\mathcal{R}_j$ gegeben durch

$$d(\mathcal{R}_i, \mathcal{R}_j) = \sum_{(x,y) \in T_2 \times T_2} | f_{\mathcal{R}_i}(x, y) - f_{\mathcal{R}_j}(x, y) | \quad \text{oder}$$

$$e(\mathcal{R}_i, \mathcal{R}_j) = \Big(\sum_{(x,y) \in T_2 \times T_2} (f_{\mathcal{R}_i}(x, y) - f_{\mathcal{R}_j}(x, y))^2 \Big)^{\frac{1}{2}}.$$

Sei die Zahl der Elemente von T_2 gleich n, so ist die relative sigmatische Distanz zwischen $\mathcal{R}_i^{v}$ und $\mathcal{R}_j$ gegeben durch

$$d^*(\mathcal{R}_i, \mathcal{R}_j) = \frac{d(\mathcal{R}_i, \mathcal{R}_j)}{n^2} \quad \text{oder} \quad e^*(\mathcal{R}_i, \mathcal{R}_j) = \frac{e(\mathcal{R}_i, \mathcal{R}_j)}{n}.$$

Definition 4.4. Sei $\mathcal{R}_i$ die unscharfe Extension eines Relators r_i, so ist die ihr benachbarte (gewöhnliche) Relation R_i° definiert durch

$$f_{R_i^\circ}(x,y) = 0 \quad \text{wenn } f_{R_i}(x,y) < 0.5$$
$$= 1 \quad \text{wenn } f_{R_i}(x,y) > 0.5$$
$$= 0 \text{ oder } 1 \quad \text{wenn } f_{R_i}(x,y) = 0.5$$

Im folgenden setzen wir $f_{R_i^\circ}(x, y) = 0$, wenn $f_{R_i}(x, y) = 0.5$.
Die „extensionale Unschärfe" von R_i ist in diesem Fall gegeben durch

$$In_1(R_i) = 2\,d^*(R_i, R_i^\circ) \quad \text{oder} \quad In_2(R_i) = 2\,e^*(R_i, R_i^\circ).$$

Es gilt $0 \leqq In_1(R_i) \leqq 1$ und $0 \leqq In_2(R_i) \leqq 1$ (vgl Definition 2.11.).
Wir gehen nun auf die Eigenschaften unscharfer semantischer Relationen näher ein. Hierfür geben wir

Definition 4.5. Zwei unscharfe Relationen R_i und R_j sind konvers, wenn gilt aus $(x,y) \in R_i$ folgt $(y, x) \in R_j$ mit $f_{R_i}(x,y) = f_{R_j}(y, x)$

$$\forall (x,y) \in T_2 \times T_2$$

Die zu R_i konverse Relation bezeichnen wir mit R_i^c.
Beispiele für konverse Relationen sind *USE/UF* oder *BT/NT*.
Eine unscharfe Synonymie i. e. S. ist eine unscharfe Äquivalenzrelation (vgl Definition 2.14.3.). Eine unscharfe Quasisynonymie ist eine unscharfe Ähnlichkeit (vgl Definition 2.14.2.). Eine unscharfe hierarchische Relation ist eine unscharfe (starke oder schwache) Ordnungsrelation (vgl Definition 2.14.4. und 2.14.5.).
Bezüglich des Zusammenhanges zwischen *BT, NT* und *RT* gilt:
Seien x, y, z Deskriptoren und

1. ist $(x, z) \in BT$ und $(y, z) \in BT$, so ist $(x, y) \in RT$ mit $f_{RT}(x, y) = \min(f_{BT}(x, z),\ f_{BT}(y, z))$;
2. ist $(z, x) \in NT$ und $(z, y) \in NT$, so ist $(x, y) \in RT$ mit $f_{RT}(x, y) = \min(f_{NT}(z, x),\ f_{NT}(z, y))$.

Analoges gilt für *BTP/BTG, NTP/NTG* und *RTP/RTG*.
Beim Information Retrieval kann nun nicht nur die Frage interessieren, welche Deskriptoren mit einem gegebenen Deskriptor x in einer bestimmten Relation R_i stehen (diese Frage wird durch die Definition von R_i beantwortet), sondern der Benutzer des Informationssystems kann an der Menge aller Deskriptoren, die mit x in irgendeiner Relation stehen, interessiert sein. Diese letztere Menge nennt man „semantische Umgebung des Deskriptors x".
Wir geben dazu die folgenden Definitionen.
Definition 4.6. Seien $R_1, R_2, \ldots, R_k$ die unscharfen Relationen eines unscharfen Thesaurus, so ist die „totale Relation" R_t dieses Thesaurus gegeben durch

$$R_t = R_1 \cup R_1^c \cup R_2 \cup R_2^c \cup \ldots \cup R_k \cup R_k^c.$$

R_t ist eine symmetrische Relation.
Anschaulich gesprochen erhält man R_t, indem man alle Graphen der Thesaurusrelationen übereinanderlegt, die Richtung der Kanten außer acht läßt und als charakteristische Funktion die maximal bewertete Kante wählt.
Definition 4.7. Sei x ein Deskriptor, so ist $S_a(x)$, die „semantische Umgebung von x bezüglich des Niveaus a" definiert durch

$$S_a(x) = \{y \in T_2 \mid (x, y) \in R_t \text{ und } f_{R_t}(x, y) \geqq a\} \text{ mit}$$
$$f_{S_{a(x)}}(y) = f_{R_t}(x, y).$$ [68])

[68] Zur Bestimmung der semantischen Umgebung vgl. die Algorithmen zur Zerlegung einer unscharfen Äquivalenzrelation in *Kaufmann A.*, Introduction à la théorie des sous-ensembles flous, a.a.O., S. 387 ff.

Beispiel 4.1. Sei $T_2 = \{x_1, x_2, x_3, x_4\}$, $R_1 = \{((x_1, x_2), 0.9), ((x_1, x_3), 0.7)\}$, $R_2 = \{((x_3, x_1), 0.8), ((x_4, x_1), 0.6)\}$ und $R_3 = \{((x_2, x_3), 0.7), ((x_3, x_2), 0.7)\}$, so erhält man (wieder werden nur Elemente mit positiver charakteristischer Funktion angeführt)

$$R_t = \{((x_1, x_2), 0.9), ((x_1, x_3), 0.8), ((x_1, x_4), 0.6), ((x_2, x_1), 0.9), ((x_2, x_3), 0.7), ((x_3, x_1), 0.8), ((x_3, x_2), 0.7), ((x_4, x_1), 0.6)\}.$$

Es sind dann zB $S_{0.8}(x_1) = \{(x_2, 0.9), (x_3, 0.8)\}$,

$S_{0.8}(x_2) = \{(x_1, 0.9)\}$, $S_{0.8}(x_4) = \varnothing$.

Bemerkung: Wird R_1 als *NT* interprtiert, so kann R_3 als *RT* interpretiert werden. Die Wahl verschiedener semantischer Niveaus führt natürlich zu verschiedenen semantischen Umgebungen eines Deskriptors. Je größer a, um so kleiner im allgemeinen die „Silence" des Information Retrieval und um so größer der „Noise". Durch die Wahl von a können daher verschiedene Suchstrategien im Information Retrieval spezifiziert werden.

Zum Abschluß dieses Abschnitts gehen wir kurz auf den Zusammenhang zwischen einem unscharfen Thesaurus und einer extensional unscharfen Sprache ein. Sei $L_E = (A, T_2, N)$ eine extensional unscharfe Sprache gemäß Definition 3.1., wobei A eine Menge von logischen Individuen darstellt, T_2 eine Menge von Zeichen (in diesem Fall: Deskriptoren) und $N \subset T_2 \times A$ eine unscharfe Bezeichnungsrelation und seien x und z zwei Deskriptoren mit $E(x)$ und $E(z)$ den ihnen entsprechenden Extensionen, so gelten die in Tabelle 1 zusammengestellten Beziehungen.

Tabelle 1. Beziehungen zwischen extensional unscharfen Sprachen und unscharfen Thesauri

Relation	Extension	charakteristische Funktion	
x *USE/UF* z	$E(x) = E(z)$	$f_{E(x)}(y) = f_{E(z)}(y)$	$\forall y \in A$
x *NT/NTG/NTP* z	$E(x) \supset E(z)$	$f_{E(x)}(y) \geqq f_{E(z)}(y)$	$\forall y \in A$
x *BT/BTG/BTP* z	$E(x) \subset E(z)$	$f_{E(x)}(y) \leqq f_{E(z)}(y)$	$\forall y \in A$
x antonym/ komplementär z	$E(x) = \overline{E(z)}$	$f_{E(x)}(y) = 1 - f_{E(z)}(y)$	$\forall y \in A$

Zu Tabelle 1 sind noch die folgenden ergänzenden Bemerkungen zu machen:

1. Die Definition der Synonymie ist extensional formuliert, dh zwei Zeichen werden als synonym betrachtet, wenn ihre Extensionen gleich sind. In einer intensionalen Sprache bedeutet Synonymie jedoch gleiche Intensionen. Bekanntlich müssen gleiche Extensionen nicht stets mit gleichen Intensionen übereinstimmen (Beispiele: „Lebewesen mit Nieren"/ „Lebewesen mit Herz", „Paarzeher"/„Wiederkäuer".[69])
2. Entsprechend der „unscharfen Grenzen" der Fuzzy Sets können die Fälle der Antonymie und Komplementarität nicht allgemein unterschieden werden. Eine „scharfe Komplementarität" kann durch die zusätzliche Forderung $f_{E(x)}(y) \in \{0,1\}$ definiert werden, allerdings bedeutet dies eine Rückkehr zum traditionellen Mengenkalkül.
3. Zwei Zeichen x und z stehen in der Relation *RT*, wenn gilt:

---

[69] Vgl. dazu *Seiffert H.*, Einführung in die Wissenschaftstheorie Bd. 1, München 1971, S. 42 ff.; *Weinberger O.*, Rechtslogik. Wien/New York 1970, S. 36.

$E(x) \neq E(z)$ und: es gibt ein $u \in T_2$ mit

$f_{E(u)}(y) \geqq \max(f_{E(x)}(y), f_{E(z)}(y)) \quad \forall y \in A$

4.3 Zur Operationalisierung unscharfer Thesaurusrelationen

Analog zu Abschnitt 3.4 stellt sich das Problem der Bestimmung der charakteristischen Funktion im Fall einer unscharfen Thesaurusrelation. Jede freie manuelle Bestimmung ist der Gefahr der interpersonellen und intertemporalen Inkonsistenz ausgesetzt. Aus diesem Grund erweist sich in vielen Fällen eine automatische Erstellung aufgrund vorgegebener Algorithmen als zweckmäßig. Wir diskutieren hier den Spezialfall der Definition der charakteristischen Funktion mit Hilfe statistischer Assoziationsmaße[70]). Diese Maßzahlen gehen von der Überlegung aus, daß zwei Deskriptoren, die gemeinsam in Dokumenten auftreten, in einer gewissen Beziehung zueinander stehen und daß diese Beziehung um so stärker und die Deskriptoren um so „assoziierter" sind, je häufiger diese Konstellation gegeben ist.

Der Grundgedanke der Assoziationsmaße läßt sich wie folgt darstellen. Gegeben sei eine Datenbank mit n Dokumenten. Für jedes Deskriptorenpaar (x, y) erhält man die Ausgangsgrößen für die Berechnung von Assoziationsmaßen durch die folgende Kontingenztabelle.

	y	$\bar{y}$	Σ
x	a	b	a + b
$\bar{x}$	c	d	c + d
Σ	a + c	b + d	n

a ist hierbei die Zahl der Dokumente, in denen x und y gemeinsam auftreten, b die Zahl der Dokumente, in denen x aber nicht y auftritt, etc.

An ein Assoziationsmaß K werden allgemein die folgenden Forderungen gestellt:

1. $-1 \leqq K \leqq +1$;[71])
2. K = 0 bei vollständiger Unabhängigkeit der Deskriptoren;
3. K = 1 oder −1 bei vollständiger Abhängigkeit der Deskriptoren.

Assoziationsmaße, welche die genannten Forderungen erfüllen, sind ua:

---

[70] Vgl. *Ball G. H.*, Data Analysis in the Social Sciences. What about Details? In: AFIPS Proc. of the Fall Joint Computer Conference 1965„ S. 533 ff.; *Lustig G.*, A new Class of Association Factors. In: Proc. of the FID/IFIP Joint Conference 1967, S. 213 ff.; *Bauner J./P. Mertens*, Ansätze zur assoziativen Recherche bei der automatischen Informationserschließung. In: Elektr. Datenverarbeitung 9 (1967), S. 429 ff.; *Lance G. N./W. T. Williams*, Computer Programs for Monothetic Classification (Association Analysis). In: The Computer Journal 8 (1965), S. 246 ff.; *Lance G. N./W. T. Williams*, Computer Programs for Hierarchical Polythetic Classification (Similarity Analysis). In: The Computer Journal 9 (1966), S. 60 ff.; *Lance G. N./W. T. Williams*, A General Theory of Classificatory Sorting Strategies 1. Hierarchical Systems. 2. Clustering Systems. In: The Computer Journal 9 (1966), S. 373 ff., 10 (1967) S. 271 ff.; *Jardine N./R. Sibson*, The Construction of Hierarchic and Non-hierarchic Classifications. In: The Computer Journal 11 (1968) S. 177 ff.; *Bonner R. E.*, On some Clustering Techniques. In: IBM Journal 8 (1964), S. 22 ff.; *Ruspini E. H.*, Numerical Methods for Fuzzy Clustering a.a.O.; *Reisinger L.*, Thesaurusstrukturen juristischer Datenbanken II. In: DSWR 1972, S. 465 ff. Vgl. auch *Haft F.*, Elektronische Datenverarbeitung im Recht, Berlin 1970, S. 151 ff.

[71] Manchmal wird $0 \leqq K \leqq 1$ gefordert. In diesem Fall sind die Zähler der folgenden Assoziationsmaße jeweils absolut zu nehmen.

1. der Kontingentkoeffizient

$$K_1(x,y) = \frac{ad - bc}{((a+b)(a+c)(b+d)(c+d))^{\frac{1}{2}}}$$

2. der Assoziationskoeffizient

$$K_2(x,y) = \frac{ad - bc}{ad + bc}$$

3. der Kolligationskoeffizient nach *Yule*

$$K_3(x,y) = \frac{\sqrt{ad}-\sqrt{bc}}{\sqrt{ad}+\sqrt{bc}}$$

Man überlegt sich leicht, daß das Vorzeichen von $K_i(x,y)$ die „Richtung" des Zusammenhanges angibt. Ist $K_i(x,y)$ positiv, so treten x und y überwiegend gemeinsam auf, ist $K_i(x,y)$ negativ, so schließen x und y einander überwiegend aus. Im ersten Fall spricht man daher zweckmäßig von „positiver Assoziation", im zweiten von „negativer Assoziation".

Unter Verwendung der Assoziationsmaße lassen sich die folgenden operationalen Definitionen unscharfer Assoziationsrelationen zwischen Deskriptoren geben.

Definition 4.8.1. Eine unscharfe „positive Assoziationsrelation" $R_{PA} \subset T_2 \times T_2$ ist eine unscharfe Relation mit

$$f_{R_{PA}}(x,y) = K_i(x,y) \quad \text{für} \quad K_i(x,y) > 0$$
$$= 0 \quad \text{sonst}$$

R_{PA} ist reflexiv und symmetrisch und daher eine unscharfe Ähnlichkeit.

2. Eine unscharfe „negative Assoziationsrelation" $R_{NA} \subset T_2 \times T_2$ ist eine unscharfe Relation mit

$$f_{R_{NA}}(x,y) = -K_i(x,y) \quad \text{für} \quad K_i(x,y) < 0$$
$$= 0 \quad \text{sonst}$$

R_{NA} ist antireflexiv und symmetrisch.

3. Eine unscharfe „Assoziationsrelation" $R_A \subset T_2 \times T_2$ ist eine unscharfe Relation mit

$$f_{R_A}(x,y) = |K_i(x,y)| \quad \forall (x,y) \in T_2 \times T_2, \ i \in \{1,2,3\}.$$

R_A ist eine unscharfe Ähnlichkeit.

Werden in einem Thesaurus nur die mit Hilfe eines Assoziationsmaßes K_i bestimmbaren Relationen R_{PA} und R_{NA} definiert, so ist die zugehörige Relation R_A die „totale Relation" des Thesaurus. Durch R_A läßt sich daher in diesem Fall die semantische Umgebung eines Deskriptors bestimmen.

Abschließend bemerken wir noch, daß die Konzepte der Assoziationsrelationen und der semantischen Umgebung nicht nur auf die Deskriptoren eines Thesaurus, sondern auch auf die Dokumente einer Datenbank anwendbar sind. Seien nämlich x und y zwei Dokumente der Datenbank, so ist die zugehörige Kontingenztabelle wie folgt zu lesen: a ist die Zahl der Deskriptoren, die sowohl in x als auch in y auftreten, b die Zahl der Deskriptoren, die in x, nicht aber in y auftreten, etc. Man erhält daraus unmittelbar mit Hilfe der Definition 4.8. Assoziationsrelationen zwischen Dokumenten bzw die semantische Umgebung eines Dokuments. Derartige Untersuchungen dürften insbesondere für die Bestimmung des Zusammenhanges zwischen Stammgesetzen und Novellen von Interesse sein.

5. Abschließende Bemerkung

Die Formalisierung des juristischen Begriffs und der Aufbau unscharfer Thesauri sind nicht die einzigen Anwendungsmöglichkeiten der Theorie unscharfer Mengen im Recht. Überall dort, wo Unschärfe („fuzziness") ein charakteristisches Merkmal eines Bereiches darstellt, bietet sich die Fuzzy Sets Theory als hervorragendes Instrument zur Formalisierung an. In diesem Sinn ist das Recht praktisch überall „fuzzy". Insbesondere können generelle Rechtsnormen als unscharfe Algorithmen („fuzzy algorithms") aufgefaßt werden. Ein unscharfer Algorithmus besteht aus einer geordneten Menge von Instruktionen, welche Namen für unscharfe Mengen enthalten.[72]) Der Vorteil solcher unscharfer Algorithmen besteht darin, daß sie zur Erreichung eines unscharf vorgegebenen Ziels („Gerechtigkeit" ist typischerweise „fuzzy") im Vergleich zu exakten Algorithmen nur wenige Instruktionen benötigen. Aufgrund ihrer Unschärfe sind sie auch weniger anfällig gegenüber exogenen Veränderungen.

Die Erforschung unscharfer Algorithmen hat erst begonnen. Insbesondere ist der Aufbau unscharfer Computersprachen bisher über Anfänge nicht hinausgekommen. Gelingt es jedoch, formale Sprachen zu entwickeln, die über einen gewissen Grad an Unschärfe verfügen, so ist damit ein wichtiger Schritt zur formalen Rekonstruktion des menschlichen Problemlösungsverhaltens im allgemeinen und des juristischen Problemlösungsverhaltens im besonderen getan. Gerade die Rechtsinformatik sollte daher die Entwicklung der Fuzzy Sets Theory mit besonderer Aufmerksamkeit verfolgen.

Zusammenfassung

Der Anwendung formaler Methoden in den Geisteswissenschaften steht vor allem die Schwierigkeit der Unbestimmtheit natürlicher Sprachen gegenüber. Dies gilt insbesondere auch für Recht und Rechtswissenschaft. Seit 1965 wird jedoch, vor allem von *L. A. Zadeh*, die Theorie unscharfer Mengen (Fuzzy Sets Theory) entwickelt, welche die Unschärfe explizit in die Formalisierung einbezieht.

Die vorliegende Untersuchung stellt die grundlegenden Gedanken dieser Theorie dar und untersucht die beiden folgenden Anwendungsmöglichkeiten im Recht:

1. die Formalisierung juristischer Begriffe;
2. den Aufbau unscharfer Thesauri für juristische Informationssysteme.

Bei der Formalisierung juristischer Begriffe mit Hilfe der Theorie unscharfer Mengen wird gezeigt, daß extensionale und intensionale Unschärfe in gleicher Weise in der Formalisierung berücksichtigt werden können. Der extensional unscharfe Begriff entspricht hierbei der Lehre vom Begriffskern und Begriffshof, der intensional unscharfe Begriff der Lehre vom juristischen Typus.

Beim Aufbau unscharfer Thesauri wird gezeigt, daß hierdurch insbesondere Assoziationsrelationen adäquat erfaßt werden können. Mit Hilfe unscharfer Relationen läßt sich auch die semantische Umgebung eines Deskriptors bestimmen.

Summary

The application of formal methods in the humanities is primarily faced with difficulties resulting from the indefinitness of natural languages. In particular, this is valid for law and jurisprudence. Since 1965, however, th so-called Fuzzy Sets Theory is under develop-

---

[72] Vgl. *Zadeh L. A.*, Toward Fuzziness in Computer Systems. Fuzzy Algorithms and Languages, a.a.O., S. 13.

ment, primarily by *L. A. Zadeh*, which explicitly integrates the indefinitness in the formalization.

In the present study the basic ideas of this theory are outlined and the following two possible applications in law are examined:

1. the formalization of legal concepts,
2. the creation of "fuzzy" thesauri for legal information systems.

In respect of the formalization of legal concepts with the aid of the Fuzzy Sets Theory it is demonstrated that in the formalization both extensional and intensional indefinitness be considered in the same manner, with the extensionally „fuzzy" concept corresponding to the theory of the "core" and the "corona" of a concept and the intensionally "fuzzy" concept to the theory of the juridical type

As to the creation of "fuzzy" thesauri it is shown that thereby especially associative relations can adequately be included. The semantic surrounding of a descriptor can also be determined with the aid of "fuzzy" relations.

Andrzej Kisza

Bemerkungen zur Geschichtsmethode der Rechtsinstitutionen im Blickpunkt des rechtskybernetischen Modells

I. Im Verlauf meiner Arbeiten über die Geschichte einiger Rechtsinstitutionen ergaben sich Probleme, die mit der Forschungsmethode speziell dieser Geschichtsereignisse in Verbindung stehen. Es waren keine großen, traditionellen allgemeinen Probleme der Geschichtsmethodologie, sondern besondere methodologische Fragen, die gerade für die Geschichte der Rechtsinstitutionen typisch sind. Das Fehlen systematischer Arbeiten auf diesem Gebiet hängt mit den Schwierigkeiten zusammen, die sich schon bei der bloßen Beschreibung einer Rechtserscheinung ergeben.

Das Problem betrifft nicht nur die Beziehungen zwischen dem Recht und dessen Geschichte, denn das Bestehen dieser Beziehungen ist heute allgemein bekannt und wurde besonders von der rechtshistorischen Schule, vor allem von *C. von Savigny,* hervorgehoben[1]. Es geht um mehr, vor allem darum, das Augenmerk der Historiker auf diejenigen historischen Ereignisse der Vergangenheit zu lenken, die von wesentlichster Bedeutung für die Erforschungen der Entwicklungslinie der Rechtsinstitutionen sind, und um eine Präzisierung der Kausalitätsbeziehung zwischen diesen historischen Ereignissen. Die folgenden Bemerkungen sollen einen Versuch darstellen, dieses auf der Grundlage des rechtskybernetischen Modells durchzuführen[2].

Der Geschichtsforscher *T. Kotula* hat auf die Bedeutung dieses Modells für die Geschichtskunde hingewiesen[3]. Die Bemerkungen *T. Kotulas* erachte ich als besonders treffend für rechtshistorische Forschungen.

II. Grundsätzliche Voraussetzungen für das rechtskybernetische Modell sind die Kausalitätsbeziehungen zwischen der Rechtsnorm und der übrigen Gesellschaftswirklichkeit, was sich deutlich aus dem Modell ergibt (siehe Abb. 1). Die Normen des gesetzlichen Rechts (Element N) werden vom Gesetzgeber erlassen und sind somit Folge einer legislativen Tätigkeit (Element L). Diese Normen rufen – im Bereich des Verhaltens natürlicher Personen und Rechtspersonen – Folgen hervor (Element P), die wiederum auf das Entstehen weiterer, allgemein gesellschaftlicher Folgen einwirken (Element R). Diese Folgen sind manchmal

---

[1] *Fr. K. von Savigny,* Vom Beruf unserer Zeit für Gesetzgebung und Rechtswissenschaft, 1828.

[2] *A. Kisza,* Model cybernetyczny powstawania i dzialania prawa, Wroclaw 1970. Deutsche Ausgabe, Kybernetisches Modell der Entstehung und Wirkung des Rechts, EDV und Recht, J. Schweitzer Verlag, München 1975.

[3] *T. Kotula/A. Kisza,* Model cbernetyczny powstawania i dzialania prawa (recenzja), Slaski Kwartalnik Historyczny Sobótka, XXVI, 1971.

Ursache zeitlich sehr entlegener Erscheinungen, die eine große sozial-gesellschafts-ordentliche Bedeutung haben. Auf diese Art ist die Hauptkette des rechtskybernetischen Modells aufgebaut:

L → N → P → R → S.

Informationen über das Verhalten von juristischen und natürlichen Personen (Element P) können zu den Gerichten weitergeleitet werden (Element J) oder zu den Verwaltungsbehörden (Element A), die auf Grund dieser Informationen Urteile, administrative Beschlüsse und Präjudikate produzieren. Informationen über Urteile und Beschlüsse werden von den Elementen J und A an die Exekutivbehörden weitergeleitet (Element E), was des weiteren eine Wirkung im Element P usw hervorruft. In Betracht kommen demnach 5 Elemente der Hauptkette und 3 der Nebenkette, sowie verschiedene einfache und Rückkopplungen, die zwischen diesen Elementen bestehen.

Das System unterliegt verschiedenen Störungen von außen (auf der Abb. die Pfeile Z) und von innen (Rauschen im kybernetischen Sinn). Falls notwendig, kann man die einzelnen Elemente in Unterelemente gliedern. So kann man zB im Element P die in einer bestimmten Gesellschaft existierenden Gesellschaftsgruppen absondern.

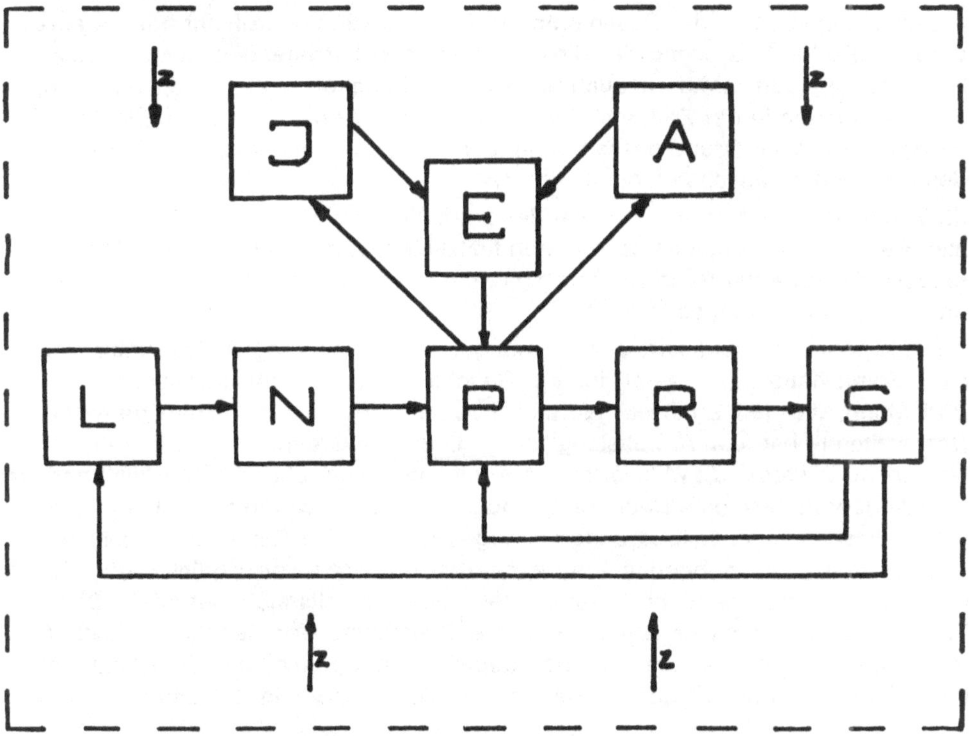

Schon an dieser flüchtigen Darstellung des rechtskybernetischen Modells sieht man, daß für rechts-historische Forschungen nicht nur die Geschichte der Rechtsnorm (N) selbst von Wichtigkeit ist, sondern daß auch die Fakten, die mit dem Erlaß einer Rechtsnorm durch den Gesetzgeber (L) verbunden sind, sowie die Folgen, die die Rechtsnorm in den Elementen P, R und S hervorruft, von großer Bedeutung sind. Zu diesen Folgen gehört insbesondere, ob und in welchem Maße die Rechtsnorm von den Gerichten (J) und den Verwaltungsbehörden (A) angewandt wird (oder wurde), und inwieweit Urteile und Beschlüsse der Gerichte und Behörden exekutiert werden (oder wurden) und welche Reaktionen dies von seiten der Gesellschaft hervorruft.

Zu den wesentlichen geschichtlichen Fakten gehören auch die Informationen, die von anderen Gesellschaftssystemen übertragen werden, sowie die Folgen starker, das Rechtssystem attackierender Störungen. Besonders wichtig sind die Störungen, die die Produktionsverhältnisse verändern. Jedoch gehört das Entdecken von Kausalitätsbeziehungen zwischen den einzelnen Faktenmengen, die das Modell berücksichtigt, zu den schwierigsten Aufgaben eines Historikers, weil ua die Möglichkeit besteht, die Folgen mit den Ursachen zu verwechseln oder umgekehrt und darüber hinaus bei Gesellschaftserscheinungen oft das Bestehen von zwei oder mehreren Ursachen einundderselben Folge möglich ist[4]. Eine besonders kritische Betrachtung verlangt von dem Rechtshistoriker der Umstand, daß die vom Gesetzgeber manchmal offiziell angegebenen *ratio legis* nicht der Wirklichkeit entsprechen.

Im allgemeinen sollte die Geschichte der Rechtsinstitutionen nicht nur als eine chronologische Aufstellung der diese Institutionen betreffenden Rechtsnormen behandelt werden, sondern auch als Beschreibung einer Rechtserscheinung, die Wandlungen in der Zeit unterliegt. Die Struktur dieser Erscheinung läßt sich dagegen leicht auf Grund dessen untersuchen, was in den einzelnen Elementen des rechtskybernetischen Modells vorgeht.

III. Wir versuchen dies am Beispiel der Institution der Rechtsanwaltschaft darzustellen, wir versuchen im besonderen festzustellen, in welchen Elementen des Modells die Teile der Rechtserscheinung, die die Rechtsanwaltschaft darstellen, untergebracht werden sollen.

Das Element L symbolisiert alle Umstände, die mit der Legislative verbunden sind. Somit haben die Fakten für die Geschichte der Rechtsanwaltschaft eine Bedeutung, die den Erlaß der Normen über die Rechtsanwaltschaft betreffen. Des weiteren hat die Anwaltstätigkeit in Legislativ-Gremien, dh die Tätigkeit von Rechtsanwälten als Mitglieder des Kodifikationsausschusses oder als Landtags-Abgeordneter[5], eine Bedeutung, und schließlich auch die Verhältnisse zwischen diesen Personen und anderen Abgeordneten. Die Rechtsanwälte haben auch in den gesetzgebenden Körperschaften die Rolle von Kodifikatoren der Gesetze gespielt, die nicht Materien der Rechtsanwaltschaft betreffen. Diese Tätigkeit müßte demnach ebenfalls in die Geschichte der Rechtsanwaltschaft einbezogen werden, da hier die Übertragung von Können und Erfahrung (zB vom Element P oder J) auf die gesetzgebende Tätigkeit im allgemeinen eine

[4] Die Untersuchung der Zusammenhänge im Bereich der Kybernetikmethoden, und zwar Abhängigkeit zwischen den Rechtsnormen und einem genossenschaftlichen Ereignis, sowie Störungswirkungen sind S. 59—63 meiner Arbeit (s. Anmerkung 2) dargestellt.

[5] *A. Kisza,* Model . . ., S. 82.

Rolle spielt. So kann also die Rechtsanwaltschaft in bestimmten Verhältnissen eine Bedeutung für die Gesamtheit eines rechts-gesellschaftlichen Systems haben.

Das Element N enthält ebenfalls Rechtsakte, die mit der Anwaltschaft verbunden sind. Hierher gehören ua allgemeine, vom Justizminister oder anderen Ministern in Sachen der Anwaltschaft erlassene Rechtsakte.[6]

Im Element P sind alle Rechtssubjekte enthalten, und somit auch die Rechtsanwälte als natürliche Personen, die den allgemeinen Rechten und Pflichten unterliegen. In Verbindung damit steht die Vermögenslage der Rechtsanwälte im gesellschaftlichen Leben, also ihre Zugehörigkeit zu den einzelnen Gesellschaftsgruppen, was nicht nur für die berufliche Tätigkeit in den Elementen J, A und E von Bedeutung ist, sondern auch für die Gestaltung der Beziehungen zu anderen Gesellschaftsgruppen im Element P und für die Beurteilung des Einflusses der Rechtsanwälte auf die Gesetzgebung. Die Geschichte der Rechtsanwaltschaft erfordert demnach die Feststellung, wie sich die politische Tätigkeit der Rechtsanwälte in einem bestimmten Zeitabschnitt abspielte. Es muß ebenfalls die gesellschaftlich-wirtschaftliche sowie jede andere Tätigkeit, die in irgendeiner Weise ihr Bewußtsein gestaltete, berücksichtigt werden. In Verbindung damit steht das formale und tatsächliche Ausbildungsniveau der Rechtsanwälte, das nicht nur von dem Niveau der beruflichen Ausbildung selbst, sondern auch von dem Niveau des Universitätsstudiums und anderen Faktoren abhängt. Zur Tätigkeit der Rechtsanwälte im Element P gehören auch solche Tätigkeiten, die nicht mit dem Prozeß verbunden sind. Rechtsberatungen oder das Schreiben von Mahnungen können demnach auch in das Element P aufgenommen werden. Im Element P befindet sich somit das gesamte Verhalten des Rechtsanwalts, der im Büro oder in einem Anwaltskollektiv usw tätig ist. In Element P entstehen ebenfalls Rechtsgutachten der Rechtsanwälte. Die Rechtsliteratur (umfassende Darstellungen, Kommentare und Rechtsmonographien) sowie andere von Rechtsanwälten verfaßte Schriften sollten ebenfalls in die Geschichte der Rechtsanwaltschaft einbezogen werden. In demselben Element P entstehen auch die Meinungen über die Rechtsanwälte, zB die Meinungen der Schriftsteller und Journalisten. Die schöne Literatur, die über Rechtsanwälte schreibt, obwohl nicht von ihnen geschaffen, gehört demnach ebenfalls zur Geschichte der Rechtsannwaltschaft.

Das Element J dagegen bezeichnet ua jegliche Tätigkeit der Verteidiger und Bevollmächtigten vor Gericht. Es muß betont werden, daß in diesem Element die wirkliche Tätigkeit der Anwälte vor Gericht in Augenschein genommen wird und nicht die Prozeßnorm, die im Element N enthalten ist. Es muß daher konsequent unterschieden werden zwischen dem Verhalten, zu dem die Rechtsanwälte auf Grund der Rechtsnorm, vor allem der Prozeßnorm, verpflichtet sind, und ihrem wirklichen Verhalten.

Zu den bedeutendsten Wirkungserscheinungen der Verteidiger und Bevollmächtigten vor Gericht (Element J) gehört das Mitwirken bei der Entstehung

[6] *A. Kisza*, Model . . ., S. 24.

der Rechtssprechung, die das positive Recht entwickelt, vervollständigt oder korrigiert oder das Gewohnheitsrecht verfestigt. Besonders beachtenswert sind diejenigen Aussagen der Anwälte, die, obwohl sie die Rechtssprechung nicht beeinflußt haben, von irgendeinem Standpunkt aus jedoch charakteristisch sind, zB vom politischen, oder auf Grund der sich später gestaltenden Rechtsanschauungen. Zur Tätigkeit der Anwälte im Element J gehört ebenfalls die gerichtliche Redekunst.

Die Unterscheidung von Informationen über die Rechtsanwaltschaft, die in Element P entstanden, von Informationen über die Rechtsanwaltschaft, die in Element J entstanden ist, hat eine große erkenntnisgeschichtliche Bedeutung. Die Funktion eines Rechtsanwalts im Gerichtsprozeß ist spezifisch, sie unterliegt besonderen Grundsätzen und wird von denjenigen Personen, die im Rechtswesen tätig sind, besser verstanden als von Personen, die mit diesem nicht viel zu tun haben. Wenn wir zB das Problem der Einstellung eines Anwalts zur Wahrheit betrachten, so stellen wir fest, daß besondere, die Anwälte verpflichtende Grundregeln bestehen, die sich aus der Prozeß-Erkenntnis-Methode ergeben, die schließlich dem Gericht zur Feststellung der objektiven Wahrheit dienen. Diesen Grundregeln entsprechend darf ein Rechtsanwalt ua nicht die Haltung des Richters einnehmen, und so zB der Seite, die er vertritt oder verteidigt, nicht glauben (natürlich gibt es Ausnahmefälle); es könnte nämlich eine paradoxe Situation entstehen, besonders wenn ein Anwalt die Wirklichkeit falsch beurteilt: so könnte einer Person, die die Wahrheit spricht, die Rechtshilfe versagt werden. *Ex definitione* ist dementsprechend die Tätigkeit des Rechtsanwalts im Prozeß in Grenzen, die von den Prinzipien der Berufsethik bestimmt werden, parteilich, was der Gesetzgeber oder eine korrekte Auffassung der gerichtlichen Prozeßtheorie von vorneherein voraussetzt. Infolgedessen weichen einige Normen, die das Verhältnis des Anwalts zur Wahrheit betreffen, von den im täglichen Leben verbindlichen Normen ab, wo man im allgemeinen ein unparteiisches Verhalten fordert. Wenn wir uns also bei Geschichtsforschungen auf Quellen stützen, die aus dem Element P stammen, so haben diese geringeren Wert als diejenigen, die aus dem Element J oder aus Quellen stammen, die unter einer starken Signalisierung des Elements J stehen. Aus diesen Gründen haben zB für den Geschichtsforscher der Rechtsanwaltschaft die Äußerungen von *H. Balzac,* der ein dreijähriges Praktikum in einem Anwaltsbüro[7] und bei einem Notar machte, einen größeren Wert als zB die Äußerungen *Stendhals,* der mit der Rechtsanwaltschaft nur insofern etwas zu tun hatte, als sein Vater Rechtsanwalt war[8].

Das Element A, ähnlich wie das Element J, bezeichnet ua jegliche Tätigkeit

---

[7] *J. Litwin,* Pulkownik Chabert Balzaka, Prawo i Zycie, Nr. 21 (117), S. 8. In den Romanen von *Balzac* finden wir die verschiedenartigsten Charaktergestalungen von Anwälten und sowie zahlreiche Bemerkungen über ihre berufliche Tätigkeit.

[8] *Stendhal* gibt mehrmals seiner Meinung über das berufliche Verhalten der Rechtsanwälte Ausdruck, so zB in seinen Romanen „Rot und Schwarz" oder in den „Italienischen Chroniken".

der Anwälte vor den Verwaltungsbehörden. Es sind jedoch auch die administrativen, meist sich selbst verwaltenden Institutionen einbezogen. Die unabhängigen Disziplinarausschüsse können im angeführten rechtskybernetischen Modell den sogenannten Verstärker des Verstärkers und somit ein unabhängiges, am stärksten mit Element J[9] gekoppeltes Element darstellen. Das Element E schließt im besonderen jegliche Tätigkeit der Rechtsanwälte vor den Vollstrekkungsbehörden ein. Die Folgeerscheinungen, die in den Elementen L, N und P, sowie in den Elementen des Verstärkers J, A und E auftreten, zeigen sich in den Elementen R und S als allgemein-gesellschaftliche Erscheinungen. Deshalb lokalisieren wir das in einer Gesellschaft bestehende Gefühl der Rechtssicherheit oder der Gerechtigkeit in den Elementen R und S, Gefühle, die infolge der Anwaltstätigkeit in den Elementen P, J, A und E entstanden sein können.

Berücksichtigt man die zwischen den oben angeführten Geschichtsfakten der Rechtsanwaltschaftserscheinung bestehenden Kausalitätsbeziehungen nicht mindestens insofern, als sie von dem rechtskybernetischen Modell sichtbar gemacht werden, so kann es leicht zu Mißverständnissen ua terminologischer Art kommen. So hat zB *S. Janczewski*[10], indem er stillschweigend voraussetzt, daß die Rechtsanwaltschaft nur die Gesamtheit der Vertreter dieses Berufs (der Anwälte) ausmacht, die gegen Entgelt tätig sind, demnach also nur das in Augenschein nimmt, was das rechtskybernetische Modell in den Elementen P, J, A und E einschließt, festgestellt, daß von dem Bestehen einer Rechtsanwaltschaft zur Zeit *Kazimiers des Großen* nicht die Rede sein kann, da es zu der damaligen Zeit einen solch qualifizierten Beruf in Polen noch nicht gab. Eine solche Feststellung muß zumindest künstlich anmuten angesichts der zu dieser Zeit bestehenden Weichselstatute *(Statuty Wislickie)*, die die Verteidigung und Vertretung vor Gericht regelten, was *S. Janczewski* bekannt ist. Das Mißverständnis beruht darauf, daß eine Rechtsanwaltschaft als von der Norm vorgesehene Rechtsinstitution existieren kann (also im Element N), jedoch in der gerichtlichen oder administrativen Praxis in Wirklichkeit (in den Elementen J und A) nicht besteht. Es kann auch umgekehrt sein: in der gerichtlichen Praxis wird dem Angeklagten ein Verteidiger bestellt, aber es fehlt die Rechtsnorm, die eine Verteidigung zuläßt. Die Rechtsanwaltschaft kann schließlich nur als eine Norm des Gewohnheitsrechts bestehen, wenn die Rechtsnorm über die Rechtsanwaltschaft nicht vom Gesetzgeber erlassen wurde.

Von Wichtigkeit für die Geschichtsforschungen ist, welche der Erscheinungen in den Elementen, die auf Element L folgen, Ursache des Redigierens einer neuen Norm über die Rechtsanwaltschaft oder einer Korrektur der bisher in Kraft bleibenden Norm waren. Von größter Bedeutung in diesem Bereich sind die Rückkopplungen $L \leftarrow J$ und $L \leftarrow P$, jedoch für eine Beurteilung der allgemeinen Rechtssprechung betreffs der Rechtsanwaltschaft sind die Kopplungen $P \rightarrow J$, $R \rightarrow J$ und $S \rightarrow J$ am wichtigsten; und schließlich ist die Tätigkeit der

---

[9] *A. Kisza*, Model ..., S. 95–98.

[10] *S. Janczewski*, Dzieje adwokatury w dawnej Polsce, Warszawa 1970, S. 7 und 8.

Anwaltsselbstverwaltung vor allem abhängig von den Kopplungen J → A, P → A, R → A und S → A.

Wie schon erwähnt, sind für die Geschichte der Rechtsanwaltschaft die Signale wichtig, die von anderen Rechtssystemen (aus anderen Ländern) übertragen wurden. Diese Signale können anfangs als äußere Störungen behandelt werden, unabhängig von dem späteren Werturteil über sie. Sie können direkt auf das Element L wirken, wenn der Gesetzgeber eine der Gesellschaft bisher unbekannte Institution, zB die Rechtsanwaltschaft einführt. Die Signale können auch auf das Element P und J wirken, wenn die Gerichte selbst, indem sie unter dem Einfluß der Rechtsstruktur eines anderen Staates stehen, Rechtsanwälte zur Verhandlung zulassen. Unabhängig hiervon können auch äußere konkurrierende Einflüsse in Frage kommen. So hat zB auf das polnische Rechtssystem zur Zeit der Entstehung des Polnischen Staates außer dem die Rechtsanwaltschaft betreffenden Hauptsignal, das von Ländern mit Justinianisch-hellenistischer Kultur übernommen wurde, höchstwahrscheinlich das Signal des Frankenrechts gewirkt[11]. Andererseits gehört zur Geschichte der Rechtsanwaltschaft auch der Einfluß, den die polnische Rechtsanwaltschaft auf die Gestaltung derjenigen anderen Länder ausgeübt hat. Es sind Signale, die von dem polnischen Rechtssystem nach außen gelangen, wie zB die Übersetzung der Weichselstatute *(Statuty Wislickie)* ins Russische (die sogenannte Moskauer Handschrift), was die Übertragung der Rechtsanwaltschaftsinstitution in östlich von Polen gelegene Länder bewirkte[12]. Zu Zeiten der sich entwickelnden internationalen Kontakte haben wir es mit andauernden gegenseitigen Einwirkungen verschiedener Rechtsanwaltschaften zu tun, was für die Verbreitung der Rechtsanwaltschaftsinstitution in der Welt sowie für die Verdrängung schlechter Grundsätze und Praktiken in manchen Ländern von Nutzen ist. Diese Konkurrenz ermöglicht demnach, daß sich diejenigen Konzeptionen und Vorschriften der Rechtsanwaltschaft festigen, die am günstigsten sind.

Um die Geschichte irgendeiner Rechtsinstitution kennenzulernen, ist es aus obengenannten Gründen nützlich, sich auch mit der Geschichte dieser Institution in anderen Rechtssystemen, nicht unbedingt der Nachbarländer, zu beschäftigen. Wenn man zB die Geschichte der polnischen Rechtsanwaltschaft in der Zeit zwischen den zwei Weltkriegen untersucht, darf man nicht den Einfluß der französischen Rechtsanwaltschaft außer Acht lassen. So übte zB das Erscheinen des Werkes des Dekans des Pariser Anwaltrats *F. Payen* über die Berufung der Rechtsanwaltschaft und die Kunst des Verteidigens"[13] in polnischer Übersetzung vermutlich einen großen Einfluß aus.

Die Geschichte der Rechtsanwaltschaft sowie anderer rechtsgesellschaftlicher Erscheinungen dürfte auch die gegenseitige Abhängigkeit von Rechtsanwaltschaft und Staatsmacht (indem man deren Organe nicht auf die erwähnten Ele-

---

[11] *A. Kisza,* Tradycje adwokatury polskiej, Palestra XV, 1971, Nr. 9 S. 14.

[12] *A. Kisza,* Tradycje . . ., str. 18.

[13] *F. Payen,* O powolaniu adwokatury i sztuce obronczej, przeklad *J. Ruffa,* Warszawa 1938.

mente des rechtskybernetischen Modells beschränkt) nicht übergehen. Es ist zB bekannt, daß zu verschiedenen Zeiten der Abhängigkeitsgrad der Rechtsanwaltschaft von den Regierungen unterschiedlich war. Es wäre schwierig, extreme Beispiele zu finden: eine völlige Unabhängigkeit und eine völlige Abhängigkeit. Häufiger sind mittlere Zustände, wie zB die Kontrolle, die der Justizminister über die Selbstverwaltungsorgane der Rechtsanwälte ausübt. Indem man für die erwähnte Abhängigkeit eine Zahlengradation einführt, könnte man sogar eine Entwicklungskurve der Rechtsanwaltschaft erhalten. Diese anschauliche Art der Darstellung des Ablaufs von bestimmten Abhängigkeiten, die allgemein in den Naturwissenschaften angewandt werden, könnte sich auch für den Geschichtsforscher, der die Entwicklung solch einer Einzelabhängigkeit untersucht, als nützlich erweisen.

IV. Allgemein läßt sich eine Präzisierung der rechts-geschlichtlichen Forschungen durch eine Absonderung der *Normenmerkmale* der untersuchten Institution dadurch erreichen, daß man diesen Merkmalen entsprechende Zahlengrößen zuordnet. Dieses Verfahren ermöglicht es, mit den *Faktoren zyklischer Kopplungen* und anderer Kopplungen zu operieren und festzustellen, ob die untersuchte *Kopplung* eine *positive, negative* (Gegenkopplung), *Sattelkopplung* oder *Nullkoplung* oä ist. Die erwähnten Begriffe: *Normenmerkmal, Kopplungsfaktor* ua, die einer Mathematisierung des Modells dienen, wurden in einer anderen Arbeit behandelt[14]. Hier soll nur hervorgehoben werden, daß bei rechts-geschichtlichen Forschungen gewöhnlich die Festlegung wichtig ist, welche Größen des rechtskybernetischen Modells die zyklischen Kopplungen betreffen, die geschichtlich eine Rechtsnorm gestalten. Sie können unterschiedlich sein, gewöhnlich ist damit eine objektive Wertung der Norm verbunden, die unter dem Einfluß dieser Kopplungen entstand[15]. Wenn zB bei aufeinanderfolgenden Kodifizierungen bezüglich irgendeiner Rechtsnorm N immer nur der rechtsformale Normenaspekt der früher geltenden Norm berücksichtigt wurde, dann werden diese Kopplungen wie auf Abb. 2 dargestellt (auf der die aufeinanderfolgenden Kodifizierungen in den Jahren ihrer Entstehung an den Eingängen und Ausgängen des Elements L bezeichnet wurden).

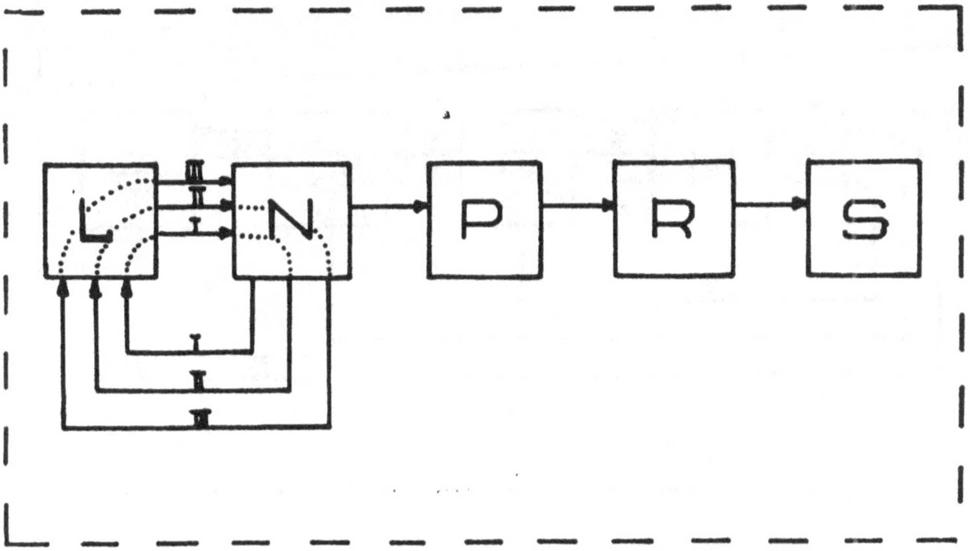

[14] *A. Kisza*, Model ..., S. 45–52. [15] *A. Kisza*, Model ..., S. 77–86.

Wenn jedoch die aufeinanderfolgenden Kodifizierungen bezüglich irgendeines Normenmerkmals N reichhaltiger waren, dh immer die allgemein-gesellschaftlichen Folgen des Verhaltens der Bürger unter dem Einfluß dieses Merkmals (die Folgen in Element R) berücksichtigten, so werden die Kopplungen wie auf Abb. 3 dargestellt.

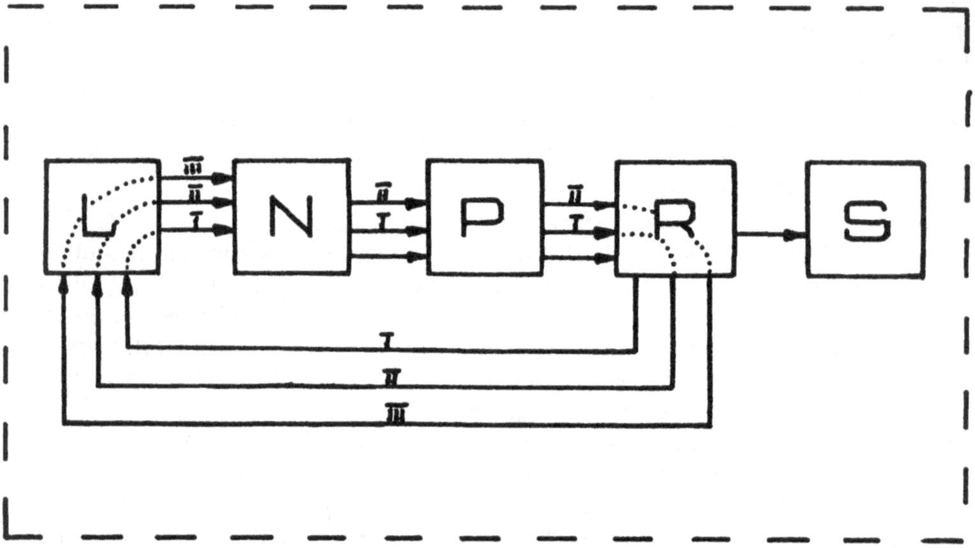

Man kann annehmen, daß die Gesetzgeber im Verlauf der geschichtlichen Entwicklung die rechts-gesellschaftliche Situation immer besser analysiert haben, dh daß sie bezüglich einiger wichtiger Normenmerkmale N_1, $N_2 \ldots$, N_x Kopplungen von immer größerem Umfang berücksichtigten; so stütze sich zB die erste Kodifizierung bezüglich des Merkmals N_1 auf die Kopplung aus Element N, die zweite – auf die Kopplung aus Element P usw – wie auf Abb. 4 verzeichnet.

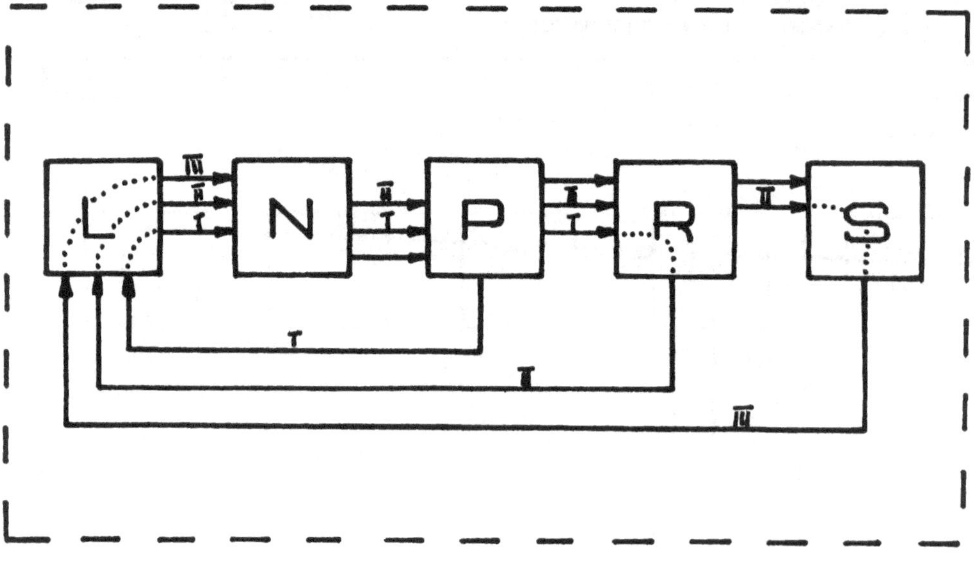

Es steht nicht im Widerspruch zu der Vermutung, daß auf Grund von Ignoranz, die die Gesetzgeber auf diesem Gebiet zeigten, die aufeinanderfolgenden, das Normenmerkmal N betreffenden Kopplungen sich sehr oft zufällig gestalteten, oder daß die Zufälligkeit die nur vereinzelnd auftretende geniale Intuition des Gesetzgebers durchbrach (Abb. 5).

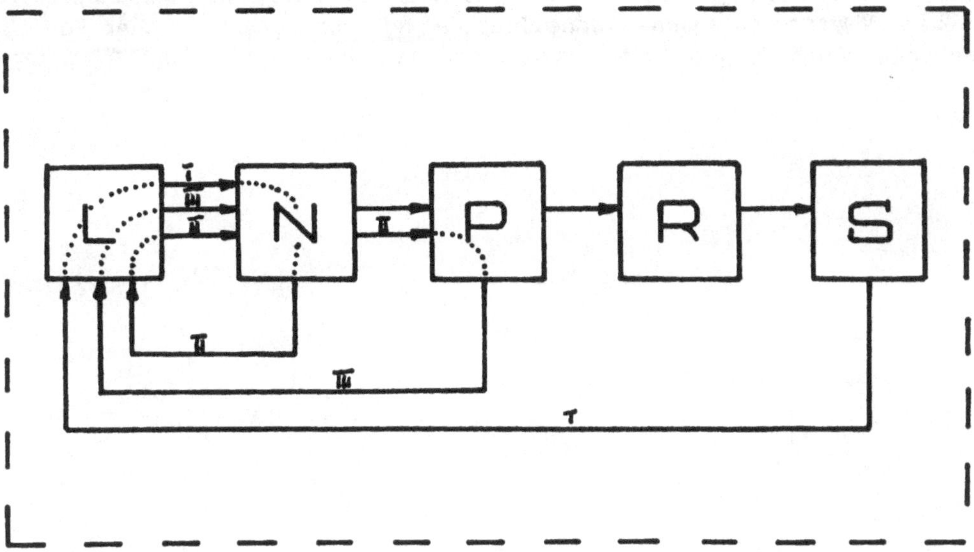

Die Kopplungen, auf deren Grundlage eine neue Rechtsregelung durchgeführt wurde (siehe Abb. 2, 3, 4 und 5), können noch komplizierter sein, wenn in dem rechtskybernetischen Modell die Rückkopplungen aus den Elementen des Verstärkers, das sind die Kopplungen L ← J, L ← A und L ← E, berücksichtigt werden, deren sich die Gesetzgeber auch bedienen, wobei sie gelegentlich große Fehler begehen[16].

Wenn es gelingen würde, die geschichtliche Entwicklung der grundlegenden Rechtsinstitutionen (also die Entwicklung einer größeren Menge wichtiger Rechtsnormenmerkmale) in einer mathematisch korrekten graphischen Form darzustellen, die sich auf so bearbeitete zyklische Kopplungen stützt, könnte man Kausalitätsabhängigkeiten zwischen den einzelnen Rechtsnormenmerkmalen bemerken. So könnte man zB feststellen, daß gleichzeitig mit einer normativen Erleichterung der Ungültigkeitserklärung von Verträgen oder der Erleichterung einer wirkungsvollen Anfechtung von Verträgen gewöhnlich (dh mit einem bestimmten Wahrscheinlichkeitsgrad) auch die Verantwortlichkeit in Grenzen des sogenannten Negativen Vertragsinteresses vergrößert, oder daß gleichzeitig mit dem Ansteigen der autokratischen Macht sich gewöhnlich, dh mit einem bestimmten Wahrscheinlichkeitsgrad) die prozessualen Mittel zur Verteidigung des Angeklagten verringern. Diese Kausalitätsbeziehungen zwischen den Rechtsnormen sind besonders interessant und können einen großen

---

[16] *A. Kisza*, Model ..., S. 82–86.

Beitrag zur Präzisierung rechts-soziologischer Forschungen und der Rechtstheorie leisten. Die Rechtssoziologie als empirische Wissenschaft muß sich auch auf die Geschichte und im besonderen auf die Geschichte der mit der Gesellschaftswirklichkeit verbundenen Rechtsinstitutionen stützen. Man kann die Rechtswissenschaft nicht zu einer korrekten Wissenschaft erheben ohne eine Präzision der Soziologie und man kann die Rechtssoziolgie nicht zu einer korrekten Wissenschaft machen ohne Präzisierung rechts-geschichtlicher Forschungen. Auch dies ergibt sich aus dem rechtskybernetischen Modell.

Verlegervereinigung Rechtsinformatik e. V.

Staatliche Rechtsdokumentation – Gefahr für die juristische Fachliteratur

– Stellungnahme zum „Juristischen Informationssystem (JURIS)" des Bundesministeriums der Justiz –

Übersicht

I. JURIS-Projekt und Verlegervereinigung Rechtsinformatik
  1. Das JURIS-Projekt
  2. Systemalternativen von JURIS
    a) für die Textspeicherung
    b) für Interessenprofilabfrage und Informationsdienste
    c) für die Gebührenpolitik
  3. Die Haltung der Verlegervereinigung Rechtsinformatik

II. Mögliche Auswirkungen von JURIS auf die juristische Fachpresse
  1. Allgemeines
  2. Auswirkungen der JURIS-Rechtsnormendokumentation
  3. Auswirkungen der JURIS-Rechtsprechungsdokumentation
    a) Bedeutung der Rechtsprechungspublikation für die juristische Fachpresse
    b) Auswirkung eines Fundstellennachweises mit Leitsatzspeicherung
    c) Auswirkungen der Volltextdokumentation
  4. Auswirkungen der JURIS-Literaturdokumenation
  5. Auswirkungen von regelmäßigen Interessenprofilabfragen und von Informationsdiensten
  6. Verstärkung der Auswirkungen durch zusätzliche Kopiertätigkeit
  7. Auflagenrückgang und Struktur der juristischen Fachpresse
  8. Insbesondere: Konsequenzen des Wegfalls von Fachzeitschriften
  9. Zusammenfassung

III. Rechtliche Beurteilung
  1. Wirtschaftsverfassungsrechtliche Schranken
  2. Pressefreiheit als Schranke
  3. Urheberrechtliche Schranken

IV. Ergebnis: Aufgabenabgrenzung zwischen JURIS und juristischer Fachpresse

Literaturverzeichnis

I. JURIS-Projekt und Verlegervereinigung Rechtsinformatik

1. Das JURIS-Projekt

(1) Die Bundesregierung hat am 12. September 1973 beschlossen, innerhalb von sechs Jahren ein voll funktionsfähiges „Juristisches Informationssystem (JURIS)" auf den Gebieten des Sozial- und Steuerrechts und – wie inzwischen festgelegt worden ist – auf den Teilgebieten des Rechts der unerlaubten Handlungen, des Versicherungs- und Straßenverkehrsrechts aufzubauen (siehe BAnz. 1973 Nr. 174, 3). Dieses System, welches federführend vom Bundesministerium der Justiz entwickelt wird, soll die einschlägigen Gesetze, Verordnungen und Verwaltungsvorschriften sowie die zugehörige Rechtsprechung und juristische Literatur dokumentieren. Als „Entwicklungssystem" solle es auch dazu dienen, Erfahrungen zu sammeln, damit dann entschieden werden kann, ob und gegebenenfalls wie das System zu einem umfassenden juristischen Informationssystem, dem „Ausbausystem", erwei-

tert werden soll (s. den Abschlußbericht der vom Bundesminister der Justiz eingesetzten Projektgruppe, im folgenden zitiert als *JURIS*, S. 20)

(2) Das Juristische Informationssystem wird zugleich im Rahmen des von der Bundesregierung für die Bereiche von Wissenschaft und Technik konzipierten Netzes von (derzeit) sechzehn Fachinformationssystemen als das „Fachinformationssystem Recht" geplant (s. *IuD-Programm*, Kap. 2.1.3 b), e), 2.1.5, Anhang A); insoweit werden also Aufgabenstellung und Ausgestaltung von JURIS auch durch das allgemeinere Konzept der Fachinformationssysteme bestimmt.

(3) Ziel der Errichtung von JURIS ist es, durch eine verbesserte und erweiterte Informationsbereitstellung Gesetzgebungsarbeit und Rechtsanwendung zu erleichtern und zugleich durch eine einheitlichere Rechtsanwendung die Rechtssicherheit zu erhöhen (siehe BAnz. 1973 Nr. 174, 3 und *JURIS*, S. 23 f.). Hierzu sollen einmal für alle Rechtsvorschriften Wortkonkordanzen und Verweisungsregister erstellt werden, die bei der Gesetzgebungsarbeit eine schnelle und zuverlässige Kontrolle der verwendeten Rechtsbegriffe und die Vermeidung innerer Widersprüche ermöglichen. Zum anderen sollen Gerichtsentscheidungen und Rechtsliteratur so erschlossen werden, daß das System die gesamte zu einer bestimmten Rechtsfrage ergangene Rechtsprechung und einschlägige Literatur nachzuweisen vermag (s. *JURIS* a.a.O.).

2. Systemalternativen von JURIS

(4) Wie das System im einzelnen aussehen soll, ist zum Teil noch offen, und zwar gerade in den Punkten, die große Auswirkungen auf den bisherigen Informationsmarkt haben können. Dies sind in erster Linie die Art der Textspeicherung, die Frage der Interessenprofilabfrage und die Gebührenpolitik.

a) Textspeicherung

(5) Die Frage der Textspeicherung ist bisher lediglich für die zu dokumentierenden Rechtsvorschriften entschieden (für das „Entwicklungssystem" s. *JURIS*, S. 63, für das „Ausbausystem" s. *JURIS*, S. 255 f.). Hier soll der volle Text, den man ohnehin zur automatischen Erstellung von Wortkonkordanzen benötigt, digital (in der EDV-Anlage) gespeichert werden, so daß der Wortlaut von Gesetzen und Verordnungen am Bildschirm angezeigt und über ein entsprechendes Zusatzgerät auch ausgedruckt werden kann.

(6) Bei der Rechtsprechung, die in einem Umfang dokumentiert werden soll, der etwa der Menge der heute publizierten Entscheidungen entspricht (ca. 20 000 im Jahr), sind für das Entwicklungssystem noch die Alternativen Volltextspeicherung und bloße Speicherung von (erweiterten) Leitsätzen offen (s. *JURIS*, S. 63). Zur Zeit scheint das Justizministerium die Volltextlösung vorzuziehen, wie sich aus den Ausführungen des verantwortlichen Referenten ergibt (s. *Fabry*, S. 302, dieser so auch in einem Vortrag auf dem deutschen Dokumentartag 1974) und wie die Volltextdokumentation bei der Testdatenbasis Verfassungsrecht und dem Teilsystem Steuerrecht

zeigen. Für das Ausbausystem ist die Volltextspeicherung geplant (s. *JURIS*, S. 256).

(7) Bei der Rechtsliteratur sind für Zeitschriftenaufsätze ebenfalls die Alternativen Volltextspeicherung und Speicherung von Kurzreferaten vorgesehen (für das „Entwicklungssystem" s. *JURIS*, S. 64, für das „Ausbausystem" s. *JURIS*, S. 256 f.), wenn auch das Justizministerium in der Praxis von einer Dokumentation mit Kurzreferaten ausgeht (s. *Fabry*, S. 303, dieser so auch auf dem Deutschen Dokumentartag 1974). Für Bücher ist auch im Projektbericht von vornherein nur die Speicherung bibliographischer Angaben, u. U. in Verbindung mit Kurzfassungen, geplant (s. *JURIS* a.a.O.).

b) Regelmäßige Interessenprofilabfrage und Herausgabe von Informationsdiensten

(8) Bereits das Entwicklungssystem wird technisch eine auf einen bestimmten Zeitraum beschränkbare Abfrage anhand eines stereotypen Interessenprofils zulassen. Das bedeutet, daß sich der Benutzer des Systems z. B. jede Woche am Datenendgerät über die seit der letzten Abfrage in das System neu aufgenommenen Rechtsvorschriften, Entscheidungen und Literaturbeiträge auf seinem Spezialgebiet informieren kann. Je nachdem, wieweit diese Dokumente im Volltext gespeichert sind, kann er sich diese bei Interesse zugleich mit ausdrucken lassen.

(9) Für das Entwicklungssystem noch nicht vorgesehen, aber von der Projektgruppe für das Ausbausystem als zusätzliche Leistung von JURIS vorgeschlagen (s. *JURIS*, S. 265) und allgemein in der Konzeption für die Fachinformationssysteme vorgesehen (s. *IuD-Programm*, Kap. 2.1.8 b)) ist die gezielte Verteilung aktueller Nachrichten mittels Benutzerprofilen, auch SDI (Selective Dissemination of Information) genannt. Diese würde sich von der zuvor beschriebenen Profilabfrage dadurch unterscheiden, daß dem Benutzer die seinem Interessenprofil entsprechenden Neuzugänge im Informationssystem aufgrund eines Abonnements übermittelt werden, sei es in gedruckter Form oder mikroverfilmt mit der Post, sei es auf Abruf über Datenstationen (Einzelheiten s. *JURIS* und *IuD-Programm* a.a.O.).

c) Gebührenpolitik

(10) Zur künftigen Gebührenpolitik von JURIS existieren erst einige gedankliche Ansätze (s. *JURIS*, S. 67, 268, 269; s. auch *Uhlig*, S. 31). Danach soll die Gebührenhöhe einerseits durch das Prinzip des freien Zugangs bestimmt werden, also jedem Interessenten erlauben, sich des Systems zu bedienen. Andererseits wird angestrebt, daß JURIS sich durch die Gebühreneinnahmen selbst trägt (ähnlich die Überlegungen zur Tarifpolitik der Fachinformationssysteme, s. *IuD-Programm*, Kap. 2.1.4 a)). Wenig greifbar sind auch die Ausführungen zur Bedeutung der Gebührenbemessung für die Frage der Konkurrenz zu den Verlagen. Einerseits heißt es: „Eine vernünftige Gebührenpolitik könnte auch das Verhältnis zu den kommerziellen Anbietern juristischer Informationen (insbesondere den Verlegern und den Trägern an-

derer EDV-Unternehmen) von vornherein wesentlich entschärfen" (*JURIS*, S. 269). Andererseits hält man den Einsatz öffentlicher Mittel zur Senkung des Abgabepreises unter wettbewerbsrechtlichen Gesichtspunkten für zulässig, wenn dies lediglich dem Zweck einer verstärkten Nutzung des Systems und nicht der Verdrängung der Mitbewerber vom Markt diene (s. *JURIS*, S. 269).

3. Die Haltung der Verlegervereinigung Rechtsinformatik

(11) Die Notwendigkeit einer verbesserten Erschließung von Gesetzen durch Wortkonkordanzen und Verweisungsdokumentation sowie die Nützlichkeit eines umfassenden und ständig auf dem laufenden gehaltenen Fundstellennachweises für alle juristischen Texte wird von der Verlegervereinigung Rechtsinformatik anerkannt.

(12) Die Verlegervereinigung, der die führenden juristischen Verlage der Bundesrepublik Deutschland sowie einige ausländische Fachverlage angehören, ist im Jahre 1970 gerade auch zu dem Zweck gegründet worden, bei der „Erforschung, Planung und Erprobung von Informationssystemen, mit deren Hilfe der Informatiosbereich Recht z. B. mittels elektronischer Datenverarbeitungsanlagen gespeichert und aufbereitet werden kann", mitzuwirken (§ 2 Abs. 1 Nr. 1 der Vereinssatzung). Entsprechend hat die Verlegervereinigung neben ihrem sonstigen Tätigwerden im Bereich der Rechtsinformatik (s. *Friedrich*) sowohl in der interministeriellen Arbeitsgruppe „Datenbankensystem" beim Bundesministerium des Innern als auch bei der Entwicklung des JURIS-Projektes, hier insbesondere an dem Teil „Literaturdokumentation", mitgearbeitet.

(13) Die Verlegervereinigung Rechtsinformatik hat sich weiterhin die „Untersuchung und Lösung der urheber- und verlagsrechtlichen Fragen", die durch die Errichtung von EDV-gestützten Informationssystemen entstehen, zum Ziel gesetzt (§ 2 Abs. 1 Nr. 2 der Vereinssatzung). In Verfolgung dieses zweiten Vereinszweckes will sie —nachdem sie sich bereits in einem für das damalige Projekt „Informationsbankensystem" erstellten Gutachten allgemein zu dem Verhältnis zwischen einem umfassenden Informationssystem und den juristischen Verlagen geäußert hat (s. *Bühnemann*) — nunmehr vor allem auf verfassungsrechtlich bedenkliche Auswirkungen hinweisen die JURIS — je nach seiner Ausgestaltung— auf die juristische Fachpresse haben wird.

(14) Da JURIS zugleich den Kern eines der geplanten Fachinformationssysteme bilden wird, sind die folgenden Ausführungen auch eine erste Stellungnahme von wissenschaftlichen Verlagen zu dem im IuD-Programm der Bundesregierung niedergelegten Fachinformationssystem-Konzept.

II. Mögliche Auswirkungen von JURIS auf die juristische Fachpresse

1. Allgemeines

(15) Die Dienste, die JURIS einmal in einer durch EDV-Anwendung optimierten Form erbringen soll, nämlich die detaillierte Erschließung von Gesetzen

und der Fundstellennachweis von Rechtsvorschriften, Rechtsprechung und Literatur, ist bisher ausschließlich durch die verschiedenen Produkte der juristischen Verlage erfolgt. JURIS wird sich daher auf die Tätigkeit der Fachpresse auswirken und den juristischen Informationsmarkt verändern. Die Prognosen reichen von der erzwungenen Umstellung der Verlage auf neue Publikationsformen (so *JURIS,* S. 271 f., und *Böckel*) bis zur möglichen Verdrängung der Verlagsprodukte durch das neue Medium (so z. B. *Kolle,* S. 155; zu den weitreichenden gesellschaftlichen Problemen, zu denen schon der „simple Ansatz elektronischer Rechtsdokumentation" bei seiner konsequenten Weiterverfolgung führen kann, s. auch *Fiedler u. a.,* Kap. 5.1.2).

(16) Von einer Konkurrenzsituation zwischen JURIS und den Verlagen geht auch der Abschlußbericht der JURIS-Projektgruppe aus (s. *JURIS,* S. 265, 268 f., S. 272, s. auch S. 67 und S. 189 f.), wenn auch dort betont wird, daß eine solche Konkurrenz nicht beabsichtigt sei (S. 268), und daß das System keinesfalls andere Informationsanbieter vom Markt ausschalten dürfe (S. 269). Diese Ausführungen lassen jedoch nicht erkennen, inwieweit sich die für JURIS Verantwortlichen tatsächlich der Auswirkungen bewußt sind, welche das System auf den juristischen Informationsmarkt haben wird (s. auch die Kritik von *Dammann,* S. 288 f.).

(17) In welchem Maße dieser Informationsmarkt durch JURIS (in verfassungsrechtlich erheblicher Weise) verändert werden wird, hängt wesentlich von der Einzelausgestaltung des Systems ab. Im folgenden wird daher dargestellt, mit welchen Auswirkungen bei den einzelnen oben (Randnr. 4—10) beschriebenen Systemalternativen zu rechnen ist.

2. Auswirkungen der Rechtsnormendokumentation

(18) Die Rechtsnormendokumentation wird wegen der Volltextspeicherung zu einem Rückgang der Auflagen von (Loseblatt-)Gesetzessammlungen führen. Am Ende der Ausbauphase, also bei einer alle Rechtsgebiete umfassenden Dokumentation, wird JURIS auch den herkömmlichen Gesetzesweisern Konkurrenz machen.

3. Auswirkungen der JURIS-Rechtsprechungsdokumentation

a) Bedeutung der Rechtsprechungspublikation für die juristische Fachpresse

(19) Die größten Auswirkungen auf die juristische Fachpresse werden von der JURIS-Rechtsprechungsdokumentation ausgehen, denn einmal sind die künftigen Benutzer von JURIS gerade an dieser Dokumentation interessiert (s. *Informationsverhalten,* S. 64 ff.), zum anderen stellt die Publikation von Gerichtsentscheidungen wirtschaftlich gesehen einen besonders wichtigen Teil der Verlagstätigkeit dar.

(20) Welche Bedeutung die Rechtsprechungs-Veröffentlichung für die Fachverlage hat, zeigt nicht nur die große Zahl von Entscheidungssammlungen aller Art, sondern auch die Tatsache, daß die auf aktuelle Unterrichtung zugeschnittenen Fachzeitschriften vor allem wegen der dort abgedruckten

Entscheidungen abonniert werden. Entsprechend ergab eine im Auftrage der Zeitschrift „Betriebsberater" im November 1974 durchgeführte Repräsentativbefragung, daß jeder Leser von den sechs bis acht Aufsätzen pro Heft durchschnittlich anderthalb, also 20 bis 25 % liest, während 40 % der Leser bis zu 50 % der Entscheidungen lesen, und daß 40 bis 50 % der Leser Aufsätze, hingegen 80 % der Leser Gerichtsentscheidungen für „wichtig bis sehr wichtig" halten. Ebenso zeigten informelle Meinungstests, welche die Redaktion der „Neuen Juristischen Wochenschrift" durchführte, daß der Rechtsprechungsteil dieser Zeitschrift intensiver gelesen wird als ihr Aufsatzteil.

(21) Zeitschriften, die nur Aufsätze veröffentlichen (Archivzeitschriften), können keinen größeren Abonnentenstamm gewinnen und sind in der Regel Zuschußobjekte. Erst dadurch, daß Zeitschriften aktuell auch über die Rechtsprechung informieren, erzielen sie den Informationswert, der ihre Herausgabe und damit auch die Publikation der in ihnen enthaltenen meinungsbildenden Aufsätze finanziell lohnend macht. Diese Mischkalkulation gilt auch für das Verhältnis dieser Zeitschriften und Entscheidungssammlungen zu weniger rentablen Verlagsprodukten wie einem Großteil der Monographien.

(22) Führt also die JURIS-Rechtsprechungsdokumentation zu einem Unterschreiten rentabler Auflagen von Fachzeitschriften und Entscheidungssammlungen, so entfällt damit weitgehend die Möglichkeit, die für die kritische Reflexion der Rechtsprechung, die juristische Diskussion und die Weiterentwicklung der Gesetzesauslegung notwendige Literatur zu verlegen.

b) Auswirkungen eines Fundstellennachweises mit Leitsatzspeicherung

(23) Das Ausmaß der von der Rechtsprechungsdokumentation zu erwartenden Auswirkungen auf die juristische Fachpresse hängt, wie bereits gesagt, vor allem von der Art der Textspeicherung ab. Soweit nur die Leitsätze gespeichert werden, es sich also um einen erweiterten Fundstellennachweis handelt, wird die Rechtsprechungsdokumentation in erster Linie zu einer Auflageneinbuße bei der entsprechenden Nachweisliteratur, wie Fundheften, Rechtsprechungskarteien, Leitsatzsammlungen und Rechtsprechungskommentaren führen (so auch die Prognose der Projektgruppe JURIS, s JURIS S. 264), aber auch bereits einen Rückgang für die Fachzeitschriften bringen. Zusammen mit der Literaturdokumentation (s. unten 4.) wird die Rechtsprechungsdokumentation weiterhin auch die Auflagenhöhe der übrigen Kommentarliteratur zurückgehen lassen.

c) Auswirkungen der Volltextdokumentation

(24) Gibt das System darüber hinaus durch Volltextspeicherung dem Benutzer die Möglichkeit, sich den vollen Wortlaut aller Entscheidungen anzeigen und ausdrucken zu lassen, so wird das zu einem Rückgang der Abonnentenzahlen auch von (Volltext-)Rechtsprechungssammlungen führen.

(25) Ebenso wird sich der Abonnentenkreis von Zeitschriften erheblich verrin-

gern. Diese werden zwar vor allem zur aktuellen Information gehalten, doch dienen sie einem Teil der Abonennten in erster Linie bzw. ausschließlich als Nachschlagewerk. So ergab die genannte Umfrage der Zeitschrift „Betriebsberater", daß 56 % der befartgten Leser die Zeitschrift mehr zur aktuellen Information, 15 % dagegen mehr als Nachschlagewerk benutzen (29 % keine Antwort), und daß 48 % die letzten sechs Hefte genauer gelesen, 29 % darin geblättert und 23 % sie nicht angesehen haben, was bei letzteren auf eine Verwendung als reines Nachschlagewerk schließen läßt. Zu ähnlichen Ergebnissen kam auch die von der Redaktion der „Neuen Juristischen Wochenzeitschrift" durchgeführte Befragung.

(26) Durch eine Volltextspeicherung würden schließlich die ohnehin erheblichen Auswirkungen der Interessenprofilabfrage auf die Rentabilität der Fachzeitschriften noch weiter verschärft (s. unten 5.).

4. Auswirkungen der JURIS-Literaturdokumentation

(27) Wird die JURIS-Literaturdokumentation als Fundstellennachweis betrieben, bei welchem der Benutzer lediglich durch kurze Hinweise über den Inhalt („indikative" Kurzreferate) von Aufsätzen und Büchern informiert wird, so ist wahrscheinlich nur ein Rückgang der Auflage von Bibliographien und – in Verstärkung der Wirkungen der Rechtsprechungsdokumentation – der Auflage von Fundheften und Kommentaren zu erwarten.

(28) Bei einer über den reinen Fundstellennachweis hinausgehenden Speicherung von Aufsätzen im Volltext bzw. von ausführlichen („informativen") Kurzreferaten würde außerdem die bereits durch die Rechtsprechungsdokumentation bedingte Abonnenteneinbuße bei Fachzeitschriften aus den oben genannten Gründen (Wegfall der Funktion als Nachschlagewerk, Verstärkung des die Zeitschrift ersetzenden Charakters der Interessenprofilabfrage) sich noch vergrößern. Das kann schließlich dazu führen, daß die von JURIS zu speichernden Dokumente mangels Rentabilität gar nicht mehr hergestellt werden (s. zu diesem Problem unten Randnr. 41).

5. Auswirkungen von regelmäßigen Interessenprofilabfragen und von Informationsdiensten

(29) Die bisher geschilderten Wirkungen von JURIS auf die Tätigkeit der juristischen Fachpresse bezogen sich nur auf die durch das System gebotene Möglichkeit zur einzelproblemorientierten ad-hoc-Abfrage, eine Systembenutzung, die in der bisherigen Diskussion um JURIS als Regelfall angesehen worden ist. Es ist aber zu erwarten, daß das System in mindest ebenso starkem Maße zur regelmäßigen stereotypen Profilabfrage verwendet wird; denn wenn ein Interessent die sicher erheblichen Kosten für einen Anschluß an das System auf sich nimmt, so wird er auch bestrebt sein, sich mit Hilfe dieses Mediums laufend über neue Gerichtsentscheidungen und Literaturbeiträge auf seinem Interessengebiet zu informieren. Diesen Dienst leisten ihm heute die (spezialisierten) Fachzeitschriften. Die

Interessenprofilabfrage wird daher zu deren Lasten gehen und deren Rentabilität gefährden (s. auch *Kolle,* S. 153).

(30) Diese Auswirkungen würden sich noch verstärken, wenn JURIS auch die vollen Texte von Gerichtsentscheidungen und Aufsätzen speichern würde und wenn das System bei der Beschaffung der Gerichtsentscheidungen womöglich noch einen Vorsprung vor den Verlagen bekäme (etwa, wenn die Verlage die Entscheidungen nicht mehr unmittelbar von den Gerichten selbst, sondern erst über JURIS erhalten könnten).

(31) Über alle bisher geschilderten Auswirkungen von JURIS hinaus besteht hier die konkrete Gefahr, daß die spezialisierten Fachzeitschriften wegen sinkender Auflage unwirtschaftlich und vom Markt verdrängt werden; (dazu, welche Konsequenzen dies haben würde, so unten Randnr. 39 f.). Sofern es nicht möglich ist, die laufende Interessenprofilabfrage – zumindest für private Benutzer – vom System her auszuschließen, muß dieser Gefahr auf jeden Fall durch eine entsprechende (mindestens kostendeckende) Gebührenpolitik begegnet werden.

(32) Die Fachzeitschriften würden mit völliger Sicherheit verdrängt werden, wenn JURIS selbst einen aktiven Informationsdienst betreiben würde, der die Abonnenten in bestimmten Zeiträumen entsprechend ihrem jeweiligen Interessenprofil versorgt (SDI-Service, so oben bei Randnr. 9). Hier bestünde dann für die Fachzeitschrift als Informationsquelle kein Bedarf mehr (zu diesen Konsequenzen von SDI-Diensten so auch *Kolle,* S. 153).

6. Verstärkung der Auswirkungen durch zusätzliche Kopiertätigkeit

(33) Der Betrieb von JURIS wird für die Fotokopiertätigkeit, die im Hinblick auf den Urheberrechtsschutz ohnehin schon ein erschreckendes Ausmaß angenommen hat (s. *Sellier*), einen zusätzlichen Anreiz darstellen. Es ist nämlich damit zu rechnen, daß sich die meisten Benutzer von JURIS die durch das System nachgewiesene Literatur als Fotokopien beschaffen, sei es durch privates Kopieren, sei es über einen Fotokopierdienst der Bibliotheken (s. dazu *Arbeitsgemeinschaft für juristisches Bibliotheks- und Dokumentationswesen*, Pkt. 4.2) oder von JURIS selbst (zu den Fachinformationssystemen als zentralen Beschaffungsstellen für Kopien von Publikationen s. *IuD-Programm,* Kap. 2.1.3 c)). Diese Kopiertätigkeit wird sich zusätzlich auf die Auflagen von Fachzeitschriften, Entscheidungssammlungen und Büchern auswirken (zu der Gefahr, die hier insbesondere wieder der Vielfalt an Fachzeitschriften droht, s. auch *Kolle,* S. 147).

(34) Noch weitergehende Folgen wird eine Textübertragung mittels Breitbandkabel haben, die angesichts der technischen Fortschritte im Bereich der Breitbandkommunikation nicht mehr als Utopie anzusehen ist (zur möglichen Zustellung von Literatur über Bildtelegraphie s. bereits *Arbeitsgemeinschaft für juristisches Bibliotheks- und Dokumentationswesen,* Pkt. 4.2). Bei einer Kombination von JURIS mit diesem neuen Medium droht sogar die Gefahr einer weitgehenden Ersetzung des Druckes durch Mikroformtechnologie und digitale Speicherung (zu diesen möglichen Konse-

quenzen der Breitbandkommunikation, s. *Lenk*, S. 76, 79; zu der möglichen Verbindung von Breitbandkabelsystem und Fachinformationssystemen s. *Kunsemüller*, S. 6).

7. Auflagenrückgang und Struktur der juristischen Fachpresse

(35) Angesichts der begrenzten Zahl potentieller Interessenten für die Erzeugnisse von juristischen Fachverlagen und der hohen sachlichen und personellen Kosten für die Informationsbeschaffung, -bearbeitung und -veröffentlichung wird für die meisten Fachverlage die Kostendeckung bereits bei einem relativ geringen Rückgang von Käufern bzw. Abonnenten unterschritten sein. (Vgl. dazu den „Bericht der Bundesregierung über die Lage von Presse und Rundfunk", BT-Drucksache 7/2104, insbesondere die Tabellen S. 34.) Das Unterschreiten der Kostendeckung muß daher zwangsläufig zur Einstellung von Fachzeitschriften, Entscheidungssammlungen und Gesetzesausgaben sowie zu einer starken Einschränkung der häufig nicht kostendeckenden Buchproduktion führen.

(36) Wegen der großen Bedeutung der Fachzeitschriften und Entscheidungssammlungen für die Verlagstätigkeit (s. *Ramseger*, S. 2) würde der Wegfall dieser Objekte bei einer beträchtlichen Zahl von Verlagen zu einer Gefährdung der wirtschaftlichen Existenzgrundlage führen. Hierbei ist zu berücksichtigen, daß zwanzig von den ca. 35 Verlagen mit ausschließlich oder vorwiegend juristischer Literatur einen Jahresumsatz (im juristischen Bereich) von weniger als 1 Million DM haben — bei einem Gesamtumsatz aller Verlage in diesem Bereich von ca. 150 Millionen DM (s. *Ramseger* a.a.O.).

(37) Soweit Fachverlage bestehen blieben, käme es zu einer weiteren Monopolisierung des Marktes, gerade in einem Pressebereich, der wegen der Vielzahl von Verlagen bisher ein besonders großes Maß an Meinungsvielfalt bieten konnte; (dazu, daß die (marktwirtschaftliche Organisationsform gerade bei der Fachzeitschriften- und Buchpresse ein Garant für eine freiheitliche Pressestruktur ist, s. *Stammler*, S. 306). Damit würde auch einer der rechtspolitischen Forderungen widersprochen, welche die JURIS-Projektgruppe selbst für die Verwirklichung des Vorhabens aufgestellt hat (*JURIS*, S. 65), daß JURIS nämlich nicht die Pluralität juristischer Standpunkte reduzieren oder deren quantitative Repräsentation verschieben dürfe.

(38) An dieser Stelle sei auch darauf hingewiesen, daß alle Auswirkungen auf die wirtschaftliche Existenzgrundlage der Fachverlage in vollem Umfang auf den Sortimentsbuchhandel und auf die strukturell ohnehin gefährdete graphische Industrie durchschlagen.

8. Insbesondere: Konsequenzen des Wegfalls von Fachzeitschriften

(39) Neben den Folgen für die Existenzgrundlage der juristischen Verlage hätte der Wegfall der spezialisierten Fachzeitschrift einschneidende Wirkungen auf die Informationsstruktur der Rechtsordnung selbst. Die Fach-

zeitschrift stellt nämlich die für den Juristen wichtigste Informationsquelle dar (s. *Informationsverhalten,* S. 3, 9 ff.). Mit ihrer Mischung von Entscheidungsveröffentlichungen, Rechtsprechungsanmerkungen, Aufsätzen und aktuellen Berichten fördert sie die gegenseitige Befruchtung von Rechtsprechung, sonstiger Rechtspraxis und Rechtswissenschaft bei der Gesetzesauslegung und der Entwicklung der juristischen Dogmatik. Damit erfüllt sie eine wesentliche Funktion für eine rationale Rechtsfortbildung. (Zur Bedeutung, welche die Rechtswissenschaft für die Rechtsfortbildung gerade in Deutschland gehabt hat und hat, s. die grundlegende rechtsvergleichende Untersuchung von *Dawson,* S. 450 ff., 501, 505 f., dort auch S. 397 ff. zu der Bedeutung, welche gerade die Fachzeitschrift für die gemeinsame Entwicklung des Rechts durch Rechtsprechung und Rechtswissenschaft hat.)

(40) Die Förderung der Rechtsinnovation ist auch eine der mit JURIS verfolgten Zielvorstellungen (s. *JURIS,* S. 24, 35), Ihr würde eine Systemausgestaltung, die zu einer Verdrängung der spezialisierten Fachzeitschrift und damit zu einem Rückgang der Aufsatz- und Anmerkungsliteratur führen würde, gerade zuwiderlaufen (s. dazu auch *Dammann,* S. 291, und *Zielinski,* S. 412 ff.).

(41) Die genannten Konsequenzen ließen sich auch nicht etwa dadurch verhindern, daß JURIS Verlegerfunktionen übernähme und selbst Zeitschriften herausgäbe. Mit der Verdrängung des herkömmlichen Mediums Fachzeitschrift entfiele nämlich zugleich ein wesentliches Regulativ gegen Meinungsmanipulation: die Informationsauswahl durch eine Vielzahl konkurrierender Verleger und Redaktionen. Die Aufgaben der Bewertung und Auswahl der zu veröffentlichenden Literatur würden ein staatliches Informationssystem wegen des Gebotes der Meinungsneutralität und -pluralität (s. *JURIS,* S. 65 f, *IuD-Programm,* Kap. 2.1.4 b), Simitis (2), S. 24 ff.) vor unlösbare Schwierigkeiten stellen, von der Frage der verfassungsrechtlichen Zulässigkeit einmal abgesehen; (gegen die „Ausschaltung der Türhüterfunktion der Verleger und Redakteure" und gegen ein Informationssystem als „Superverleger" s. *Lenk,* S. 79, *Kolle,* S. 155.

(42) Alle Vorstellungen, daß JURIS auch nicht-publizierte Aufsätze individueller Autoren in das System aufnehmen solle (so etwa *Uhlig,* S. 32), stellen bereits erste Ansätze zu einer solchen „Staatszeitschrift" dar, da sie angesichts der allen computergestützten Informations- und Dokumentationssystemen innewohnenden Tendenz zur Monopolbildung ein Überwechseln weiterer Autoren zum Informationssystem zur Folge haben werden (s. dazu *Kolle,* S. 155). Diesen Vorstellungen ist daher mit allergrößter Skepsis zu begegnen.

9. Zusammenfassung

(43) JURIS wird bereits bei einer Auslegung als Fundstellennachweis-System zu Auflageneinbußen bei verschiedenen Verlagserzeugnissen führen. Betroffen sein werden insbesondere die Nachschlagewerke, wie Gesetzes-

weiser, Fundhefte, Rechtsprechungskarteien, Leitsatzsammlungen, aber auch die Kommentarliteratur und (Loseblatt-)Gesetzessammlungen. Hinzu kommt der Anreiz zu einer verstärkten Fotokopiertätigkeit.

(44) Wenn JURIS zusätzlich die Volltexte von Gerichtsentscheidungen und Literatur speichert, werden die dadurch hervorgerufenen Abonnenteneinbußen bei Rechtsprechungssammlungen und Zeitschriften für die meisten Verlage zu einer Unterschreitung der Kostendeckung führen. Das wird nicht nur die Aufgabe dieser Periodika, sondern auch die Einstellung nicht rentabler Verlagsprodukte, insbesondere eines Teils der Monographie-Literatur zur Folge haben. Für sehr viele Fachverlage ist damit zugleich die wirtschaftliche Existenzgrundlage gefährdet.

(45) Wenn JURIS darüber hinaus allen Benutzern die Möglichkeit bietet, sich mittels regelmäßiger Interessenprofilabfrage über Gesetzgebung, Rechtsprechung und Literatur auf dem laufenden zu halten, so wird dies mit großer Wahrscheinlichkeit zu einer Verdrängung der (Spezial-)Zeitschriften vom Informationsmarkt führen. Mit Sicherheit würde ein von JURIS herausgegebener aktiver Informationsdienst nach Interessenprofilen das Ende des Mediums Fachzeitschrift bedeuten.

(46) Alle Auswirkungen des Systems auf die wirtschaftliche Existenz der Verlage schlagen im vollen Umfang auch auf Buchhandel und graphische Industrie durch.

III. Rechtliche Beurteilung

(47) Gegen eine Systemauslegung von JURIS, welche die oben unter II. geschilderten Folgen für die Existenzgrundlage der juristischen Fachpresse hätte, bestehen erhebliche rechtliche Bedenken. JURIS würde damit nämlich einmal die verfassungsimmanenten Schranken überschreiten, die für Befugnis und Ausmaß staatlicher Eingriffe in wirtschaftsbezogene Funktionsbereiche gelten; zum anderen würde JURIS die Grenzen verletzen, die einer staatlichen Betätigung im Informationssektor durch das Grundrecht der Pressefreiheit gesetzt sind. Darüber hinaus kann JURIS zu einer Gefährdung der Urheberrechte führen.

1. Wirtschaftsverfassungsrechtliche Schranken

(48) Hinsichtlich der Befugnis des Staates, in wirtschaftsbezogene Funktionsbereiche einzugreifen, besteht bei allem grundsätzlichen Streit – auch über die verfassungsdogmatische Einordnung – doch Einmütigkeit darüber, daß der Staat eine solche Kompetenz nur dort beanspruchen kann, wo es sich um eine öffentliche Aufgabe handelt, deren Erfüllung durch den Staat selbst von einem öffentlichen Interesse gerechtfertigt ist (s. BVerfGE 18, 315 [327]; 21, 245 [248 f.]; *Stern/Burmeister*, S. 119, und *Lieb*, S. 242, jeweils mit umfangreichen Nachweisen; s. auch *Thiele*, S. 165, und *Herzog*, S. 147 ff., als Vertreter einer weiten staatlichen Kompetenz, und andererseits *Maunz/Dürig/Herzog*, Art. 2 Abs. 1 Rdnr. 25, und *v. Münch*, Art. 2 Rdnr. 3, die als Vertreter der Lehre vom Subsidiaritätsprinzip für die Hand-

lungskompetenz des Staates zusätzlich verlangen, daß der öffentliche Zweck nicht besser und wirtschaftlicher durch die private Wirtschaft erreicht werden kann).

(49) Die Errichtung eines umfassenden Juristischen Informationssystems in einem Bereich bisher ausschließlich privatwirtschaftlich organisierter Informationsvermittlung ist nach diesem Grundsatz folglich nur in dem Umfang eine legitime staatliche Aufgabe, wie das System tatsächlich erforderlich ist, Informationsmängel im Rechtsbereich zu beheben.

(50) Durch öffentliches Interesse gedeckt ist die Volltextdokumentation von Rechtsvorschriften und wohl auch ein automatisierter, ständig fortgeschriebener Fundstellennachweis von Rechtsprechung und Literatur. Die Unübersichtlichkeit unseres Gesetzesrechts ist nämlich in vielen Fällen sonst nicht mehr zu bewältigen; der Überblick über Rechtsprechung und Literatur läßt sich zwar noch mit den herkömmlichen Mitteln gewinnen, könnte aber durch einen automatischen Fundstellennachweis erleichtert werden.

(51) Die Beschaffung des Textes einer einmal gefundenen Gerichtsentscheidung oder Literaturstelle ist dagegen mit den heute vorhandenen Informationsmitteln ohne Schwierigkeit möglich.
Für eine — zudem sehr aufwendige — Volltextspeicherung dieser Dokumente in Konkurrenz zu der Aufsatz- und Entscheidungspublikation der Fachpresse besteht daher kein Bedürfnis. Daß insoweit ein öffentliches Interesse vorhanden sei, ist bisher auch in keiner der den Planungen von JURIS vorausgegangenen bzw. sie begleitenden Analysen behauptet oder nachgewiesen worden (s. etwa *Fiedler,* S. 273 f., Beilage 8/70 zum BAnz. Nr. 41 v. 28. 2. 1970, S. 3 u. S. 6, *Simitis* (1), S. 9—32, und *JURIS,* S. 22 f., s. auch *Informationsverhalten,* S. 64 ff.).

(52) Ein öffentliches Interesse besteht im Gegenteil gerade daran, die für die Verwirklichung von JURIS erforderlichen enormen Aufwendungen auf das wirklich notwendige Maß zu beschränken. Laut IuD-Programm der Bundesregierung von 1974 wird JURIS als Fachinformationssystem im Endausbau jährlich zwischen 10 und 20 Millionen DM kosten (s. *IuD-Programm,* Kap. 3.1.2 c); vgl. auch die Kostenschätzung von 1971 in *JURIS,* S. 246 f.: ca. 100 Millionen DM für die ersten sechs Jahre des Entwicklungssystems einschließlich der Rückwärtsdokumentation; zur Kostenfrage s. auch *Peter,* S. 79 f.). Jede Mark, die hier durch den Verzicht auf die Volltextspeicherung gespart werden kann, ist sinnvoller für eine bessere Ausstattung der öffentlichen juristischen Bibliotheken ausgegeben (s. auch *Arbeitsgemeinschaft für juristische Bibliotheks- und Dokumentationswesen,* Pkt. 7.2). Überhaupt sollte für JURIS so schnell wie möglich — also schon für das „Entwicklungssystem" und nicht erst für die Ausbauphase (so *JURIS,* S. 203 und 207) — eine eingehende Nutzen-Kosten-Untersuchung gem. § 6 Abs. 2 Haushaltsgrundsätze-Gesetz vom 19. 8. 1969 (BGBl 1 1969, 1273) und § 7 Abs. 2 Bundeshaushaltsordnung vom 19. 8. 1969 (BGBl 1 1969, 1284) durchgeführt werden.

(53) Soweit JURIS bei der Vorschriftendokumentation und dem Fundstellennachweis legitimerweise auf dem Gebiet juristischer Informationsvermittlung tätig wird, hat dies – wie jede staatliche Betätigung im marktwirtschaftlichen Bereich – entsprechend den Grundregeln der Wettbewerbswirtschaft zu erfolgen (s. *Klein*, S. 180, 228 ff., 242 ff.; *Thiele*, S. 162). JURIS darf also – was hier insbesondere für die Konkurrenz zwischen Profilabfrage und Fachzeitschriften gilt – den freien Wettbewerb nicht durch subventionierte Tätigkeit und Monopolbildung verzerren und dadurch die Mitanbieter vom Markt ausschalten.

2. Pressefreiheit als Schranke

(54) Grenzen für die Systemausgestaltung von JURIS ergeben sich aber auch aus der in Art. 5 Abs. 1 des Grundgesetzes enthaltenen Garantie der freien Presse. Dieses für die freiheitliche Demokratie konstitutive Grundrecht gilt nicht nur für die periodische Massenpresse, sondern auch für jegliche Form der Fachpresse (*Löffler*, S. 78, *Hamann/Lenz*, Art. 5 S. 190, *v. Münch*, Art. 5 Rdnr. 21), und garantiert die institutionelle Eigenständigkeit der Presse von der Beschaffung der Information bis zur Verbreitung der Nachricht (BVerfGE 12, 205 [260]; 20, 162 [175]; *Löffler*, S. 100 f.).

(55) Zur Institution der freien Presse gehört, daß Presseunternehmen „nach privatwirtschaftlichen Grundsätzen und in privatwirtschaftlichen Organisationsformen (arbeiten)" und „miteinander in geistiger und wirtschaftlicher Konkurrenz (stehen), in die die öffentliche Gewalt grundsätzlich nicht eingreifen darf" (BVerfGE 20, 162 [175]). Zur Substanz der freien Presse gehört weiterhin die Vielfalt selbständiger Presseunternehmen (BVerfGE 12, 205 [260]; 20, 162 [175]; *Löffler*, S. 101 f.; *Leisner*, S. 201 ff., VG Berlin NJW 1974, 330 [331] m. w. Nachw.). Dieses Vielfaltspostulat kann dem Staat sogar gebieten, Maßnahmen zum Schutz einer bedrohten Unternehmensvielfalt zu ergreifen (BVerfGE 20, 162 [176]; VG Berlin a.a.O.: Subventionierung kleinerer Zeitungsverlage).

(56) Eine eigene Betätigung des Staates im Bereich der Presse ist erst recht nur soweit zulässig, wie sie nicht deren Bestand als Vielzahl selbständiger, miteinander konkurrierender Presseunternehmen gefährdet (s. BVerfGE 12, 205 [260]; *Löffler*, S. 95, 101 f.; *Hamann/Lenz*, Art. 5 S. 192; *v. Münch* Art. 5 Rdnr. 24, *Leisner*, S. 205 f.). Insoweit besteht also für die Presse ein über die allgemeinen wettbewerbsrechtlichen Regeln (s. oben Rdnr. 48) hinausgehender Konkurrenzschutz gegen staatliche Informationstätigkeit (zum besonderen Schutz der Presse gegen Konkurrenz – von Presseorganen untereinander s. auch die Entscheidungen des Bundesgerichtshofs: BGHZ 19, 392 [398 f.]; BGH DVBl 1969, 458 f.).

(57) Etwas anderes ergibt sich auch dann nicht, wenn man ein auf ausreichende Information gerichtetes Grundrecht des einzelnen gegen den Staat annimmt (s. etwa *Steinmüller u. a.*, S. 62 ff.). Aus der Verantwortung des Staates, für eine ausreichende Vermittlung gesellschaftsnotwendiger Informationen – etwa die Veröffentlichung von Entscheidungen seiner Ge-

richte – zu sorgen, folgt nämlich angesichts der in Art. 5 Abs. 1 Grundgesetz enthaltenen Kompetenzenverteilung nicht zugleich auch die Befugnis, diese bisher von der Presse erfüllte öffentliche Aufgabe bei Mängeln in eigene Regie zu übernehmen (so allerdings offensichtlich *Steinmüller*, S. 70; dagegen *Schwabe;* wie hier auch *Stammler*, S. 337, 355). Vielmehr ist der Staaat auch dann, wenn er etwaige Mängel durch eigene Informationstätigkeit beheben will, an die sich aus Art. 5 Abs. 1 Grundgesetz ergebenden Schranken staatlichen Eingreifens gebunden.

(58) Für das JURIS-Projekt folgt aus dem Vorstehenden, daß gegen eine Systemausgestaltung, die bei einem großen Teil der juristischen Verlage zu einer Einstellung von Fachzeitschriften und Entscheidungssammlungen und damit zu einer Gefährdung der wirtschaftlichen Existenz führen würde, erhebliche rechtliche Bedenken bestehen. Einmal würde nämlich mit der Verdrängung der spezialisierten Fachzeitschriften gerade das für die Meinungsvielfalt im juristischen Bereich wesentliche Informationsmedium entfallen. Zum anderen kann die Gefährdung der Existenzgrundlage einer großen Zahl von Verlagen dazu führen, daß die für eine funktionsfähige freie Presse erforderliche Anzahl miteinander konkurrierender Verlage in diesem Pressebereich nicht mehr gewährleistet ist.

(59) Die Fragen der Volltextspeicherung von Gerichtsentscheidungen, der Interessenprofilabfrage sowie der Gebührenpolitik von JURIS sollten daher auch unter dem Gesichtspunkt der Pressefreiheit noch einmal sorgfältig überdacht werden.

3. Urheberrechtliche Schranken

(60) Urheberrechtliche Schranken ergeben sich einmal bei der Verwertung urheberrechtlich geschützten Materials durch JURIS (Speicherung urheberrechtlich geschützter Texte, Bildung und Speicherung von Kurzreferaten zu solchen Texten; s. *Goose*, S. 44 f., 34 ff.; *Kolle*, S. 143), zum anderen bei der Herstellung von Kopien der Texte, die das System nachgewiesen hat (s. *Goose*, S. 78 ff., *Kolle*, S. 145 ff.).

(61) Hier entstehen Probleme, die zum Teil mit dem geltenden Recht nicht zufriedenstellend gelöst werden können (s. dazu auch den Vortrag des Bundesministers der Justiz zur Eröffnung des Weltkongresses für geistiges Eigentum 1975 in Hamburg). Da diese Fragen derzeit in ihrem Gesamtzusammenhang an anderer Stelle untersucht werden (z. B. von der Deutschen Vereinigung für gewerblichen Rechtsschutz und Urheberrecht und vom Börsenverein des deutschen Buchhandels), braucht hier auf weitere Einzelheiten nicht eingegangen zu werden.

IV. Ergebnis: Ausgabenabgrenzung zwischen JURIS und juristischer Fachpresse

(62) Aus den vorstehenden Ausführungen ergibt sich nach Ansicht der Verlegervereinigung Rechtsinformatik folgende verfassungsrechtlich vertretbare Ausgestaltung von JURIS, die zugleich eine vom gesamtwirtschaft-

lichen Aufwand her sinnvolle Aufgabenabgrenzung zwischen JURIS und der juristischen Fachpresse zulassen könnte:

(63) 1. Abgesehen von der Volltexterschließung und -speicherung bei Rechtsnormen wird JURIS als ein reines Fundstellennachweissystem ausgelegt.

(64) 2. Die Publikation der Texte von Literatur und Rechtsprechung erfolgt wie bisher durch die Fachpresse.

(65) 3. Auch die laufende aktuelle Information über neue Rechtsprechung und Literatur bleibt der Fachpresse vorbehalten. Soweit JURIS eine individuelle laufende Information über die Datenendgeräte nicht ausschließen kann, sind hierfür mindestens kostendeckende Gebühren zu erheben.

(66) 4. Es bleibt sichergestellt, daß die Fachverlage Gerichtsentscheidungen wie bisher unmittelbar und unverzüglich, d. h. sobald sie vom Richter abgesetzt sind, von den Gerichten erhalten können, ohne Rücksicht auf den Zeitpunkt, zu dem die Entscheidungen bei JURIS in das System eingehen.

(67) 5. Sollten für die juristische Literatur Kurzreferate gespeichert werden, so müssen sich diese auf eine Angabe der behandelten Probleme beschränken. Soweit möglich, werden diese Kurzreferate von den Verlagen selbst erstellt und JURIS auf der Grundlage einer Gebührenvereinbarung überlassen.

(68) 6. Soweit der Benutzerkreis nicht auf Behörden und Gerichte beschränkt wird, sind von den übrigen Benutzern kostendeckende Gebühren zu erheben.

(69) 7. Die Verlegervereinigung Rechtsinformatik bleibt auch für den weiteren Verlauf des Projektes an der Diskussion über Systemkonzeption und -ausbau beteiligt.

Literaturverzeichnis

Arbeitsgemeinschaft für juristisches Bibliotheks- und Dokumentationswesen, „Stellungnahme zum Projekt eines juristischen Informationssystems (JURIS)“, in: Mitteilungen der Arbeitsgemeinschaft für juristisches Bibliotheks- und Dokumentationswesen, Jg. 4, 1974, S. 57 ff.

Böckel, E., „Stirbt das Jus-Buch auf der Datenbank?“, in: Buchmarkt 1974 H. 9, S. 4 f.

Bühnemann, B., „Die Stellung der Rechts- und Staatswissenschaftlichen Verlage zu und im Rahmen eines Informationsbankensystems“, in: Das Informationsbankensystem Bd. II, Köln/Berlin/Bonn/München 1971, S. 157 ff.

Dammann, U., „Juristische Dokumentationssysteme und Rechtsentwicklung“, in: ZRP 1971, S. 287 ff.

Dawson, J., The Oracles of the Law, Ann Arbor 1968

Fabry, J., „Das Juristische Informationssystem des Bundes“, in: DSWR 1973, S. 298 ff.

Fiedler, H., „Perspektiven juristischer Dokumentation, Forschung und Textverarbeitung mit Elektronenrechnern“, in: NJW 1968, S. 273 ff.

Fiedler, H., u. a., „Methodische Erfordernisse juristischer Informationssysteme. Bemerkungen zur Entwicklung von JURIS“, in: Beiträge zur Methodik juristischer Informationssysteme (Hrsg.: Gebhardt) (im Druck), Berlin 1975

Friedrich, G., „Wider die Informationskrise im Recht“, in: Börsenblatt für den Deutschen Buchhandel vom 30. 4. 1971, Nr. 34, S. 926 ff.

Goose, D., Die urheberrechtliche Beurteilung von elektronischen und Mikrofilm-Datenbanken (im Druck), Berlin 1975

Hamann/Lenz, Grundgesetz. Kommentar 3. Auflage, Neuwied/Berlin 1970

Herzog, R., Allgemeine Staatslehre, Frankfurt/Main 1971

(Informationsverhalten), Informationsverhalten und Informationsbedarf von Juristen. Teil 1: Analyse-Band (= DVR-Beiheft 2), Berlin 1974

(JURIS), Das Juristische Informationssystem — Analyse, Planung, Vorschläge (Hrsg.: Bundesministerium der Justiz), Karlsruhe 1972

(IuD-Programm), Programm der Bundesregierung zur Förderung der Information und Dokumentation (Hrsg.: Bundesminister für Forschung und Technologie), Dezember 1974

Klein, H., Die Teilnahme des Staates am wirtschaftlichen Wettbewerb, Stuttgart/Berlin/Köln/Mainz 1968

Kolle, G., „Urheberrechtliche Probleme der Dokumentation und Information", in: Informationspolitik und Informationsrecht — Eine Vortragsfolge des Deutschen Dokumentartags 1974 (= DGD-Schrift [Präs.-11] 8/74), Frankfurt/Main 1974, S. 139 ff.

Kunsemüller, J., „Die Verleger und die technisch vermittelte Kommunikation." Anlage zum Protokoll der Verlegerausschuß-Sitzung des Börsenvereins des Deutschen Buchhandels am 5. März 1975, Punkt XII der Tagesordnung

Leisner, W., Werbefernsehen und öffentliches Recht, Berlin 1967

Lenk, K., „Gesellschaftliche und politische Implikationen der Breitbandkommunikation", in: Informationspolitik und Informationsrecht — Eine Vortragsfolge des Deutschen Dokumentartags 1974 (= DGD-Schrift [Präs.-11] 8/74), Frankfurt/Main 1974, S. 75 ff.

Lieb, W., Kabelfernsehen und Rundfunkgesetze, Berlin 1974

Löffler, M., Presserecht, Bd. I, 2. Auflage, München 1969

Maunz/Dürig/Herzog, Grundgesetz, Kommentar, 4. Auflage, München 1974

Münch, von J. (Hrsg.), Grundgesetz. Kommentar, Frankfurt/Main 1974

Peter, K. F., Moderne Rechts- und Steuerberatung mit EDV, Herne 1973

Ramseger, G., „Der Markt", in: Buchmarkt 1974 H. 9, S. 2 f.

Schwabe, J., „Der Staat als Informationsmedium", in: ZRP 1975, S. 48

Sellier, A., „Das Millionending", in: Buchmarkt 1974, H. 9, S. 6 f.

Simitis, S. (1), Informationskrise des Rechts und Datenverarbeitung, Karlsruhe 1970

Simitis, S. (2), „Gesellschaftspolitische Implikationen juristischer Dokumentationssysteme", in: DVR 1974, S. 1 ff.

Stammler, Die Presse als soziale und verfassungsrechtliche Institution, Berlin 1971

Steinmüller, W., u. a., Grundfragen des Datenschutzes. Gutachten, BT-Drucks. VI/3826 S. 5 ff.

Stern/Burmeister, Die kommunalen Sparkassen, Stuttgart/Berlin/Köln/Mainz 1972

Thiele, W., Wirtschaftsverfassungsrecht Göttingen 1974

Uhlig, S., „Das Juristische Informationssystem als rechtliches und rechtspolitisches Problem", in: Informationspolitik und Informationsrecht — Eine Vortragsfolge des Deutschen Dokumententags 1974 (= DGD-Schrift [Präs.-11] 8/74), Frankfurt/Main 1974, S. 25 ff.

Zielinski, D., „Die Juristische Bundesdatenbank als rechtspolitisches Problem", in: JZ 1971, S. 409 ff.

Rechtsprechung

Bundespatentgericht

Datum: 28. 5. 1973
Az: 17 W (pat) 71/70
Normenkette: PatG § 1 Abs 1

Leitsätze:

1. Ein Verfahren zum Umsetzen von zweistelligen binärcodierten Dezimalzahlen unter Verwendung von Teilen einer Datenverarbeitungsanlage in reine Binärzahlen, wobei beherrschbare Naturkräfte, nämlich die physikalischen Eigenschaften der verwendeten Schaltkreise der Datenverarbeitungsanlage eingesetzt werden und dadurch ein kausal vorhersehbarer Erfolg erreicht wird, ist nach den allgemeinen, bisher von Lehre und Rechtsprechung aufgestellten Grundsätzen patentierbar (vergleiche BGH 27. 3. 1969 X ZB 15/67 = BGHZ 52, 74–85 = GRUR 1969, 672–674 – Rote Taube –).

2. Die Frage der Patentfähigkeit von Rechenprogrammen braucht daher nicht entschieden zu werden, da sie sich beim vorliegenden Verfahren nicht stellt.

Beschluß

In der Beschwerdesache

der *Western Electric Company Incorporated,* New York, N. Y. (V.St.A.)

Anmelderin und Beschwerdeführerin

Vertreter: Patentanwälte Dipl.-Ing. *P. G. Blumbach,*
Dipl.-Phys. Dr. *W. Weser,* Dipl.-Ing. Dr jur *P. Bergen,*
6200 Wiesbaden, Sonnenberger Straße 43,
Dipl.-Ing. *H. Bardehle,* 8000 München 26, Postfach 4

betreffend die Patentanmeldung P 14 74 091.1–53

hat der 17. Senat (technischer Beschwerdesenat XII) des Bundespatentgerichts in der Sitzung vom 28. Mai 1973 unter Mitwirkung des Vorsitzenden Richters Dipl.-Ing. *Heinrich* folgenden Beschluß erlassen.

Der Beschluß der Prüfungsstelle für Klasse 42 m³ des Deutschen Patentamts vom 9. Juni 1970 wird aufgehoben.

Die Patentanmeldung ist mit der Bezeichnung „Verfahren zum Umsetzen von zweistelligen binärcodierten Dezimalzahlen in reine Binärzahlen" bekanntzumachen.

Anmeldetag ist der 2. Oktober 1964.

Die Priorität der Anmeldung in den Vereinigten Staaten von Amerika vom 9. Oktober 1963 ist in Anspruch genommen. (Aktenzeichen der Erstanmeldung: 315 050)

Der Bekanntmachung sind folgende Unterlagen zu Grunde zu legen:
Beschreibung, Seiten 1 bis 16, zuletzt eingegangen am 7. Mai 1973;
Patentanspruch, eingegangen am 20. Februar 1973;
1 Blatt Zeichnung, zuletzt eingegangen am 7. Mai 1973
sowie Erfinderbenennung, eingegangen am 2. Oktober. 1964

Im Patentanspruch wurde antragsgemäß in der vorletzten Zeile das Wort „Binärziffer" durch das Wort „Dezimalziffer" ersetzt.

Gründe

Die nunmehr ein

Verfahren zum Umsetzen von zweistelligen binärcodierten Dezimalzahlen
in reine Binärzahlen

betreffende Patentanmeldung ist am 2. Oktober 1964 unter Beanspruchung der Priorität der Erstanmeldung in den Vereinigten Staaten von Amerika vom 9. Oktober 1963 eingereicht und am 21. August 1969 offengelegt worden. Die nach dem 1. Oktober 1968 antragsgemäß fortgesetzte Prüfung hat mit Beschluß der Prüfungsstelle für Klasse 42 m³ des Deutschen Patentamts vom 9. Juni 1970 zur Zurückweisung der Anmeldung geführt. In den Gründen des Zurückweisungsbeschlusses ist dargelegt, daß der Anmeldungsgegenstand im Hinblick auf den durch die DT-PS 1 035 943 gegebenen Stand der Technik nicht die erforderliche Erfindungshöhe aufweise. Im übrigen habe die Anmelderin an der für den Anmeldungsgegenstand nicht zutreffenden Patentkategorie „Verfahren" festgehalten, ohne die hierzu im Bescheid vom 8. Mai 1970 getroffenen Feststellungen der Prüfungsstelle sachlich zu widerlegen.

Gegen die Zurückweisung der Anmeldung hat die Anmelderin Beschwerde eingelegt. Sie beantragt, den angefochtenen Beschluß aufzuheben und die Anmeldung bekanntzumachen unter Zugrundelegung des Patentanspruchs vom 20. Februar 1973 und der am 7. Mai 1973 eingegangenen Beschreibung und Zeichnung. Hilfsweise beantrag die Anmelderin die Anberaumung eines Termins zur mündlichen Verhandlung.

Der einzige Patentanspruch lautet:

„Verfahren zum Umsetzen von zweistelligen binärcodierten Dezimalzahlen in reine Binärzahlen, unter Verwendung einer Datenverarbeitungsanlage mit einem Schieberegister, mit einer Prüfschaltung zum Prüfen des Inhalts von Speicherplätzen in dem Schieberegister und mit einer Addierschaltung zum Addieren einer binären „1" zum Inhalt eines Speicherplatzes des Schieberegisters, gekennzeichnet durch folgende Verfahrensschritte:

a) Verschieben der binärcodierten Dezimalzahl in dem Schieberegister, bis die Binärziffernposition niedrigster Wertigkeit der an höchster Stelle stehenden Dezimalziffer in einem ersten Speicherplatz des Schieberegisters auftritt;

b) Überprüfen des Inhalts des ersten Speicherplatzes des Schieberegisters mit Hilfe der Prüfschaltung auf das Vorhandensein eine binären „1" oder einer binären „0";

c) auf die Feststellung einer binären „0" Wiederholen der Schritte a) und b) für die nächste Binärziffernposition der an höchster Stelle stehenden Dezimalziffer;

d) auf die Feststellung einer binären „1" an der i-ten Binärziffernposition der an höchster Stelle stehenden Dezimalziffer hin Löschen der festgestellten binären „1";

e) auf die Löschung der zuletzt genannten binären „1" hin Verschieben des Inhalts in dem Schieberegister, bis die (i + 1)te Binärziffernposition der an nächstniederer Stelle stehenden Dezimalziffer in einem zweiten Speicherplatz des Schieberegisters auftritt;

f) Addieren einer binären „1" zu dem Inhalt des zweiten Speicherplatzes des Schieberegisters durch die Addierschaltung;

g) Verschieben des Inhalts des Schieberegisters, bis die (i + 3)te Binärziffernposition der an der genannten nächstniederen Stelle stehenden Dezimalziffer in dem zweiten Speicherplatz des Schieberegisters auftritt;

h) Addieren einer binären „1" zu dem Inhalt des zweiten Speicherplatzes des Schieberegisters;

i) Wiederholen der Schritte a) bis h), bis sämtliche Binärziffernpositionen der an höchster Stelle stehenden Dezimalziffer geprüft sind; und

j) Verschieben des Inhalts des Schieberegisters, bis die Binärziffernposition niedrigster Wertigkeit der durch die Schritte a) bis i) gebildeten Binärzahl in demjenigen Speicherplatz des Schieberegisters auftritt, in dem ursprünglich die Binärziffernposition niedrigster Wertigkeit der Dezimalziffer aufgetreten ist, die an der genannten nächstniederen Stelle gestanden hat."

Zur Begründung der Beschwerde führt die Anmelderin ua aus:

Gemäß der Lehre der DT-PS 1 035 943, auf die sich der Zurückweisungsbeschluß im wesentlichen stütze, erfolge die Umsetzung einer in Tetradenform vorliegenden Dezimalzahl in eine reine Binärzahl dadurch daß jeweils sämtliche binärcodierten Dezimalziffern in aufeinanderfolgenden Schritten um eine Stelle verschoben würden. Im Falle eines in Dezimalform geschriebenen Bruches entspräche die dabei vorgenommene Verschiebung nach links einer Multiplikation jeweils sämtlicher binärcodierten Dezimalziffern mit dem Faktor 2. Nach jeder derartigen Verschiebung sei eine Prüfung auf das Auftreten von Pseudotetraden bzw Überträgen aus einer Tetrade in die nächste und gegebenenfalls die Anbringung entsprechender Korrekturen notwendig. Beim erfindungsgemäßen Verfahren werde dagegen ein gänzlich anderer Weg gegangen, wie sich aus den im Kennzeichen des geltenden Anspruchs angegebenen Verfahrensschritten eindeutig ergebe. Der neue Patentanspruch beschreibe den Anmeldungsgegenstand wie bisher als Verfahren, womit man nach Überzeugung der Anmelderin seinem Wesen am besten gerecht werde. Nachdem von der Prüfungsstelle im Bescheid vom 8. Mai 1970 darauf hingewiesen worden sei, daß der Anmeldungsgegenstand nicht in die aKtegorie „Verfahren" eingeordnet werden könne und auch im Zurückweisungsbeschluß diese Auffassung beibehalten worden sei, bitte die Anmelderin, die Richtigkeit der von ihr gewählten Patentkategorie „Verfahren" zu bestätigen, da im Falle der Bekanntmachung der Anmeldung in einem möglichen Einspruchsverfahren diese Frage wieder aufgeworfen werden könnte. Durch eine entsprechende Feststellung des Senats, der in ähnlichen Fällen (Beschlüsse vom 20. Juni 1969 zu 17 W [pat] 9/65 und vom 14. Mai 1970 zu 17 W [pat] 6/68) Verfahrensansprüche zugelassen habe, könne ein Einspruchsverfahren unter Umständen abgekürzt werden.

Die in rechter Form und Frist eingelegte Beschwerde ist zulässig. Sie hat auch Erfolg.

Die Anmeldung bezieht sich auf ein Verfahren zum Umsetzen von zweistelligen binärcodierten Dezimalzahlen in reine Binärzahlen unter Verwendung einer Datenverarbeitungsanlage.

Die Anmelderin geht davon aus, daß die bekannten Verfahren dieser Art (DT-PS 1 035 943, US-PS 3 026 035) auf einem Algorithmus beruhten, nach welchem die in Tetradenverschlüsselung vorliegenden Dezimalzahlen schrittweise durch eine Division durch 2 (im Falle eines echten Dezimalbruches durch eine Multiplikation mit 2) in reine Binärzahlen umgewandelt würden, was durch eine schrittweise Verschiebung in einem Schieberegister um jeweils eine Stelle nach rechts bzw links erzielt werde. Die bei diesen Verschiebevorgängen aus dem Schieberegister heraustretenden Binärwerte ergäben die Stellenwerte der reinen Binärzahlen, wobei jedoch beim Auftreten von Pseudotetraden bzw Überträgen Korrekturen erforderlich seien. Die apparative Verwirklichung des genannten Algorithmus erfordere relativ komplizierte Verknüpfungsschaltungen und einen aufwendigen Steuermechanismus.

Der Anmeldung liegt daher die Aufgabe zugrunde, einen Weg zu zeigen, wie auf wesentlich einfachere Weise eine Umsetzung von zweistelligen binärcodierten Dezimalzahlen in reine Binärzahlen vorgenommen werden kann.

Gelöst wird diese Aufgabe durch das im Patentanspruch gekennzeichnete Verfahren.

A

Dem Senat ist bekannt, daß durch das Urteil des Supreme Court of the United States vom 20. November 1972 die US-Patentanmeldung, auf deren Priorität die hier zu behandelnde deutsche Patentanmeldung beruht, mangels Patentierbarkeit des dort beanspruchten Verfahrens zurückgewiesen worden ist. Es ist daher im vorliegenden Fall zweckmäßig zunächst zu prüfen, ob der Gegenstand des Patentanspruchs vom 20. Februar 1973 nach deutschem Recht dem Patentschutz zugänglich ist. Der Senat sieht sich jedoch weder in der Lage, noch besteht hierzu eine Veranlassung, zur Frage der Patentfähigkeit von Rechnerprogrammen grundsätzlich Stellung zu nehmen oder sich auch nur mit dem Urteil des Supreme Court kritisch auseinanderzusetzen.

Der Anmeldungsgegenstand legt nicht außerhalb dessen, was bisher vom Deutschen Patentamt oder vom Bundespatentgericht als patentfähig angesehen wurde (vgl zB DT-PS 1 035 943 [*Händler, Leilich*] oder die nicht veröffentlichte Entscheidung des erkennenden Senats vom 14. Mai 1970 zu 17 W [pat] 6/68). Der vorliegende Fall ist somit schon von der Sache her nicht geeignet, Ansatzpunkt zu sein für die Erörterung der äußerst komplexen und die unterschiedlichsten Aspekte berührenden grundsätzlichen Frage (vgl zB *Beier*, „Zukunftsprobleme des Patentrechts" in GRUR 1972, 214–225, insbesondere 218–220), ob bzw inwieweit Rechnerprogramme (nach deutschem Recht) dem Patentschutz zugänglich sind. Die Stellungnahme zu dieser Frage würde im übrigen das Vorliegen einer für die patentrechtliche Würdigung verbindlichen Definition des Begriffes „Rechnerprogramm" erfordern. Da diese Voraussetzung nicht gegeben ist, müßte schon deshalb der Versuch scheitern, über den zu verhandelnden Fall hinausgehende grundsätzliche Erwägungen zur Patentierbarkeit von Rechnerprogrammen anzustellen.

B

Der Senat hält es vielmehr für sachdienlich, sich auf die Prüfung der vorliegenden Anmeldung zu beschränken und anhand der üblichen, durch die Rechtsprechung gesicherten Kriterien zu untersuchen, ob der Gegenstand dieser Anmeldung nach deutschem Recht dem Patentschutz zugänglich ist.

1. Der BGH geht in seinem Beschluß vom 27. März 1969 X ZB 15/67 – Rote Taube – (GRUR 1969, 672–674) davon aus, daß eine Lehre zum planmäßigen Handeln unter Einsatz beherrschbarer Naturkräfte zur Erreichung eines kausal übersehbaren Erfolgs dem Patentschutz zugänglich ist. Nach dem in Rede stehenden Verfahren sollen zweistellige binärcodierte Dezimalzahlen umgesetzt werden. Hierfür wird eine Lehre zu planmäßigem Handeln gegeben, wobei beherrschbare Naturkräfte, nämlich die physikalischen Eigenschaften der verwendeten Schaltkreise der Datenverarbeitungsanlage, eingesetzt werden und ein kausal vorhersehbarer Erfolg erreicht wird. Dabei ist es ohne Belang, ob es sich um fest verdrahtete Schaltkreise handelt oder ob die Schaltkreisverbindungen durch einen Steuermechanismus im Bedarfsfall jeweils hergestellt werden. In beiden Fällen läuft die Umsetzung vollautomatisch und ohne weitere Einwirkung oder Mithilfe geistiger menschlicher Kräfte ab. Der Anmeldungsgegenstand ist mithin dem Patentschutz zugänglich.

2. Zum gleichen Ergebnis kommt man, wenn, wie im zitierten Beschluß des erkennenden Sinn der Einsatz technischer Mittel zu einem technischen Zweck ist (vgl auch *Benkard*, Patentgesetz, 5. Auflage, Randnummern 2 und 3 zu § 1). Daß die Durchführung des beanspruchten Verfahrens verwendeten Mittel, nämlich Teile einer Datenverarbeitungsanlage, technisch sind, unterliegt keinem Zweifel. Da der durch die kennzeichnenden Verfahrensschritte näher definierte Einsatz dieser Mittel selbsttätig, dh ohne Mitwirkung des Menschen, erfolgt, können auch in dieser Hinsicht bezüglich der technischen Natur des Anmeldungsgegenstandes keine Bedenken bestehen. Schließlich dient das beanspruchte Verfahren zweifellos einem technischen Zweck. Die Anmelderin hat in der neuen Beschreibung im ersten Absatz der Seite 8 ausgeführt, daß die Umsetzung binärcodierter Dezimalzahlen in reine Binärzahlen beispielsweise bei der binären Weiterverarbeitung von Fernsprechwählsignalen stattfinde, die in binärcodierter Dezimalform vorlägen. Der technische Zweck dieser Umsetzung ist offensichtlich.

3. Es kann auch nicht gegen den technischen Charakter des beanspruchten Verfahrens sprechen, daß im Patentanspruch Ausdrücke, wie „binärcodierte Dezimalzahl" bzw „reine Binärzahl" enthalten sind, da diese Ausdrücke lediglich eine anschauliche Umschreibung physikalischer Zustände in dem verwendeten Schieberegister darstellen, der Bedeutungsinhalt der genannten Begriffe hingegen lediglich für den verfolgten Zweck eine Rolle spielt, nicht jedoch für die technische Durchführung des Verfahrens (vergleiche Beschluß des BGH vom 23. März 1965, veröffentlicht in Mitt 1965, 114–116).

Der Anmeldungsgegenstand ist mithin nach Auffassung des erkennenden Senats technischer Natur und nach deutschem Recht dem Patentschutz zugänglich.

C

1. Das beanspruchte Verfahren ist offensichtlich neu.

Die von der Anmelderin selbst genannte *US-PS 2 970 765 (Bird)* betrifft eine Vorrichtung zur Umsetzung von Zahlen eines ersten Zahlensystems in Zahlen eines zweiten Zahlensystems insbesondere von Binärzahlen in Dezimalzahlen, bei der Äquivalentwerte für

Werteinheiten des zweiten Zahlensystems in entsprecher Staffelung und Reihenfolge in der Notation des ersten Zahlensystems gespeichert vorliegen. Die Umsetzung erfolgt durch Addition bzw Subtraktion der relevanten Äquivalentwerte. Die bekannte Vorrichtung unterscheidet sich vom Anmeldungsgegenstand schon dadurch, daß bei ihr ein besonderer Speicher für die Äquivalente im anderen Zahlensystem vorhanden ist, dem die zur Umsetzung benötigten Werte entnommen werden müssen.

Die *DT-PS 1 035 943 (Händler, Leilich)* beschreibt eine Einrichtung zur Konvertierung von Dezimalzahlen in Binärzahlen oder umgekehrt, bei der zB ein echter Dezimalbruch in einen Binärbruch umgewandelt wird, indem schrittweise nacheinander mit 2 multipliziert wird. Nach der ersten Multiplikation sagt die erste Stelle (Übertrag) vor dem Komma an, ob der Faktor $^1/_2 = 2^{-1}$ in dem zugehörigen Binärbruch vorkommt oder nicht. Schrittweise kann durch fortgesetzte Multiplikationen die ganze Binärzahl als Zahl links vor dem Komma gefunden werden. Technisch erfolgen diese Operationen durch schrittweises Verschieben der in ziffernmäßiger binärverschlüsselter Form (BCD-Form) in ein Schieberegister eingebrachten Dezimalzahl. Ferner ist je Dekade ein Verknüpfungsnetzwerk erforderlich, welches zwischen 2 Verschiebungen um eine Stelle eine Prüfung des Dezimalteils auf Auftreten von nicht gültigen Tetraden und gegebenenfalls von Überträgen vornimmt und entsprechende Korrekturen in der betreffenden Tetrade durchführt. In ähnlicher Weise werden ganze Dezimalzahlen in die äquivalenten Binärzahlen durch schrittweise Division durch 2 umgesetzt (schrittweises Verschieben der in BCD-Form in einem Schieberegister befindlichen Dezimalzahl nach rechts). Es findet somit ein völlig anderer Algorithmus Verwendung, so daß keine Übereinstimmung vorliegt zwischen dem Verfahren, nach welchem die bekannte Vorrichtung arbeitet, und dem anmeldungsgemäßen Verfahren.

Die von der Anmelderin schließlich noch eingeführte *US-PS 3 026 035 (Couleur)* zeigt die Umsetzung von Dezimalzahlen in ihre binären Äquivalente gleichfalls unter Verwendung des oben beschriebenen Algorithmus (wiederholte Division durch 2). Diese Druckschrift kommt mithin dem Anmeldungsgegenstand nicht näher als die eingehend abgehandelte DT-PS 1 035 943.

2. Der mit dem Anmeldungsgegenstand erzielte technische Fortschritt ist in der neuen Beschreibung, Seite 4 letzter Absatz und Seite 5 letzter Absatz, glaubhaft gemacht. Die schaltungsmäßigen Vorteile (zB Fehlen der Korrekturnetzwerke) sind augenfällig.

3. Die Erfindungshöhe des angemeldeten Verfahrens ist ausreichend.

Der gemäß der vorliegenden Anmeldung verwendete Algorithmus sieht vor, zu dem bereits als reine Binärzahl vorhandenen Wert der untersten Dekade die binären Äquivalente der in der Zehnerdekade binärverschlüsselten Dezimalzahl zu addieren. Im Ausführungsbeispiel, nach welchem die in BCD-Form vorliegende Dezimalzahl 53 in ihr binäres Äquivalent umgesetzt werden soll, werden zu der Binärzahl 0011 und Einerdekade die Binärzahlen 1000 und 10 sowie 100 000 und 1000 addiert, also die binären Äquivalente der Dezimalzahlen 8, 2, 32 und 8 (= 50), womit die Umsetzung erfolgt ist. Dieser Algorithmus wird im Prinzip schon bei der Einrichtung gemäß der US-PS 2 970 765 (Bird) angewendet. Doch sind dort die binären Äquivalente (zB für den Dezimalwert 20) nicht in die binären, nur eine einzige binäre „1" enthaltenden (Einheits-)Werte (zB 10 000 und 100, dezimal 16 und 4) aufgelöst. Auch sind im bekannten Fall die binären Gleichwerte in einem Speicher gespeichert, dem sie bei Bedarf entnommen werden müssen, während beim Anmeldungsgegenstand die binären Äquivalente durch die Addition einer binären „1" an der entsprechenden Wertstelle der zu bildenden Binärzahl erzeugt werden. Hierfür bietet der Stand der Technik kein Vorbild. Es spricht nicht gegen die Erfindungsqualität des Anmeldungsgegenstandes, daß der ihm zugrunde liegende Algorithmus im Prinzip nicht mehr neu ist, da sich das beanspruchte Verfahren nicht in der schlichten maschinengerechten Anwendung der für sich ohnehin mangels technischer Natur nicht patentfähigen Rechenregel erschöpft. Dazu kommt noch der Gedanke, auf die Speicherung der binären Äquivalente in einem besonderen Festwertspeicher zu verzichten und die benötigten Gleichwerte erst bei Bedarf zu bilden. Auch dies hebt den Anmeldungsgegenstand erfinderisch über den durch die USA-PS 2 970 765 gegebenen Stand der Technik hinaus.

Schließlich ist zu berücksichtigen, daß der in keiner Weise durch das Bekannte nahegelegte Gedanke, die zu diesem Zeitpunkt nicht mehr erforderliche binäre „1" gemäß dem Verfahrensschritt d) zu löschen, eine einfache maschinelle Verwirklichung der angestrebten Umsetzung ermöglicht. Die DT-PS 1 053 943 und die US-PS 3 026 035 konnten schon wegen des völlig anderen Algorithmus keine Anregung für die Findung des Anmeldungsgegenstandes liefern. Daß in den 3 bekannten Umsetzvorrichtungen jeweils Schieberegister, Additionsstufen und dergleichen verwendet werden, ist dem Anmeldungsgegenstand nicht abträglich. Abgesehen davon, daß die Verwendung derartiger Schaltkreise bei den in Rede stehenden Umsetzern von der Anmelderin selbst als bekannt vorausgesetzt und durch die Fassung des Oberbegriffs des Patentanspruchs berücksichtigt ist, kommt es ausschließlich auf die Art und Weise der Verwendung der an sich bekannten Bauteile an. Der anmeldungsgemäße Betrieb des Schieberegisters und der mit ihm zusammenwirkenden Schaltkreise wird jedenfalls durch den Stand der Technik nicht nahegelegt, da er eng mit dem verwendeten Verfahren zur Zahlenumsetzung verknüpft ist und dieses, wie dargelegt, ausreichende Erfindungsqualität besitzt.

D

Gegen die Fassung des Patentanspruchs als Verfahrensanspruch bestehen keine Bedenken.

Es kann dahinstehen, ob die im vorliegenden Fall in Verbindung mit einer Datenverarbeitungsanlage beanspruchte Ablauffolge von einzelnen Schritten nach der Definition in Rechtsprechung und Literatur (BPatGerE 7, 15–20, insbesondere 16 und 17; BPatGerE 8, 136–143; jeweils mit weiteren Nachweisen) als Arbeitsverfahren im strengen Sinn des Wortes anzusprechen ist, nachdem dabei, wie in der Datenverarbeitung üblich, eine Veränderung der physikalischen Zustände der behandelten Objekte, nämlich der Baugruppen der Datenverarbeitungsanlage – hier des Schieberegisters –, eintritt. Da es sich bei den Verfahren auf dem Gebiet der Datenverarbeitung in der Regel – im vorliegenden Fall mit Sicherheit – um kein *Herstellungs*verfahren im Sinne des Patentgesetzes mit den damit verbundenen (unterschiedlichen) Rechtsfolgen handelt, kommt es nicht entscheidend darauf an, ob für einen Gegenstand aus der Technik der Datenverarbeitung durch einen Vorrichtungsanspruch oder einen Verfahrensanspruch Patentschutz begehrt wird. Die Beantwortung dieser Frage wird im wesentlichen vom Bekannten und von der Notwendigkeit der Offenbarung einer durch den Fachmann nacharbeitbaren technischen Lehre abhängen. Ist durch den Stand der Technik das Verfahren als bekannt nachgewiesen, als nahegelegt anzusehen oder fehlt ihm die notwendige Fortschrittlichkeit, versteht es sich von selbst, daß dann für einen Verfahrensanspruch kein Raum mehr ist. In diesem Fall bestünde höchstens noch die Möglichkeit, eine Vorrichtung (zur Durchführung des nicht mehr patentfähigen Verfahrens) zu beanspruchen. Wenn auch der erkennende Senat nach wie vor die in seinem Beschluß vom 17. September 1964 (BPatGerE 7, 12–15) vertretene Auffassung beibehält, daß für den Hauptanspruch die allgemeinste Fassung des Erfindungsgedankens anzustreben ist, findet dies natürlich dort seine Grenze, wo die Offenbarung einer nachvollziehbaren Anweisung zu technischem Handeln nicht mehr gegeben ist. Wenn jedoch die genannten Bedingungen (Neuheit, Erfindungshöhe, Fortschrittlichkeit sowie ausreichende Offenbarung einer technischen Lehre) erfüllt sind, besteht keine Veranlassung, beim Anmelder auf die Aufstellung von Vorrichtungsansprüchen hinzuwirken.

Im vorliegenden Fall hat die Prüfung ergeben, daß nach dem augenblicklichen Stand der Ermittlungen das beanspruchte Verfahren neu, technisch fortschrittlich und ausreichend erfinderisch ist. Durch den Patentanspruch wird auch eine nachvollziehbare technische Lehre vermittelt. Der angesprochene Fachmann ist ohne weiteres in der Lage, das im Patentanspruch angegebene Verfahren mittels einer festverdrahteten Schaltungsanordnung oder durch zweckmäßige Zusammenschaltung der entsprechenden Teile einer datenverarbeitenden Anlage zu verwirklichen.

E

Da nach allem die Erteilung des nachgesuchten Patents nicht ausgeschlossen erscheint, war der angefochtene Beschluß aufzuheben. Nachdem geeignete Unterlagen vorliegen, konnte auch die Bekanntmachung der Anmeldung angeordnet werden. Der hilfsweise gestellte Antrag auf Anberaumung eines Termins zur mündlichen Verhandlung kam mithin nicht zum Tragen.

Heinrich Rehbein Spitznagel Böxler

Literatur

C. West Churchman, Einführung in die Systemanalyse

verlag moderne industrie (Wolfgang Dummer & Co.), München. 2. Auflage. 1971. 244 S. Leinen. DM 36,–

Dieses Buch in der deutschen Übersetzung von Dipl.-Ing. *Harald Ern*st ist kein Lehrbuch der Systemanalyse, auch kein einführendes Lehrbuch, sondern vielmehr eine Auseinandersetzung mit ihren Grundlagen, Aufgaben, Möglichkeiten, Problemen und Grenzen. Verschiedene Standpunkte kommen durch das ganze Werk hindurch immer wieder zu Wort: jene die nach Effizienz suchen (und über der Effizienz der einzelnen Teile eines Systems oft den Gesamtnutzen übersehen); die Wissenschaftler (wobei eins der 14 Kapitel noch speziell der Gegenüberstellung von Wirtschaftswissenschaftler und Verhaltensforscher gewidmet ist); die „Humanisten", die nach den menschlichen Werten fragen; die „Antiplaner", die überwiegend davon überzeugt sind, daß Erfahrung und Cleverness das Gütezeichen eines guten Managers sind.

Mehrere breit dargestellte Fallstudien (Be- und Entladungssystem des Hafens von San Franzisko, Informationssystem des Staates Californien, Programmplanung und -budgetierung zur Bekämpfung des Alkoholismus u. a.) basieren auf den Originalarbeiten in der Fachliteratur und machen das Buch flüssig lesbar. An diesen Beispielen wird der Leser in die Grundideen einiger Methoden engeführt, die in der Systemanalyse eine besondere Rolle spielen, so der Input-Output-Analyse, der Netzplantechnik und der Problematik und Systematik der Planung, der das längste Kapitel gewidmet ist.

Wer das Buch aufmerksam gelesen hat, ist damit noch lange nicht zu einem Systemanalytiker geworden, aber er hat sicherlich viele falsche und zu stark vereinfachte Vorstellungen revidiert und einen kleinen Einblick in die Schwierigkeiten und Problematiken dieser noch lange nicht ausgereiften Wissenschaft erhalten. Er wird sich nicht mehr darüber wundern, daß viele Systemanalysen erfolglos bleiben und eingestellt werden, und er wird nicht mehr den Ruf nach einer Systemanalyse für das Zauberwort halten, das alle Problem löst.

Die am eindringlichsten vorgebrachte Botschaft des Autors lautet: Jedes System muß in seiner Umgebung betrachtet werden, und die ist immer noch größer, ja letztlich gehört die Systemanalyse selbst zum analysierenden System. Aus einer anderen Sicht betrachtet bedeutet das: Auf welchen Standpunkt man sich auch stellen mag, ist man doch stets Voreingenommenheiten und Täuschungen erlegen. Die Natur der Systeme besteht in einer kontinuierlichen Nachprüfung der Welt: des Gesamtsystems und seiner Komponenten. So schließt der eigentliche Text (es folgen Übungsaufgaben zum Systemdenken und Hinweise auf weitere Literatur) mit vier Prinzipien:

1. Die Systemanalyse beginnt dann, wenn Du die Welt zuerst mit den Augen des anderen betrachtest.
2. Die Systemanalyse fährt fort aufzuzeigen, daß jede Weltsicht fürchterlich eingeengt ist.
3. Es gibt keine Experten in der Systemanalyse.
4. Die Systemanalyse ist keine schlechte Idee.

Friedrich Gebhardt

Informationsverhalten und Informationsbedarf von Juristen

DVR Beiheft 2, Teil 1: Analyse-Bd. J. Schweitzer Verlag, Berlin. 1974. VIII, 146 Seiten. Kartoniert DM 38,–

Die „Informationskrise im Recht" ist zum gängigen Schlagwort geworden, das durch die ständig anwachsende Flut von Urteilen, Aufsätzen, Büchern, Kommentaren usw scheinbar belegt wird. Ganz selbstverständlich wird Abhilfe vom Einsatz der Datenverarbeitung erwartet. Indes haben die bisherigen Untersuchungen gezeigt, daß es neben den ungelösten (teilweise vermutlich unlösbaren) **Methodenproblemen** beim Aufbau juristischer Datenbanken ein weiteres Problem gibt, das **empirischer** Art ist. Es ergibt sich daraus, daß äkaum bekannt ist, wie sich der juristische Informationsprozeß in der Realität vollzieht. Fakten, welche das verbreitete intuitive Unbehagen vieler Juristen angesichts des Informationswesens im Recht konkretisieren und so die (elektronischen) Abhilfe greifbar machen, fehlten bislang so gut wie ganz. Das hat vermutlich mehrere Ursachen: Bereits vom Beginn der juristischen Ausbildung an lernt der junge Jurist, die Literatursuche als integrierenden Bestandteil seiner Arbeit zu begreifen, obwohl sie das nicht ist. Mit jeder Suche ist ein Lernprozeß verbunden; insoweit kann auch für den konkreten Fall gerade nicht relevante Literatur ein Gewinn sein. Die Informationsverbreitung durch Redundanz spielt im Recht eine besonders große Rolle; ständige Wiederholungen ähnlicher Argumente und Gedanken sind daher die Regel. Weiter führt das Streben nach Konsens zum Gebrauch vieler Worte; der Jurist liefert nicht nur Lösungen, sondern auch Begründungen, mit denen er überzeugen will. Und schließlich muß der Jurist die Brücke zwischen Gesetz und Sachverhalt schlagen, muß beides in die „Entsprechung" bringen, was dazu führt, daß das Gesetz sich mit jedem neuen Fall verändert: das Gesetz ist die Summe seiner bisherigen Anwendungen plus ein Fragezeichen, das in die Zukunft weist. – So verwundert es nicht, daß bei den bisherigen Vorarbeiten für das Jurstische Informationssystem (JURIS) die Erforschung der Benutzerbedürfnisse der Juristen als eine wichtige Aufgabe erkannt wurde.

Den Worten sind inzwischen Taten gefolgt. Im August 1972 beauftragten der Bundesminister der Justiz und die Gesellschaft für Mathematik und Datenverarbeitung Infratest-Sozialforschung mit der Durchführung eines sozialwissenschaftlichen Untersuchungsprogrammes zur Erforschung dieser 'Problematik angesichts des zu erwartenden Einsatzes elektronischer Datenbanken. Dem waren Gruppendiskussionen mit Richtern und Staatsanwälten, Rechtsanwälten, Steuerberatern und Wirtschaftsprüfern sowie Hochschullehrern und Studenten vorangegangen, bei denen sich vier Schwerpunkte ergeben hatten: 1. das aktuelle berufliche Informationsverhalten, 2. die angegebenen Mängel bei der aktuellen Informationsbeschaffung, 3. die subjektiven Informationsbedürfnisse und 4. die Erwartungen und Enstellungen zu einer juristischen Datenbank. Diese Ergebnisse führten zu einem Fragebogen, der in Zusammenarbeit mit der Projektgruppe 'Juristisches Informationssystem' entwickelt, getestet, modifiziert und schließlich für die Hauptuntersuchung verabschiedet wurde. Diese wurde im Jahre 1972 durch etwa 450 Interviewer in Deutschland und West-Berlin durchgeführt; dabei wurden 2550 Juristen befragt. Der Bericht hierüber liegt jetzt vor; daneben wurde ein Tabellenband hergestellt, dessen Publikation vorgesehen ist.

Dem Leser fällt auf, daß die Untersuchung sich auf das konzentriert, was ist, nicht auf das, was sein sollte oder sein könnte. Diese Zielsetzung wird durch eine Forschungshypothese bestimmt, die besagt, daß die Chancen der Nutzung neuer Informationssysteme in dem Maße sich vergrößern lassen, in dem diese Informationssysteme tradierten Formen des beruflichen Arbeitsstils und der Arbeitspraxis ihrer potentiellen Nutzer entgegenkommen. So heißt es wörtlich: „Eine 'juristische Informationsdatenbank' vergrößert die Chancen ihrer Nutzung, je mehr sie bisher als 'erfolgreich' beurteilte Verhaltensweisen der Juristen zu berücksichtigen vermag, je mehr ihre Beschaffenheit es erlaubt, erprobte 'erfolgreiche' Arbeitsstile der Juristen beizubehalten und Mißerfolge, wie sie sich bei der bisherigen Informationsbeschaffung einstellen, zu vermeiden." Ob diese Hypothese zutrifft, muß freilich bezweifelt werden. Es ist sehr fraglich, ob der damit eingeschlagene Weg, der auf eine Vervollkommnung tradierter Informationstechniken hinausläuft, der richtige Weg ist. Dazu sei nur beispielhaft auf das Redundanzproblem hingewiesen; die angestrebte Vollständigkeit führt hier zu einem totalen und sinnlosen Informationsüberfluß. Aber ein noch grundsätzlicheres Bedenken muß angemeldet werden: die Juristen verstehen ihre Informationsprobleme traditionell als Literaturprobleme; sie befassen sich mit dogmatischen Konstruktionen und Meinungen, statt mit Fakten. So herrscht denn weitgehend Unsicherheit hinsichtlich des Begriffes 'Sozialdaten'; die sozialen Voraussetzungen und Folgen rechtlicher Entscheidungen sind unbekannt; ihnen wird traditionell keine Aufmerksamkeit geschenkt. In der kybernetischen Welt von morgen wird es aber auf diese Fakten ankommen; es wird nicht mehr genügen, unter eine Norm methodenkorrekt zu 'subsumieren' und dabei alle relevanten Meinungen zu erfassen und abzuwägen, sondern es wird auch darauf ankommen, zu erkennen, welche Auswirkungen die juristische Tätigkeit auf die immer komplizierter werdenden sozialen Systeme hat. Dahin führt aber keine Vervollkommnung der traditionellen juristischen Arbeitsmethoden, sondern nur ein neuer Ansatz, den zu suchen im Zeichen der Datenverarbeitung besonders naheliegt. Mir scheint, daß die selbstverständlich von jedem technischen System zu fordernde Benutzerfreundlichkeit, die bei der Datenverarbeitung besonders wichtig ist (kein Zwang, Programmiersprachen zu erlernen, kein Computer-chinesisch usw), hier zu einem Mißverständnis geführt hat, das die Arbeiten am juristischen Informationssystem in eine nicht unbedenkliche Richtung hin zu verfestigen geeignet ist. Dabei ist es paradox, daß gerade eine empirische Arbeit zu diesem Mißverständnis, das die Juristen von den sozialen Konflikten weg zur papiernen Welt der Meinungen und Argumente (weiter)führt, beiträgt; freilich liegt hier auch der Schlüssel zu diesem Mißverständnis. Von einer sozialwissenschaftlichen Untersuchung kann vernünftigerweise nicht gefordert werden, daß sie aufdeckt, wie die Informationsprozesse im Recht idealerweise ablaufen sollten. Sie kann nur eine Analyse des Ist-Zustandes erbringen. Hiermit wäre die Einschränkung des Forschungsgegenstandes überzeugender begründet als mit einer nicht weiter gestützten und in ihren Konsequenzen bedenklichen Forschungshypothese über die „Chancen" der Nutzung von Informationssystemen.

Diese Einschränkung bedeutet keine Kritik an der Studie selbst, die eine Fülle von interessanten Zahlen und quantitativ faßbaren Ergebnissen liefert. Einige Beispiele: 64 % aller Juristen, darunter fast alle Professoren (93 %) halten Fachzeitschriften für eine 'sehr wichtige' Informationsquelle, um fachlich auf dem laufenden zu bleiben. Das verwundert ebensowenig wie die Tatsache, daß 90 % der Studenten Repetitorien an die erste Stelle setzen (was ein Signal für die Hochschullehrer sein sollte). Eher schon verwundert die Tatsache, daß Studenten Lehrbücher und Monographien, die von Professoren und Assistenten hoch eingeschätzt werden, gleichermaßen unwichtig einschätzen wie Richter und Rechtsanwälte. Warum setzen aber Staatsanwälte die Fachzeitschriften auf Platz 5, Kommentare dagegen auf Platz 1 (wohlgemerkt, es geht um die Aufgabe, fachlich auf dem laufenden zu bleiben. Lesen Staatsanwälte Kommentare?). Daß behördliche Umläufe von Beamten für wichtiger gehalten werden als von den übrigen Juristen, leuchtet ein, auch wenn man es bislang ziffernmäßig nicht belegen konnte. Interessant, daß 58 % aller Juristen die NJW regelmäßig, 16 % sie gelegentlich lesen; nur bei Steuerberatern und Wirtschaftsprüfern nimmt sie nicht den ersten Rang ein. Im übrigen zeigt der Bericht die unterschiedliche Bedeutung einzelner Zeitschriften für verschiedene Berufsgruppen; so lesen Staatsanwälte an dritter Stelle die 'Verkehrsrechtlichen Mitteilungen' und an fünfter Stelle den Blutalkohol. Freilich, was soll man darauf folgern? Auf Seite 9 heißt es: „Forschungshypothese war, daß bevorzugte (häufig gelesene) Fachzeitschriften auch Anhaltspunkte für ein benutzerfreundliches juristisches Informationssystem liefern können." Welche Anhaltspunkte? Man hätte es gern genauer erfahren.

Soweit es um die aktuelle, problembezogene Arbeit geht, nehmen natürlich Gesetze den ersten Rang ein. Nur Professoren und Assistenten halten wissenschaftliche Aufsätze in Fachzeitschriften bzw Entscheidungen, die in amtlichen Sammlungen veröffentlicht sind, für etwas wichtiger (was ohne weiteres einleuchtet, denn ihnen geht es nicht um die Lösung konkreter Rechtsfälle, sondern um wissenschaftliche Veröffentlichungen).

Aufschlußreich sind die Ergebnisse hinsichtlich der Suchpraxis der Juristen bei der Informationsbeschaffung. 80 % der Juristen haben eine feste Suchpraxis ausgebildet, die sich aus ihrem Arbeitsstil und ihrer Arbeitspraxis ergibt. Und was steht an erster Stelle? Schlagwortregister und Sachregister. Das stimmt nachdenklich im Hinblick auf die Systematisierungsbemühungen im Recht. Weiter: jeder zweite Jurist will oder kann die Informationssuche nicht delegieren.

Die Zahlen zur quantitativen Beschreibung des Unbehagens an der Informationskrise sehen so aus: Jeder vierte Jurist erhält in der Regel zwischen 90 % und 100 % der gesuchten problemorientierten Informationen, jeder fünfte Jurist zwischen 80 % und 90 %, 17 % erhalten in der Regel zwischen 70 % und 80 % und jeder dritte Jurist erhält weniger als 70% der gesuchten Informationen. In einer Informationssenke, bedingt durch die hierarchische Stellung innerhalb der formalen Organisationen sehen sich vor allem Richter, Staatsanwälte, Verwaltungsjuristen der unteren Ebene, angestellte Anwälte in kleineren Kanzleien und generell jüngere Juristen.

Bei den gewünschten Informationsquellen stehen an erster Stelle Fundstellenangaben zu allen Entscheidungen und zu allen Gesetzen, an vorletzter Stelle alle Lehrbücher im vollen Wortlaut. Bei den gewünschten Suchhilfen stehen die vertrauten Sachregister und Schlagwortregister an erster Stelle. Das zeigt, daß die Juristen nicht genug Phantasie haben, um sich andere Wege vorzustellen. Dementsprechend unklar sind die Vorstellungen, die von der künftigen elektronischen Datenbank gehegt werden. Immerhin: jeder fünfte Jurist ist nicht über den Einsatz der Datenverarbeitung im Recht informiert. Bei den Studenten beträgt die Zahl sogar 73 %.

Genug der Beispiele. Die vielen Zahlen und Ergebnisse des Berichts sind, für sich betrachtet, aufschlußreich und rechtssoziologisch interessant. Ob sie dagegen gerade für den Aufbau des Juristischen Informationssystems wegweisend sind, erscheint mir zweifelhaft. Was ist gewonnen, wenn man liest, die künftige Datenbank müsse in erster Linie schnell, genau, aktuell und vollständig sein? Das eingangs geäußerte zentrale Bedenken wird durch die Lektüre des Berichts nicht widerlegt. Die Verfasser des Berichts betonen im Vorwort, die „Messung des objektiven Bedarfs und der objektiven Bedarfsdeckung juristischer Information" setzte „schwierige und umfangreiche Vorarbeiten für die Erstellung von informationsbezogenen Indikatoren" voraus, die bislang von der Rechtswissenschaft noch nicht geleistet seien. Diese Vorarbeiten müssen geleistet werden, und das setzt, wie ich meine, den Mut zu radikal neuen Ansätzen voraus. Fritjof Haft

Klaus Tiedemann/Christoph Sasse, Delinquenzprophylaxe, Kreditsicherung und Datenschutz in der Wirtschaft

Carl Heymanns Verlag KG, Köln, Berlin, Bonn, München 1973. 177 Seiten.

Die Abhandlung stellt einen weiteren wichtigen Beitrag in der Datenschutzdiskussion dar, an dem niemand vorbeigehen sollte, auch wenn eine „unterschiedliche Beurteilung" – in Auskunfteisprache ausgedrückt – bei einzelnen Passagen zurückbleibt.

In den §§ 1 bis 3 wird das Auskunfteiwesen in wirtschaftlicher und rechtlicher Sicht übersichtlich und komprimiert dargestellt. Die spärlich vorhandene Literatur – meist aus auskunfteinahen Federn – wurde von den Verfassern seit *W. Schimmelpfeng* bis heute vollständig aufgearbeitet, bisher nicht zugängliches Entscheidungsmaterial erschlossen. Ob das gezeichnete Bild für den Kreditsuchenden so positiv zu bewerten ist, wie nach Auffassung der Verfasser, mag dahinstehen.. Es hätte zB erwähnt und untersucht werden sollen, ob die in allen Bundesländern gleichlautenden Verordnungen über die Buchführungs- und Auskunftspflicht von Auskunfteien und Detekteien auch wirklich praktische Bedeutung haben.

§ 4 stellt die Entwicklung des Datenschutzes aus der Sicht der Verfasser dar. Mancher Leser wird für die Übersicht der Literatur und Gesetzgebung dankbar sein. Der „Fair Credit Reporting Act" (FCRA) der USA nimmt verständlicherweise breiten Raum ein, doch kommen die daran geübte Kritik und die Alternativmöglichkeiten de lege ferenda etwas zu kurz.

Kernstück der Abhandlung dürfte die in § 5 niedergelegte vernichtende Kritik am Regierungsentwurf eines Bundesdatenschutzgesetzes (EBDSG) sein. Obwohl die Verfasser mit in wissenschaftlichen Abhandlungen selten anzutreffenden Bemerkungen eine ganze Gruppe von Kritikern des EBDSG pauschal als „übereifrige um rechtspolitische Resonanz bemühte" (S. 108) „datenschutzbeflissene Schriftsteller" (S. 119) hinstellen, welche sich durch „eindimensionale Ausführungen" (S. 134) auszeichnen, kommen sie doch trotz dieser deutlichen Distanzierung zu weitgehend mit dem „Unisono der Datenschützer" übereinstimmenden Ergebnissen. Sehr berechtigte Kritik an redaktionellen Ungereimtheiten des EBDSG (zB zu § 2 Abs. 1) wird zu denken geben. Doch sollte das Ausschlachten redaktioneller Fehler nicht dahin ausarten, berechtigte Ziele des Gesetzesvorhabens ad absurdum zu führen (S. 119). Dem Regierungsentwurf kann „Datenschützertum" im Sinne der Verfasser wohl kaum unterstellt werden, was diese an anderer Stelle auch erkennen (S. 107, „nur noch eine Pflichtübung").

Zu Recht rügen die Verfasser die stereotypen Leerformeln des EBDSG, die die Datenverarbeitung materiell regeln sollen (S. 115, 122). Diese verstoßen nicht nur im Hinblick auf mögliche Strafbewehrung gegen das verfassungsmäßige Gebot der Normklarheit.

In einem Punkte weichen die Verfasser allerdings erheblich von Erkenntnissen ab, die sich in der Datenschutzdiskussion durchgesetzt haben. Sie bestehen darauf, daß der Begriff der „Privatsphäre" den geschützten Bereich hinreichend deutlich umreißt und wollen ihn als Kern des Datenschutzes auf die Durchschnittsansicht des Normalbürgers reduzieren. Leider begründen die Verfasser ihre These nur sehr oberflächlich und ersetzen Argumente durch die Behauptung, daß die Fortschritte der Rechtsprechung bei der Ausfüllung des Begriffshofes „keinem Zweifel" begegnen (S. 137). Sie erkennen nicht, daß das diffuse Vorverständnis von „Privatsphäre", welches auch den einschlägigen Urteilen der Rechtsprechung zugrundeliegt ,in einzelne Elemente aufzulösen ist, wie etwa die privaten, identifizierbaren personenbezogenen Informationen, die Verletzungsformen, die Grenzen und Schranken des Schutzes. Denn nur bei solchem Vorgehen können für den Datenschutz notwendige Schutzregeln entwickelt werden, welche *Tiedemann/Sasse* nicht zeigen. Dennoch bietet die Abhandlung vieles an nützlichen Einzelerkenntnissen und scharfsinniger Kritik, die man wird berücksichtigen müssen. Ruprecht Kamlah

Karl Friedrich Peter, Moderne Rechts- und Steuerberatung mit EDV

Datenbanken — Informationsverarbeitung — Dokumentation — Rechtsfindung — Nutzanwendung und Entwicklung. Verlag Neue Wirtschafts-Briefe, Herne/Berlin. 1973. 220 Seiten. Kart. DM 34,–

Der Inhalt dieses konzis verfaßten und übersichtlich gegliederten Bandes geht über seinen Titel weit hinaus: Er gibt zunächst einen Überblick über die Grundlagen der EDV. Die Folgen der „Informationslawine" auch im Rechtsbereich werden dargelegt und davon ausgehend die Notwendigkeit einer automatisierten Informationsverarbeitung. Daran schließt sich ein Überblick über bereits vorhandene Einsatzmöglichkeiten der EDV in der öffentlichen Verwaltung sowie über die Vorarbeiten für öffentliche und private juristische Informationssysteme an. Der Abschnitt „Elektronische Datenverarbeitung im Dienste von Rechts-, Wirtschafts- und Steuerberatung" schildert die bereits gegebenen Möglichkeiten, zB auf dem Gebiet der Buchführung (EDV-Mandantenbuchführung), der automatisierten Textverarbeitung usw. Es folgt eine Erörterung der Möglichkeiten und Grenzen der automatisierten Rechtsanwendung und verschiedener in Zusammenahang mit der EDV auftauchender Rechtsfragen, wie zB Fragen des Daten- und Informationsschutzes sowie der vertraglichen Gestaltung bei der Anschaffung von EDV-Anlagen bzw der Zusammenarbeit mit Rechenzentren. Interessant ist auch die Darstellung der bisher bekannt gewordenen Fälle der Computer-Kriminalität (S. 118 f.). In einem Anhang sind wichtige Materialien (EDV-Organisations- und Datenschutzbestimmungen der deutschen Bundesländer ua) wiedergegeben sowie ein knappes ABC der Daten- und Informationsverarbeitung und eine Übersicht von Firmen, Dienststellen und Vereinigungen, die sich mit Rechtsinformatik befassen.

Mit diesem Inhalt könnte dieser Band fast eine auf die Darstellung der Entwicklung in der Bundesrepublik beschränkte Fortsetzung des schon klassischen Werkes der Rechtsinformatik von *F. Haft* (Elektronische Datenverarbeitung im Recht, 1970) genannt werden. Auf knappem Raum wird eine Übersicht über die gegenwärtige Praxis der Rechtsinformatik gegeben, was gerade für den Juristen, der sich mit EDV noch nicht befaßt hat, eine empfehlenswerte Einführung bringt. Die Arbeiten und Probleme werden dargestellt, Lösungen und wissenschaftliche Perspektiven werden nur angedeutet, das Buch wendet sich vor allem an den Praktiker. Daß damit in einigen Punkten eine verkürzte Darstellung von Problemen verbunden ist (zB besteht die Aufbereitung juristischer Dokumente für eine EDV-Rechtsdatenbank etwa nicht nur aus einer Wortanalyse – S. 65 –, sondern aus einer formalen Analyse, die wesentlichen Einfluß auf das Retrieval hat) ist ebenso ein verständlicher Mangel des Buches wie die Beschränkung der Literaturzusammenstellung auf in der Bundesrepublik erschienene Arbeiten, was aber in Relation zu den erwähnten Positiva des Buches kaum ins Gewicht fällt. Gerhard Stadler

Dreßler H., I. Hammelmann, H. A. Wilhelm, Entscheidungstabellen

Ein Lehrprogramm mit 205 Abbildungen. R. Oldenbourg Verlag, München/Wien. 1972. 259 Seiten.

Der Untertitel des vorliegenden Lehrprogrammes „Neueste und wirkungsvollste Technik zur Problemlösung und automatischen Programmierung" erinnert an Reklameankündigung gen der Jahrhundertwende und stimmt mißtrauisch. Abgesehen davon, daß „automatische Programmierung" offenbar „Programmierung von Automaten" heißen soll, ist jede „neueste Technik der Problemlösung" bei näherer Untersuchung meist gar nicht so neu. Dies trifft auch im vorliegenden Fall zu. Was sind Entscheidungstabellen? Das Lehrprogramm gibt die folgende Definition. „Die Entscheidungstabelle ist... eine formale Methode zur eindeutigen Darstellung von Problemen und Sachverhalten" (S. 3). „In Entscheidungstabellen werden Sachverhalte übersichtlich dargestellt, indem alle dazu möglichen Bedingungen und Aktionen aufgeführt werden. Die Bedingungskombinationen und die Aktionen, zu denen diese Kombinationen führen, lassen sich in Spalten ablesen, in denen das Zutreffen oder Nichtzutreffen der Bedingungen mit JA oder NEIN, die notwendigen Aktionen mit X bezeichnet werden" (S. 16).

Grundlegend für jede Entscheidungstabelle ist also die Trennung von Bedingungen und Aktionen. Die Bedingungen werden durch bestimmte logische Wahrheitswerte im Bedingungsanzeiger gekennzeichnet. Für jede mögliche Kombination von Bedingungen werden im Aktionsanzeiger die auszuführenden Aktionen vermerkt. Die Entscheidungstabelle basiert daher generell auf einer zweiwertigen Logik und hat formal starke Ähnlichkeit mit einer Wahrheitsmatrix des Aussagenkanüls. Allerdings existieren einige Besonderheiten. Es gibt „don't care"-Regeln für Bedingungen, wenn diese in einer bestimmten Kombination ohne Bedeutung sind (S. 61 f). Weiter werden verbale Einschränkungen (Anfangs- und Randbedingungen) berücksichtigt.

Die wesentliche Einschränkung der Bedeutung von Entscheidungstabellen sehen die Autoren selbst. „Es ist also möglich, ziemlich frei zu wählen, wie man seine Bedingungen und die Bedingungsanzeiger formuliert. Die Formulierungen müssen dem Problem, das man in den Griff bekommen will, angemessen sein. Wer was in welchem Fall für angemessen erachtet – dafür gibt es selbstverständlich keine allgemeingültigen Vorschriften, und deshalb kann das an dieser Stelle auch nicht untersucht werden" (S. 169). Die Entscheidungstabelle erinnert stark an die von *Fritz Zwicky* entwickelte Morphologiemethode (*Zwicky F.*, Entdecken, Erfinden, Forschen im morphologischen Weltbild, München-Zürich 1966, *Zwicky F. – A. G. Wilson*, New Methods of Thought and Procedure, Heidelberg 1967). Bei der Morphologiemethode wird jedes Problem durch Bestimmungsmerkmale und Ausprägungen beschrieben und alle möglichen Kombinationen im „morphologischen Kasten" zusammengestellt. Auch hier liegt die eigentliche Schwierigkeit in der Forderung nach einer präzisen und vollständigen Definition des Problems.

Innerhalb dieser prinzipiellen Grenzen können Entscheidungstabellen und ähnliche Methoden jedoch wertvolle Hilfe bei der Analyse eines Problems bieten. Dies wird durch die zahlreichen Beispiele des vorliegenden Lehrprogrammes ausreichend illustriert. Für den Juristen ist besonders die Analyse des § 72 Betriebsverfassungsgesetz (Mitbestimmungsrecht des Betriebsrats bei Betriebsänderungen) von Bedeutung (S. 214 f). Es zeigt nämlich, daß Entscheidungstabellen zur Strukturierung juristischer Informationen verwendet werden können und damit insbesondere für die Rechtsinformatik von Interesse sind. Eine nähere Untersuchung der Möglichkeiten dieses Verfahrens im Recht und das

Abstecken seiner Grenzen gehen allerdings über den Rahmen einer Rezension hinaus.

Zum Aufbau des vorliegenden Lehrprogrammes ist noch zu bemerken, daß es alle Charakteristika des programmierten Unterrichts aufweist. Die Beispiele sind zahlreich und aus verschiedenen Bereichen ausgewählt, einige Vordrucke für Entscheidungstabellen ermöglichen dem Benutzer eine selbständige Anwendung des Verfahrens.

Leo Reisinger

Entscheidungsbegründung in europäischen Verfahrensrechten und im Verfahren vor internationalen Gerichten

Herausgegeben von *Rainer Sprung* unter Mitwirkung von *Bernhard König,* Springer-Verlag, Wien/New York. 1974. 462 S. DM 98,–

Die begleitende Forschung zum Aufbau des juristischen Informationssystems hat sich bislang meist auf empirische Untersuchungen zum Benutzerverhalten beschränkt.

Die wissenschaftliche Beschäftigung mit dem juristischen Publikationswesen hat erst begonnen.

Die Rechtsinformatik wird nicht umhin können, auch der Struktur der juristischen Dokumente und der von der Rechtswissenschaft formulierten Anforderungen an diese ihre Aufmerksamkeit zu schenken. Dies kann ihr helfen, dem juristischen Dokument angemessene Dokumentationssprachen und Komprimierungsmethoden zu entwickeln; daneben kann sie so Kriterien zur automationsgerechten Gestaltung der Dokumente finden. Manches ist getan, so auf dem Gebiet der Erfassung der Struktur von Verweisungen; vieles bleibt zu tun, wobei der Rechtsinformatiker optimalen Nutzen aus Arbeiten mit dogmatischer oder rechtstheoretischer Zielsetzung ziehen muß.

Für das Gebiet der Rechtsprechung sind letzthin mehrere Arbeiten erschienen, die sich mit der schriftlichen Fassung des Urteilsspruchs beschäftigen (so *Brüggemann,* Die richterliche Begründungspflicht, Berlin 1971; *Schlüter,* Das obiter dictum, 1973; *Kötz,* Über den Stil höchstrichterlicher Entscheidungen, 1973).

Jetzt ist der Sammelband „Entscheidungsbegründung" herausgekommen, der Arbeiten über die Urteilsbegründung in den deutschsprachigen sowie einigen anderen Ländern (England, Frankreich, Schweden, Griechenland) zusammenfaßt. Hinzu kommen Aufsätze über die Geschichte der zivilistischen Begründungspflicht *(Sprung),* die rechtstheoretische Problematik der Begründung *(Horak)* und die Begründung der Entscheidungen internationaler Gerichte *(Matscher).*

Der Ansatzpunkt ist überwiegend dogmatisch. Diskutiert werden: Die Rechtsgrundlage der Begründungspflicht insbesondere, ob sie auf einfachem (so der Aufsatz von *Grunsky* oder auf Verfassungsrecht beruht (so das erwähnte Werk von *Brüggemann* sowie *Colesanti* für das italienische Recht, für das Art. 111 der Verfassung die Begründungspflicht statuiert); die Rechtsfolgen nicht oder nur mangelhaft begründeter Urteile; die Anforderungen an eine ordnungsgemäße Begründung, zB die Notwendigkeit des Eingehens auf Parteiargumente, einer Frage, bei welcher die Praxis jedenfalls von Bundesfinanzhof und Bundessozialgericht auseinanderzugehen scheint *(Becker).*

Das Interesse des Rechtsinformatikers liegt vor allem anderswo: So in interessanten Belegen zum juristischen Publikationswesen in den Aufsätzen von *Walder* (Schweizer Zivilrecht) und *Becker* (Deutsches Verwaltungsrecht).

Letzterer gibt ein gutes Beispiel dafür, mit welch leichter Hand man in Deutschland Fragen der Veröffentlichung von Urteilen behandelt: In dem Urteil des Bundesverwaltungsgerichts in Deutsches Verwaltungsblatt 1960, 935 wird es für zweckmäßig gehalten, zur Vermeidung von Wiederholungen in den Gründen auf frühere Urteile Bezug zu nehmen und zwar auch auf nicht veröffentlichte, da diese ebenso leicht zu beschaffen seien wie Gesetzestexte; eine Aussage die die Realität mit einem berechtigtem Wunsch verwechselt. Einen interessanten Aspekt bringt der italienische Aufsatz: Die Begründungspflicht nach Art. 111 der Verfassung wird auch im Sinne einer Pflicht zur Veröffentlichung verstanden, die der Allgemeinheit die Möglichkeit eröffnet, zum Zwecke der Kontrolle von Rechtsprechung Kenntnis zu nehmen.

Sarstedt beschäftigt sich mit der gerade in Deutschland verbreiteten Praxis, bloße Auszüge von Urteilen zu veröffentlichen; wenn aus den Urteilsstellen nicht mehr zu erkennen ist, was tragender Grund und was obiter dictum ist, fehlt es dem Richter an der Grundlage zur Entscheidung, ob er nach GVG § 121 Abs 2 bzw GVG § 136 wegen abweichender Rechtsansicht an den Bundesgerichtshof oder die Vereinigten Großen Senate anrufen muß.

Mehrere Autoren stellen Beziehungen her zwischen spezifischen Funktionen von Gerichten und Struktur und Stil ihrer Urteile:

Pernthaler und *Pallwein-Prettner* zeigen auf, daß der österreichische Verfassungsgerichtshof dazu neigt, in Urteilen, die zur Schaffung von Präjudenzen geeignet sind, die Begründungsformel in einem zur Subsumtion erforderlichen Allgemeinheitsgrad abzufassen. Entscheidungen, in denen sich der Hof auf seine ständige Rechtsprechung beruft, werden dann argumentativ „verkürzt" begründet. – Wie verhindert ein Dokumentationssystem, daß solchen Kurzfassungen ein Informationsverlust für den Benutzer entspricht? – Innerhalb des unter dem Namen „Wiener System" bekanntgewordenen Dokumentationssystems scheint man eine Lösung gefunden zu haben: Das Kategorienschema sieht eine eigene Inhaltsrubrik für „Quasirechtssätze" vor.

Auch *Becker* beschäftigt sich mit der präjudiziellen Wirkung von Urteilen: Ein Maßstab für die notwendige wissenschaftliche Gründlichkeit von Urteilsgründen könnte in der präjudiziellen Wirkung gefunden werden, die dem Urteil voraussichtlich zukommen wird.

Mehrere Aufsätze sprechen die Funktionen der Urteilsbegründung an (Überzeugung der Parteien, Nachprüfung durch Obergerichte, Abgrenzung des Streitgegenstands, Denkkontrolle für den Richter, Schaffung von Präjudizien, Kontrolle der Rechtsprechung durch die Öffentlichkeit).

Horak weist auf die Doppelnatur der Begründung schon nach allgemeinem Sprachgebrauch hin; nämlich das Dartun der Wahrheit oder Wahrscheinlichkeit von Behauptungen einerseits und das Erklären oder Rechtfertigen andererseits, nämlich das Darlegen von Motiven, das Vermitteln von Wertungen.

Kann es gelingen, den Urteilsfunktionen zum Zwecke der Dokumentation bestimmte Urteilsbestandteile oder Sprachformen nach formellen Kriterien eindeutig zuzuordnen und damit eine objektive Methode zur Inhaltsreduzierung zu finden? Sicher wäre das nützlich: was nur gesagt ist, um die Parteien zu beeindrucken, ist für die Dokumentation wenig interessant. Ausführungen, deren Zweck sich daran erschöpft, gelehrten Kollegen vom Wissensstand des Urteilsredaktors zu überzeugen, scheinen in einer Rechtsprechungsdokumentation fehl am Platz. Wahrscheinlich werden sich solcher Formalisierung aber große Schwierigkeiten entgegenstellen – zu groß ist die Vielfalt der in Urteilen verwendeten sprachlichen Formen, zu unpräzis wären Abgrenzungen einzelner Urteilsfunktionen.

Diese Feststellung entbindet jedoch die Rechtsinformatik nicht von der Pflicht, der Gefahr entgegenzutreten, daß die Elektronik Fehler des bestehenden Rechtsinformationssystems potenziert und daß stilistische Eigenarten, die ohne Zusammenhang mit der Essenz richterlicher Tätigkeit sind, durch die Datenbank unkontrollierte Informationsverluste oder -verstärkungen bewirken.

Jochen Streil

Hinweise

Lehrveranstaltungen über Rechts- und Verwaltungsinformatik in Heidelberg

Versuchsweise veranstaltet die Juristische Fakultät der Universität Heidelberg einen viersemestrigen zweistündigen Kurs für Rechts- und Verwaltungsinformatik. Die Lehrveranstaltungen werden ab Sommersemester 1975 im Rahmen eines Lehrauftrages von Prof. Dr. Adalbert Podlech, Fachgebiet Öffentliches Recht der Technischen Hochschule Darmstadt, gehalten. Vorgesehen sind folgende Veranstaltungen:

1. Semester (SS): Einführung in die formalen Methoden

Grundzüge der mathematischen Logik,
Grundbegriffe der Mengenlehre und der Systemtheorie,
Grundzüge der Kybernetik und der Regelungstheorie.

2. Semester (WS): Verwaltungsinformatik, Datenschutz

Aufbauprinzipien staatlicher Informationssysteme:
Datenbanken, Datensätze, Personen- und Gruppenkennzeichen,
Trennung von Speicherung und Verarbeitung u. a.,
Übersicht über automatisierte und automatisierbare Vorgänge im Verwaltungsbereich,
Drei Modelle: Bayerisches, hessisches und nordrhein-westfälsches Informationssystem,
Planungsinformationssyteme,
Datenschutz: Verfassungsrechtliche Grundlagen, Grundzüge des materiellen Datenschutzes, organisatorische und verfahrensrechtliche Sicherungen.

3. Semester (SS): Rechtsinformatik

Einführung in die Funktion von Algorithmen,
Automatische Subsumtion — EDV-unterstützte Dialogsysteme,
Übersicht über automatisierte und automatisierbare Vorgänge im Justizbereich,
Rechtstheoretische und rechtslingustische Voraussetzungen EDV-unterstützter Rechtserzeugung und Rechtsanwendung,
JUDITH — Beispiel für ein EDV-unterstütztes Dialogsystem,
Verfassungsrechtliche Probleme des Einsatzes der EDV im Rechtsbereich.

4. Semester (WS): Seminar über Rechts- und Verwaltungsinformatik

Wissenschaftliche Vertiefung anhand der seminarmäßigen Behandlung eines Themas aus den drei vorangegangenen Semestern.

Norm-Entwurf über eine Geräteschnittstelle verbschiedet

Einen Norm-Entwurf über eine Geräteschnittstelle hat der Beirat des Fachnormenausschusses Informationsverarbeitung (FNI) im Deutschen Normenausschuß (DNA) zur Veröffentlichung freigegeben. Mit dem Norm-Entwurf über eine Gerätechnittstelle wird eine wichtige Voraussetzung für den Austausch von Geräten geschaffen. Die Forderung, einen derartigen Austausch durch die Schaffung einer Norm zu erleichtern, war in der Vergangenheit wiederholt an den FNI herangetragen worden. Die bisherigen Arbeiten des Beirates zur Normung für den Datenaustausch bilden eine gute Grundlage für die Einführung der neuen Norm.

Auskunft über diesen Norm-Entwurf ist erhältlich bei:

Deutscher Normenausschuß, 1 Berlin 30, Postfach 1107

Verantwortlich für den redaktionellen Teil: Dr. Sigmar Uhlig, Bonn. © Copyright 1975 by J. Schweitzer Verlag Berlin. Alle Rechte, insbesondere die der Übersetzung in fremde Sprachen, vorbehalten. Nach § 54 (2) URG ist für die fotomechanische, xerographische oder in sonstiger Weise bewirkte Anfertigung von Vervielfältigungen der in dieser Zeitschrift erschienenen Beiträge zum eigenen Gebrauch eine Vergütung zu bezahlen, wenn die Vervielfältigung gewerblichen Zwecken dient. Die Vergütung ist nach Maßgabe des zwischen der Inkassostelle für urheberrechtliche Vervielfältigungsgebühren GmbH, 6 Frankfurt, Großer Hirschgraben 17/21, und dem Bundesverband der deutschen Industrie e. V. Köln, Habsburger Ring 2/12, abgeschlossenen Gesamtvertrages vom 15. Juli 1970 zu entrichten. Die Weitergabe von Vervielfältigungen, gleichgültig zu welchem Zweck sie hergestellt werden, ist eine Urheberrechtsverletzung und wird strafrechtlich verfolgt. Die hier genannten Vervielfältigungen haben den Vermerk über den Hersteller und die Bezahlung der Lizenzen zu tragen. Ein Verlagsrecht besteht auch für die veröffentlichten Entscheidungen und deren Leitsätze, wenn und soweit sie vom Einsender oder von der Schriftleitung redigiert, erarbeitet oder bearbeitet sind und sie daher Urheberrechtsschutz genießen. Die Verwertung durch Datenbanken oder ähnliche Einrichtungen bedarf daher auch insoweit der Genehmigung des Verlages. *Verlag:* J. Schweitzer Verlag, 1 Berlin 30, Genthiner Straße 13, Telefon 0 30/2 61 13 41, Postscheckkonto: Berlin-West, Konto-Nr. 566 67-108; Berliner Bank A.G., Depka 32, Konto-Nr. 32 71036 400. Der Verlag ist eine KG; persönlich haftende Gesellschafter sind Dr. Kurt Georg Cram, Berlin, und Dr. Arthur L. Sellier, München; Kommanditisten sind Alfred Sellier und Marie-Louise Sellier, beide München. *Anzeigenannahme:* J. Schweitzer Verlag. Gültig ist Anzeigenpreisliste Nr. 1. Verantwortlich für den Anzeigenteil: Dietrich Foth. Anzeigenschluß 4 Wochen vor Erscheinen des Heftes. *Satz:* Behr, München. *Druck:* Gerber, München. *Erscheinungsweise:* Die Zeitschrift erscheint bandweise, ein Band besteht aus 4 Heften zu je ca. 96 Seiten. Jährlich soll ein Band erscheinen. *Bezugspreise:* Abonnementspreis pro Band DM 154,–. Vorzugspreis für Studenten und Referendare DM 116,–, Einzelheft DM 46,–, Doppelheft DM 92,–. Alle Preise verstehen sich inklusive Mehrwertsteuer, jedoch zuzüglich Zustellgebühr. *Bestellungen* nehmen entgegen: jede Buchhandlung und der Verlag. Bestellungen zum Vorzugspreis nur gegen Vorlage einer Ausbildungsbestätigung. *Abbestellungen* müssen 4 Wochen vor Vierteljahresschluß erfolgen.

Kolibri 360 GmbH
Ferdinand-Jühlke-Straße 7
99095 Erfurt, Deutschland
produktsicherheit@kolibri360.de